Psychiatrische Klinik
Beverin
7408 Cazis GR

Grenzwertige psychische Störungen

Diagnostik und Therapie in Schwellenbereichen

Herausgegeben von
Wolfgang Vollmoeller

Mit Beiträgen von

Hans-Jörg Assion
Herbert Csef
Annegret Eckhardt-Henn
Marc-Andreas Edel
Hanfried Helmchen
Peter Henningsen
Philipp Yorck Herzberg
Thomas Merten
Kai Schmidt
Ursula M. Staudinger
Andreas Stevens
Hans Stoffels
Wolfgang Vollmoeller

8 Abbildungen
19 Tabellen

Georg Thieme Verlag
Stuttgart · New York

*Bibliographische Information
Der Deutschen Bibliothek*

Die Deutsche Bibliothek verzeichnet diese Publikation in der Deutschen Nationalbibliographie; detaillierte bibliographische Daten sind im Internet über http://dnb.ddb.de abrufbar

Wichtiger Hinweis: Wie jede Wissenschaft ist die Medizin ständigen Entwicklungen unterworfen. Forschung und klinische Erfahrung erweitern unsere Erkenntnisse, insbesondere was Behandlung und medikamentöse Therapie anbelangt. Soweit in diesem Werk eine Dosierung oder eine Applikation erwähnt wird, darf der Leser zwar darauf vertrauen, dass Autoren, Herausgeber und Verlag große Sorgfalt darauf verwandt haben, dass diese Angabe **dem Wissensstand bei Fertigstellung des Werkes** entspricht.

Für Angaben über Dosierungsanweisungen und Applikationsformen kann vom Verlag jedoch keine Gewähr übernommen werden. **Jeder Benutzer ist angehalten**, durch sorgfältige Prüfung der Beipackzettel der verwendeten Präparate und gegebenenfalls nach Konsultation eines Spezialisten festzustellen, ob die dort gegebene Empfehlung für Dosierungen oder die Beachtung von Kontraindikationen gegenüber der Angabe in diesem Buch abweicht. Eine solche Prüfung ist besonders wichtig bei selten verwendeten Präparaten oder solchen, die neu auf den Markt gebracht worden sind. **Jede Dosierung oder Applikation erfolgt auf eigene Gefahr des Benutzers.** Autoren und Verlag appellieren an jeden Benutzer, ihm etwa auffallende Ungenauigkeiten dem Verlag mitzuteilen.

© 2004 Georg Thieme Verlag
Rüdigerstraße 14
D-70469 Stuttgart
Telefon: +49/0711/ 8931-0
Unsere Homepage: http://www.thieme.de

Printed in Germany

Zeichnungen: Monika Kramer, Stuttgart
Umschlaggestaltung: Thieme Verlagsgruppe
Umschlaggrafik: Martina Berge, Erbach
Satz: Fotosatz Buck, 84036 Kumhausen
Druck: Druckhaus Köthen GmbH, 06366 Köthen

ISBN 3-13-136721-0   1 2 3 4 5 6

Geschützte Warennamen (Warenzeichen) werden **nicht** besonders kenntlich gemacht. Aus dem Fehlen eines solchen Hinweises kann also nicht geschlossen werden, dass es sich um einen freien Warennamen handelt.

Das Werk, einschließlich aller seiner Teile, ist urheberrechtlich geschützt. Jede Verwertung außerhalb der engen Grenzen des Urheberrechtsgesetzes ist ohne Zustimmung des Verlages unzulässig und strafbar. Das gilt insbesondere für Vervielfältigungen, Übersetzungen, Mikroverfilmungen und die Einspeicherung und Verarbeitung in elektronischen Systemen.

Anschriften

Priv.-Doz. Dr. med. Hans-Jörg Assion
Ruhr-Universität Bochum
Zentrum für Psychiatrie und Psychotherapie
Alexandrinenstraße 1–3
44791 Bochum

Prof. Dr. med. Herbert Csef
Universität Würzburg
Medizinische Poliklinik
Arbeitsbereich Psychosomatik
Klinikstraße 6–8
97070 Würzburg

Priv.-Doz. Dr. med. Annegret Eckhardt-Henn
Universitätsklinik Mainz
Klinik und Poliklinik für Psychosomatische
Medizin und Psychotherapie
Untere-Zahlbacher-Straße 6
55029 Mainz

Dr. med. Marc-Andreas Edel
Ruhr-Universität Bochum
Zentrum für Psychiatrie und Psychotherapie
Alexandrinenstraße 1–3
44791 Bochum

Prof. (em.) Dr. med. Hanfried Helmchen
Charité – Universitätsmedizin Berlin
Campus Benjamin Franklin
Klinik und Poliklinik für Psychiatrie und
Psychotherapie
Eschenallee 3
14050 Berlin

Priv.-Doz. Dr. med. Peter Henningsen
Psychosomatische Universitätsklinik
Abteilung Psychosomatik
Thibautstraße 2
69115 Heidelberg

Dipl.-Psych. Dr. rer. nat. Philipp Yorck Herzberg
Technische Universität Dresden
Institut für Pädagogische Psychologie
und Entwicklungspsychologie
Weberplatz 5
01062 Dresden

Dipl.-Psych. Dr. phil. Thomas Merten
Vivantes Netzwerk für Gesundheit
im Friedrichshain
Klinik für Neurologie
Landsberger Allee 49
10249 Berlin

Dr. med. Kai Schmidt
Ruhr-Universität Bochum
Zentrum für Psychiatrie und Psychotherapie
Alexandrinenstraße 1–3
44791 Bochum

Prof. Dr. phil. Ursula M. Staudinger
Vicepresident and Dean
Jacobs Center for Lifelong Learning
and Institutional Development
International University Bremen
Campus Ring 1
28759 Bremen

Prof. Dr. med. Andreas Stevens
Universitätsklinikum Tübingen
Klinik und Poliklinik für Psychiatrie
und Psychotherapie
Osianderstraße 24
72076 Tübingen

Prof. Dr. med. Hans Stoffels
Psychiatrische Abteilung der Schlosspark-Klinik
Akademisches Lehrkrankenhaus der Charité
Heubnerweg 2
14059 Berlin

Priv.-Doz. Dipl.-Psych. Dr. med.
Wolfgang Vollmoeller
Ruhr-Universität Bochum
Zentrum für Psychiatrie und Psychotherapie
Alexandrinenstraße 1–3
44791 Bochum

Vorwort

Die modernen Klassifikationssysteme psychopathologischer Erscheinungen, wie die Internationale Klassifikation der Weltgesundheitsorganisation (ICD-10) oder das Diagnosemanual der amerikanischen psychiatrischen Gesellschaft (DSM-IV) vermeiden nicht ohne Grund die Begriffe „Krankheit" oder „Erkrankung". Deren medizinische Verwendung erscheint den Autoren in Anbetracht einer offenkundigen begrifflichen Unschärfe und Vieldeutigkeit viel zu problematisch. Die Weltgesundheitsorganisation benutzt im ICD-10 stattdessen für klinische Komplexe abnormer Befindlichkeit bzw. für entsprechend zu diagnostizierende Verhaltensauffälligkeiten den erheblich weniger belasteten, nunmehr weitgehend deskriptiv verstandenen Begriff der „Störung". Er bezieht sich aber nur auf Erscheinungen, die auf der individuellen, ggf. zusätzlich auf der Gruppen- oder sozialen Ebene, mit Belastungen und/oder mit Beeinträchtigungen von Funktionen verbunden sind. Soziale Abweichungen oder zwischenmenschliche Konflikte alleine dürfen dagegen keine psychische Störung ausmachen.

Solche prinzipiellen Festlegungen zu den Übergangsbereichen zwischen gesund und krank, ungestört und gestört oder normal und abnorm bezeichnet man als Eingangs- oder Schwellenkriterien. Analog gibt es im amerikanischen Diagnosemanual DSM-IV als Grenze zwischen den psychiatrischen Diagnosen und den entsprechend fehlenden „Nichtdiagnosen" eine kriteriologische Barriere, die helfen soll, abnorme Zustände überhaupt als psychische Störungen zu verstehen, um sie dann als medizinische Diagnose klassifizieren zu können. Das dortige Eingangskriterium fordert wiederum, dass das Störungsbild in klinisch bedeutsamer Weise Leiden oder Beeinträchtigen in sozialen, beruflichen oder anderen wichtigen Funktionsbereichen verursachen müsse. Damit werden psychosoziale Fakten im Kontext psychiatrischer Diagnostik mehr betont und stärker gewichtet als dies bei der Weltgesundheitsorganisation der Fall ist. Diese musste allerdings bei ihrem Schwellenkriterium sehr viel stärker Rücksicht nehmen auf weltweite sprachliche Probleme und inhaltliche Unterschiede, insbesondere auf die unterschiedlich „normal" erscheinenden sozialen und kulturellen Gegebenheiten in den um den Globus verteilten WHO-Ländern.

Mit Schwellenfestlegungen dieser Art sind vielfältige Probleme vorprogrammiert, angefangen von differenzialdiagnostischen Schwierigkeiten im Grenzbereich zum Gesunden bis hin zu gesundheitspolitischen Fragen. Jedenfalls bleiben „unterschwellige" psychische Phänomene auf Grund ihrer mehr oder weniger indirekt festgestellten Geringfügigkeit oder Kurzlebigkeit unterhalb der gewählten Grenze für operationalisierte Diagnosen und damit letztlich außerhalb des offiziellen ärztlichen bzw. psychotherapeutischen Versorgungssystems. Gleichzeitig sind die psychiatrischen Diagnosen, wie wir sie heute benutzen, für uns keine Begriffe mehr für Krankheiten im herkömmlichen medizinischen Sinne, d. h. für jeweils ursächlich verstandenes Leiden, sondern es sind nur noch relativ zuverlässige diagnostisch-therapeutische Verständigungshilfen für Behandler, Wissenschaftler und Gesundheitsbehörden, was bereits ihre Nützlichkeit in vielen Bereichen unterstreicht. Ob es korrespondierende „Krankheiten" mit einer sicher nachweisbaren (organischen) Krankheitsursache oder Teilursache wirklich gibt, muss vielfach offen bleiben. Die bestehende Vielzahl und ständige Zunahme der somit nur postulierten Krankheitsbilder lässt daran jedenfalls zweifeln. Nicht zuletzt bleibt in der Regel offen, ob sich natürliche Grenzen zwischen den einzelnen Störungsbildern, sofern es sie tatsächlich gibt, nicht vielleicht an ganz anderer klinischer oder neurobiologischer Stelle befinden.

Wird eine nominelle Eingangsschwelle in einem Diagnosesystem auch noch relativ hoch angesetzt, finden sich in der Praxis zwangsläufig vermehrt „falsch negative" Fälle, d. h. viele weiterhin unterschwellige psychische Auffälligkeiten. Umgekehrt steigen die „falsch positiven" Fälle, wenn diese Messlatte zu niedrig gehängt wird. Wir haben es damit beim Schwellenproblem nicht etwa mit einem methodischen Randphänomen zu tun, sondern mit einem wichtigen systemischen Einflussfaktor auf Anerkennung und Diagnostik psychischer Störungen überhaupt. Erst darauf aufbauend tauchen dann diagnostische Probleme zu speziellen Störungsbildern (Einzeldiagnosen) auf. Was „psychisch krank" im Allgemeinen heißt, bleibt auf jeden Fall von wissenschaftlichen, gesundheitspolitischen oder kulturellen Vereinbarungen und damit letztlich von bestehenden Konventionen abhängig. Obwohl insofern nicht jede Diagnose eine klare Krankheit repräsentiert, sind „Nichtpatienten" für uns solche Personen, bei denen wir keine der definierten Diagnosen stellen können, selbst wenn sie sich subjektiv in ihrem Gesundheitszustand stark beeinflusst fühlen und/oder vorhandene Gesundheitsdienste bereits rege in Anspruch nehmen. „Nichtpatienten" in diesem Sinne sind zum Beispiel Personen, die wir bei Verdacht auf eine bestimmte Störung nur beobachten oder begutachten, wenn ausschließlich die Familienanamnese darauf hinweist oder wir behördlich zu einer medizinischen Untersuchung beauftragt sind. Andere, viel schwierigere „Nichtpatienten" unseres Praxisalltags sind Personen, die eine Krankheit mehr oder weniger gezielt vortäuschen.

Bevor wir im Folgenden auf entsprechende klinische Störungsbilder Bezug nehmen und uns dabei auch verschiedenen Täuschungsphänomenen samt ihrer praktischen Handhabung zuwenden, soll erst noch auf einige grundsätzliche Probleme der Informationssammlung und Datenbewertung eingegangen werden. Auch in der sich anschließenden Auseinandersetzung mit bestimmten Patientengruppen wird versucht, jeweils dazugehörende prinzipielle Fragestellungen zu erörtern. Am Ende des Buches fasst ein Glossar noch einmal wichtige Fachbegriffe kurz zusammen. Allen Experten, die sich bereiterklärt haben, an diesem Sammelband zu Schwellenphänomenen bei psychischen Störungen mitzuwirken, nicht zuletzt um seltsame Menschen besser verstehen zu helfen, unübersichtliche diagnostische Verhältnisse schneller klären zu können oder zweckmäßige Lösungsmöglichkeiten in komplexen klinischen Aufgabenstellungen anzubieten, sei sehr herzlich gedankt. Trotz der vereinfachten männlichen Schreibweise sind von allen Autoren natürlich stets Patientinnen und Patienten, Untersucherinnen und Untersucher sowie Therapeutinnen und Therapeuten gemeint. Verlag, Herausgeber und Autoren möchten schließlich noch ihr großes Interesse an Rückmeldungen, Ergänzungen und ggf. Korrekturen von Seiten interessierter Leser bekunden.

Bochum, im Sommer 2003
Wolfgang Vollmoeller

Inhaltsverzeichnis

1 Wie sicher ist die Wahrnehmung von Patienten?
Sich täuschen und getäuscht werden 1
Wolfgang Vollmoeller

1.1 Einführung 1
1.2 Sich täuschen 1
1.2.1 Grundlegende Wahrnehmungsunterschiede ...2
1.2.2 Problematik stereotyper Urteile 3
1.2.3 Verzerrte Ursachenzuschreibung 3
1.2.4 Primacy-Effekt 4
1.2.5 Halo-Effekt 4
1.2.6 Rosenthal-Effekt 4
1.3 Getäuscht werden 5
1.3.1 Antworttendenzen 5
1.3.2 Aggravationsverhalten 5
1.3.3 Simulation 6
1.3.4 Vorbei-Reden und Daneben-Handeln 7
1.3.5 Dissimulation 7
1.4 Ausblick 7

2 Wer ist psychisch gesund?
Das Paradox des subjektiven Wohlbefindens ..11
Philipp Yorck Herzberg und Ursula M. Staudinger

2.1 Einleitung 11
2.2 Paradox des SWB 11
2.2.1 Das Phänomen 11
2.2.2 Begriffsklärung 12
2.2.3 Methodische Interpretation des Paradoxes ...13
2.3 SWB und Mechanismen der Selbstregulation 14
2.3.1 Soziale und temporale Vergleichsprozesse 14
2.3.2 Veränderung des Anspruchsniveaus 14
2.3.3 Zielsystem 15
2.3.4 Bewältigungsformen 15
2.4 SWB und strukturelle Charakteristiken von Selbst und Persönlichkeit 15
2.4.1 Selbstkonzeptionen 15
2.4.2 Persönlichkeitscharakteristiken 16

3 Was heißt „unterschwellig" psychisch krank?
Diagnostik und Therapie der Symptomarmut .19
Hanfried Helmchen

3.1 Einführung 19
3.2 Definition unterschwelliger psychischer Krankheiten 19
3.3 Probleme mit der Schwelle 20
3.4 Häufigkeit 23
3.5 Folgen 23
3.6 Schlussfolgerungen 24
3.7 Zusammenfassung 25

4 Genügt die Beschwerdeschilderung als Krankheitsnachweis?
Kommentierung eines Fehlurteils 27
Andreas Stevens

4.1 Einleitung 27
4.2 Was ist eine Krankheit? 27
4.3 Ist eine Diagnose eine Krankheit? 29
4.4 Genügt die Beschwerdeschilderung für die Diagnose? 30
4.5 Schlussbemerkung 31
4.6 Zusammenfassung 31

5 Pseudoerinnerungen oder Pseudologien?
Von der Sehnsucht, Traumaopfer zu sein 33
Hans Stoffels

5.1 Einleitung: Die Stiftung, die sich einem „Syndrom" widmet 33
5.2 Zwei Kasuistiken 34
5.2.1 Erste Kasuistik 34
5.2.2 Zweite Kasuistik 36
5.3 Das Phänomen der induzierten Erinnerung .37
5.4 Pseudologie und Pseudoidentität 39
5.5 Das Pseudologische und das Dichterische ..39
5.6 Pseudologie und Psychoanalyse 41
5.7 Seelisches Trauma als Faszinosum 42
5.8 Schlussbemerkung 45

6 Was tun bei artifiziellen Störungen?
Interdisziplinäre Problempatienten in der Diskussion 47
Annegret Eckhardt-Henn

6.1 Begriffsbestimmung 47
6.2 Epidemiologie 47
6.3 Klinische Symptomatik 47
6.4 Psychopathologie 48
6.5 Ätiologie 48
6.6 Differenzialdiagnostik 49
6.7 Komorbidität 49
6.8 Suizidalität und letale Komplikationen 49
6.9 Umgang mit den Patienten und Therapie ...49
6.9.1 Ansprache und Motivation zur fachpsychotherapeutischen Behandlung 49
6.9.2 Ambulante Psychotherapie 50
6.9.3 Stationäre Psychotherapie 50
6.9.4 Kooperation mit den somatischen Fachabteilungen 50
6.9.5 Psychopharmakotherapie 51
6.9.6 Zielvorstellungen 51
6.9.7 Psychodynamische Einzeltherapie 51
6.9.8 Paar- und Familiengespräche 53

7 Emotional instabile oder dissoziale Persönlichkeit?
Zur Differenzialdiagnose des „Münchhausen-Syndroms" 55
Kai Schmidt und Hans-Jörg Assion

7.1 Ein Vademecum für lustige Leute 55
7.2 Eigene Fallvignette 56
7.3 Allgemeine Syndromdefinition 57
7.4 Diagnostische Einordnung des Falles 58
7.5 Ätiologische Überlegungen zum Krankheitsbild 58
7.6 Wichtige Differenzialdiagnosen 59
7.7 Zusammenfassung 61

8 Was sind CFS, MCS und FM?
Stellenwert und Gemeinsamkeiten dreier „Modekrankheiten" 63
Herbert Csef

8.1 CFS, MCS und FM – Chiffren moderner Leiden 63
8.2 Epidemiologische Studien 64
8.3 Versorgungsstrukturen 64
8.4 Chronic Fatigue Syndrom (CFS) 65
8.4.1 Wissenschaftsgeschichte 65
8.4.2 Chronic Fatigue Syndrome und Neurasthenie .66
8.4.3 Hypothesen zur Ätiologie und Pathogenese ...67
8.4.4 Prävalenz psychischer Störungen 67
8.5 Fibromyalgie (FM) 67
8.5.1 Definition und Klinik 67
8.5.2 Fibromyalgie und rheumatoide Arthritis (RA) .68
8.6 „Umweltkrankheiten" und die Bedeutung von Ängsten 69
8.6.1 Umweltkrankheiten und Umweltangst – notwendige Differenzierungen 69
8.6.2 Umweltangst im Spiegel demoskopischer Studien 69
8.6.3 Umweltangst und psychische Störungen 70
8.7 Multiple chemische Sensitivität (MCS) 70
8.7.1 Definition und Klinik 70
8.7.2 MCS und IEI (Idiopathic environmental Intolerances) 71
8.8 Syndromale Gemeinsamkeiten von CFS, FM und MCS 72
8.9 Psychosoziale Gemeinsamkeiten der modernen Somatisierungssyndrome 73

9 Was tun bei Aufmerksamkeits- und Konzentrationsstörungen?
Physiologische Schwankungsbreite versus Behandlungsindikation 77
Marc-Andreas Edel

9.1 Einführung 77
9.2 Neuropsychologische und neurobiologische Grundlagen 77
9.3 Aufmerksamkeitsbeeinträchtigungen: normal oder gestört? 79

9.4	Diagnostik 81	12		Wie werden psychosomatische Störungen begutachtet?
9.4.1	*Prozedere und Differenzialdiagnostik* 81			*Leitlinien für Grenzbereiche* 101
9.4.2	*MCI, Demenzen und ADHS* 82			Peter Henningsen
9.5	Therapie 82			
9.6	Zusammenfassung 83	12.1		Die Leitlinien „Ärztliche Begutachtung in der Psychosomatik" 101
		12.2		Somatoforme Störungen im weiteren Sinn 102
10	**Psychische Störung oder Schlitzohrigkeit?**	12.3		Konzepte zur Abgrenzung „illegitimen Leidens" 104
	Zur Klassifikation des Ganser-Syndroms 85	12.3.1		*Simulation und Aggravation* 104
	Hans-Jörg Assion und Kai Schmidt	12.3.2		*Die so genannte „Rentenneurose"* 104
		12.3.3		*Komplikationen im Übergangsbereich legitimes-illegitimes Leiden* 105
10.1	Einführende Fallvignette 85			
10.2	Dissoziation, Vortäuschung oder Simulation? 85	12.4		Das praktische Vorgehen in der Abgrenzung somatoformer Störungen zur Aggravation/Simulation 105
10.3	Klassifikation aus historischer Sicht 87	12.5		Fazit 106
10.4	Auswertung der Literaturberichte 89			
10.5	Zusammenfassung 89	13		**Was versteht man unter ...?**
				Ausgewählte Termini mit Erläuterungen 109
11	**Lässt sich suboptimales Leistungsverhalten messen?**			Wolfgang Vollmoeller
	Diagnostik bei Simulationsverdacht 93			**Stichwortverzeichnis** 115
	Thomas Merten			
11.1	Simulationsdiagnostik: Ein Hauptforschungsgebiet der aktuellen klinischen Neuropsychologie 93			
11.2	Symptomvalidierungstestung: Einzelfalldiagnostik und Tests zur Feststellung von suboptimalem Leistungsverhalten 95			
11.3	Probleme und Einschränkungen bei der Anwendung von Symptomvalidierungstechniken 97			

1 Wie sicher ist die Wahrnehmung von Patienten?
Sich täuschen und getäuscht werden

Wolfgang Vollmoeller

1.1 Einführung

Wenn man mit Ärzten oder Psychologen darüber diskutiert, inwiefern die klinische Beurteilung psychopathologischer Phänomene zu Problemen führen könnte, kommen relativ schnell auch die nicht leicht zu handhabenden Klassifikationsmöglichkeiten in unseren aktuellen Diagnosesystemen zur Sprache. Beispielsweise gilt es, im Teil Psychiatrie (Kap. V) der Internationalen Klassifikation Psychischer Störungen (ICD-10), d.h. nach den klinisch-diagnostischen Leitlinien unseres Klinikalltags, ca. 300 Einzelstörungen sicher zu unterscheiden (WHO 1993). Bei diesen handelt es sich wiederum nicht um eigenständige Krankheiten, sondern „nur" um diagnostische Kategorien zur besseren Verständigung untereinander (Szasz 1991). Sie setzen sich nach vorgegebenen Algorithmen wiederum aus ca. 750 sehr unterschiedlichen Einzelkriterien zusammen, von denen etwa 400 im engeren Sinne als „psychopathologisch", als rein klinisch zu erkennende Auffälligkeiten im Erleben und Verhalten, eingestuft werden könnten. Das Diagnostische und Statistische Manual Psychischer Störungen DSM-IV der Amerikanischen Psychiatrischen Vereinigung enthält sogar 395 verschlüsselbare Störungen, die durch insgesamt ca. 1000 Einzelkriterien bestimmt werden (APA 1994). Die meisten davon stellen als zunächst exakt wahrzunehmende und dann natürlich richtig einzuordnende Patienteneigentümlichkeiten, d.h. als Symptome, wichtige Bausteine für die bereits vorgegebenen diagnostischen Kategorien dar. Allerdings unterliegen sie als einzelne Abnormitäten der menschlichen Psyche ähnlich vielfältigen Verfälschungs- und Täuschungseffekten wie einige Störungsbilder im Ganzen, und zwar sowohl auf der subjektiven Ebene des (vom Patienten berichteten) Befindens, als auch auf der objektiven Ebene des (von uns erhobenen) Befundes. Hinzu kommt erschwerend, dass nicht alle der oft augenfälligen Einzelphänomene, z.B. ein mürrischer Gesichtsausdruck oder starke Konzentrationsstörungen, zwangsläufig zu einer klassifizierbaren (kategorisierten) Störung passen. Und selbst wenn dies so ist, sagt es noch nichts über die diagnostische Wertigkeit, über die Beweiskraft (Treffsicherheit) dieser Phänomene für eine ganz bestimmte Krankheit aus. Selbst sog. Symptome ersten Ranges oder Leitsymptome, die sich ja gerade durch ihren hohen Hinweischarakter für eine umschriebene Störung auszeichnen (sollen) und deshalb in der Praxis sehr beliebt sind, sind nicht leichter wahrzunehmen, d.h. zu erkennen und zu beurteilen, als diagnostisch weniger relevante. Wahrnehmungsschwächen und Wahrnehmungsfehler sind ubiquitär. Deshalb ist es immer wieder sinnvoll, entsprechende Fehlerquellen der klinischen Stoffsammlung nicht aus dem Auge zu verlieren. Zu klassifizierende Störung (engl. disorder) und zu beurteilendes Beschwerdebild (engl. disturbance) sind auch nicht deckungsgleich und ein Teil der Zuordnungsschwierigkeiten bleibt selbst dann noch, wenn die richtige Diagnose gefunden scheint.

1.2 Sich täuschen

Da die klinischen Auffälligkeiten nicht nur korrekt registriert, sondern im weiteren auch sortiert, interpretiert und sogar manchmal analytisch „gedeutet" werden müssen, unterliegen sie vielfältigen Wahrnehmungs-, Einordnungs- und Beurteilungsfehlern. Der Begriff „Wahrnehmung" soll hier im Übrigen stellvertretend für alle zerebralen Prozesse der klinischen Informationsgewinnung stehen. Ein Teil der Irrtümer in der Wahrnehmung ist sicher durch Selbstbeobachtung, fundiertes Fachwissen und langjährige klinische Erfahrung zu beseitigen, ein anderer ist jedoch, wie experimentalpsychologische Studien gezeigt haben, typisch für die menschliche Sensorik überhaupt bzw. die vorgegebene Natur unserer zerebralen Informationsverarbeitung. Nervenverbindungen und Nervennetze sind verglichen mit Computern nämlich relativ träge und nicht selten unzuverlässige Nachrichtenübermittler. Sie sind schon deshalb störanfällig. Zudem sind unsere sensorischen Systeme von der Peripherie, den Rezeptoren, bis zur obersten Zentrale, dem Assoziationskortex, zwar hierarchisch organisiert, der Informationsfluss ist dennoch nicht seriell (über jeweils eine Bahn laufend), sondern zugleich parallel auf- und absteigend (Pinel 2001). Dass unser Gehirn bei diesem Hin und Her keine fehlerfreie Maschine darstellt, sollte dennoch nicht bedauert werden. Schließlich geht es hier nicht nur um Aktionspotenziale oder Einzelempfindungen, sondern auch um wahrzunehmende Ganzheiten, bewusste Distanz zu den eigenen Sinnen und eine kritische Gesamtbeurteilung von komplexen Phänomenen. Auch psychopathologische Details nützen uns letztlich nur etwas als angemessen zu integrierende Mosaiksteine, als Teile eines komplexen klinischen Musters, das uns zu weiterem, und zwar zu möglichst richtigem diagnostischen und therapeutischen Vorgehen veranlasst.

Von dispositionellen Beeinträchtigungen des Untersuchers (z. B. Müdigkeit, Stressfolgen) einmal ganz abgesehen, ist jede Befunderhebung leider schon sehr früh ausgesprochen störanfällig. Die Fehlerproblematik beginnt bereits bei unbewussten Erwartungshaltungen, mit denen man Patienten begegnen könnte, setzt sich fort im evtl. befangen machenden ersten Eindruck, könnte sich zeigen in einem zu pauschalen Gesamtbild und wird möglicherweise einmünden in eine unbewusste Beeinflussung des erst noch zu ermittelnden Untersuchungsergebnisses. Ohne alle denkbaren Fehlerquellen erfassen zu können, seien im Folgenden einige Störvariablen genannt, die besonders leicht zu systematischen Beurteilungsfehlern und damit ggf. zu weiteren Problemen im Umgang mit unseren Patienten bzw. zu Fehldiagnosen führen könnten.

1.2.1 Grundlegende Wahrnehmungsunterschiede

Bei den Kranken bezeichnen wir falsche Wahrnehmungen, d. h. solche, die von Gesunden nicht geteilt werden, üblicherweise als Trugwahrnehmungen. Diesen sog. Halluzinationen liegen keine realen Außenreize zu Grunde. Fehlwahrnehmungen und Fehldeutungen tatsächlich vorhandener, im Prinzip unstrittiger Sinneseindrücke nennen wir dagegen illusionäre Verkennungen. Wir führen sie in der Regel auf erschwerte Wahrnehmungsbedingungen, emotionale Belastungen oder irritierende sonstige Einflüsse des psychosozialen Umfeldes zurück. Auch in der Wahrnehmung gesunder Personen können Fehler oder Verzerrungen auftreten, u. a. solche, die uns an optischen Täuschungen erinnern, ähnlich Kippfiguren, die einmal das eine, einmal das andere darstellen können. Menschen sehen zunächst meist nur das, worauf ihre Aufmerksamkeit aktuell (bewusst) gelenkt ist, interessanterweise aber in zwei grundsätzlichen physiologischen Varianten. Die eine wird von Experimentalpsychologen als unvoreingenommene Wahrnehmung bezeichnet und ist primär datengeleitet, d. h. am Konkreten orientiert. Dabei geht das Erfassen eines Sachverhaltes oder einer Gegebenheit vorrangig von den eingehenden Daten der einzelnen Sinnesorgane aus, die dem Gehirn zur direkten Weiterverarbeitung (als Impulsfolge „nach oben") übermittelt werden. Bekanntermaßen werden für diese Außenwahrnehmung aber nur wenige Prozent der Gehirnkapazität verwandt, der gesamte Rest der Gehirnleistung dient dann der internen Verarbeitung. Die zweite, primär hypothesengeleitete, deduktive Wahrnehmungsform benötigt entsprechend schon vorhandenes Wissen bzw. bestimmte Vorabinformationen zur aktuellen Wahrnehmungsorientierung. Sie geht somit von bereits bestehenden Kognitionen bzw. höheren zerebralen Konfigurationen aus und nimmt (in der Gegenrichtung „nach unten") gegebenenfalls verändernd auf die eingehenden Sinnesdaten Einfluss. Das schnelle Wiedererkennen von uns bereits bekannten Personen läuft z. B. überwiegend in dieser Form ab. Wahrnehmungspsychologen nennen die eine Perzeptionsform in Ablehnung an Begriffe der Computerbranche Bottom-up- und die andere Top-down-Wahrnehmung (Goldstein 2002). Beide Perzeptionsformen können zusätzlich noch von individuellen Wahrnehmungsschwellen, situativen Kontextvariablen oder stark prägenden Persönlichkeitsmerkmalen des Empfängers beeinflusst sein. Schon insofern nehmen wir als Therapeuten klinische Besonderheiten nicht völlig einheitlich oder immer gleichmäßig wahr, selbst wenn sie dies objektiv vielleicht sogar sind.

Experimentalpsychologen haben zudem festgestellt, dass sich Menschen bei bestimmten Reizkonfigurationen im sog. Glättungsverhalten unterscheiden (Zimbardo 1995). Als „Nivellierer" neigen einige eher dazu, Ungewöhnlichkeiten oder Unstimmigkeiten im Gewahrwerden von Dingen oder Sachverhalten von selbst erst einmal zu glätten (zu harmonisieren), evtl. in ihrer zerebralen Weiterverarbeitung sogar ganz fallen zu lassen. Damit fallen aber auch subtile Unterschiede oder kleine Widersprüchlichkeiten am Gesehenen, z. B. im Verhalten bestimmter Patienten, unter den Tisch. Die „Akzentuierer" unter uns nehmen dagegen viele Details und auch Nebensächlichkeiten fast hervorgehoben wahr, wobei sie dabei Gefahr laufen, am Ende nur die einzelnen Bäume (die klinischen Einzelphänomene) und nicht mehr den Wald (das ganze Erscheinungsbild bzw. das Syndrom) gesehen zu haben.

1.2.2 Problematik stereotyper Urteile

Ein Ergebnis psychologischer Grundlagenforschung ist auch, dass sich die eine bestimmte Wahrnehmung erneut bestätigenden, also bereits entsprechend vorhandenen Informationen leichter aus dem Gedächtnis abrufen lassen als andere, nämlich solche, die nicht zu Entsprechungen mit neu eingehenden Daten führen (Stroebe et al. 1997). Auch dieser Zusammenhang beeinträchtigt unsere Wahrnehmung und Entscheidungsfindung nicht unwesentlich und begründet insbesondere das Phänomen der sog. Stereotypen. Stereotype sind als subjektiv erwartete Übereinstimmungen definiert. In diagnostischen Situationen können dies z. B. Passungen zwischen psychischen Eigenschaften, die an Patienten festgestellt werden, und einer bereits gespeicherten Information „Mitgliedschaft", d. h. der Zugehörigkeit zu einer ganz bestimmten Personengruppe, sein. Solche Stereotype haben als vorprogrammierte Erwartungsübereinstimmungen Einfluss auf verschiedenste Stufen der zerebralen Informationsverarbeitung, besonders aber auf den Dateneingang selbst. Beispiele im Klinikalltag wären, wenn histrionische Verhaltensweisen leichter oder nur bei „den Frauen" und logische Denkvorgänge leichter oder nur bei „den Männern" registriert würden. Die einzelnen Stimuli hinsichtlich der Aktivierung eines Stereotyps sind ansonsten sehr vielfältig. Dass sich stereotype Sichtweisen in der Bevölkerung immer wieder finden lassen und bei bestimmten Menschen sogar sehr beständig sind, hat wiederum sehr viele Gründe. Die Tatsache, dass diese bisher nicht lückenlos festgestellt und verstanden werden konnten, liegt nicht zuletzt in der nicht ausreichend geklärten Komplexität unserer zerebralen Funktionsprinzipien selbst begründet (Zeki 1993).

1.2.3 Verzerrte Ursachenzuschreibung

Von einer ständig verzerrten Informationsverarbeitung (Bias) spricht man, wenn eine Beobachtung unwissentlich systematisch verfälscht wird. Etwas Entsprechendes geschieht bei sog. Kausalattributionen. Hier werden den wahrgenommenen Ereignissen in unserer Umgebung jeweils bestimmte Typen von Ursachen zugeschrieben (Hewstone 1989). Dazu, dass wir menschliches Verhalten quasi „automatisch" auf bestimmte Ursachenbündel zurückführen, gibt es wiederum zahlreiche Theorien. Zwei Attributionsformen, die uns auch als Ärzte oder Psychologen betreffen könnten, werden besonders unterschieden. Danach erklären wir uns das Handeln von anderen Menschen gerne entweder aus einer ganz bestimmten Absicht dieser Personen heraus oder auf Grund einer ihnen fest zugeschriebenen Disposition. Beides entsteht im Prinzip aber in unserem Kopf. Im ersten Falle wird unterstellt, dass der gezielt Handelnde, z. B. ein klagender Patient, die Konsequenzen seines Verhaltens vorab schon wissen, erahnen oder antizipieren kann, im zweiten Falle geht man dagegen von bestimmenden, festliegenden Persönlichkeitsmerkmalen (oder Krankheiten) aus, die ihn selbst, quasi „passiv", zum Handeln veranlasst haben, d. h. schon sehr früh in eine feste Richtung gelenkt haben müssen. Beide Attributionsformen verzerren letztlich die Fremdeinschätzung in systematischer Weise (Attribution Bias), möglicherweise in der Form, dass der (auslösenden) Situation zu wenig und den (innewohnenden) Eigenschaften eines Menschen zu viel an ursächlicher Bedeutung zugemessen wird.

1.2.4 Primacy-Effekt

Des Weiteren soll hier auf den prägenden Effekt des ersten Eindrucks eingegangen werden. Ihm unterliegen wir alle mehr oder weniger. Wer uns auf Anhieb besonders sympathisch, gut aussehend oder intelligent erscheint, hat gute Chancen, es (für uns) auch noch länger zu bleiben, selbst wenn wir auf Grund weiterer Informationen längst zu einem weniger positiven Ergebnis kommen müssten. Dass uns frühe Informationen gerade über völlig fremde Personen bzw. durch erlebte Erstkontakte mit diesen erheblich prägen können, d. h. einen großen Einfluss auf weitere Einschätzungen ausüben, heißt Primacy-Effekt. Durch welche zerebralen Abläufe diese ersten, besonders verarbeiteten Eindrücke schließlich zu dominierenden Gedächtnisinhalten werden, ist noch nicht ganz geklärt. Offensichtlich besteht aber immer dann eine hohe und im weiteren relativ stabile Empfänglichkeit beim Untersucher, wenn strukturell noch gar keine dazu passenden Datenspeicher „organisiert" sind. Andererseits soll nach diesem ersten Kennenlernen auch oft schnell das weitere Interesse und damit die Aufnahmekapazität für zusätzliche Nachrichten sinken (Stroebe et al. 1997). Jedenfalls unterliegen viele Menschen, ohne dass es ihnen überhaupt bewusst wird, diesen besonders stabilen Erstimpressionen, wobei die primäre „Datenspeicherung" bei Kontakt mit psychisch Kranken eher in die Gegenrichtung, d. h. als vorrangige Festsetzung ungünstiger Bewertungen, laufen dürfte.

1.2.5 Halo-Effekt

Schon sehr früh wurde von Experimentalpsychologen (u. a. Thorndike 1920) eine auch bei Persönlichkeitsbeurteilungen auftretende Fehlerquelle beschrieben, die darin besteht, dass sich der Betrachter entweder stark von einer aktuell hervorstechenden Eigenschaft oder von einem weitgehend intuitiv erfassten Gesamtbild leiten lässt. Bei psychisch Kranken könnte es z. B. etwas sehr Bizarres sein, das die Aufmerksamkeit des Beobachters stark absorbiert und damit alles Weitere eher evident oder nebensächlich erscheinen lässt. Sonstige Einzelaspekte oder Nebenbefunde können dadurch sogar völlig untergehen. Da hier die Anmutungsqualität des dominierenden „Gesamtbildes" die weitere Wahrnehmung völlig überstrahlt, hat man das Phänomen im Englischen Halo- bzw. im Deutschen Hofeffekt genannt. Es kann sich im Prinzip sowohl günstig als auch ungünstig auf die Qualität weiterer Wahrnehmungen auswirken. Auf jeden Fall stellt es eine subjektive Fehlerquelle auf der Seite des Beobachters bzw. Untersuchers dar. Sie kann noch am ehesten dadurch verhindert werden, dass man möglichst auf Grund objektiver Daten bzw. messbarer Testergebnisse zu einem Urteil kommt, was bei psychisch Kranken allerdings nur selten machbar ist.

1.2.6 Rosenthal-Effekt

Mit diesem Begriff nach dem amerikanischen Psychologen R. Rosenthal (1966) wird ein typischer Versuchsleitereffekt bzw. ein möglicherweise auch sonst störendes Phänomen in der klinischen Diagnostik beschrieben. Es besteht darin, dass der im Prinzip subjektiv unvoreingenommene Untersucher unbewusst, d. h. über eine von ihm selbst nicht bemerkte (nonverbale) Kommunikation sowie eine von ihm nicht erkennbare, selbst aber mitinszenierte „besondere" Untersuchungsatmosphäre, die eigene Hypothese in das endgültige Ergebnis hineinträgt. Somit treten durch unbewusste Manipulation die eigenen Erwartungen mit sehr viel größerer Wahrscheinlichkeit als sonst ein und das Endresultat wird entsprechend falsch. Ein Patient würde sich aus der Sicht des Untersuchers also hypothesen- bzw. (bezogen auf eine Verdachtsdiagnose) diagnosekonform verhalten und nicht so, wie es seinem Krankheitszustand eigentlich entsprechen würde. Um diesen Effekt völlig auszuschalten, müsste der Untersucher bzgl. der zu prüfenden Hypothese oder der klinischen Verdachtsdiagnose völlig im Unklaren gelassen werden, was im klinischen Alltag kaum möglich ist. Besser erscheint der Rosenthal-Effekt dagegen in sog. Doppelblindstudien zur Wirksamkeitsprüfung neuer Medikamente erfasst und kontrolliert. Der Störeffekt wird hier klassischerweise dadurch ausgeschlossen, dass weder behandelnder Arzt noch behandelter Patient wissen, ob die zu testende Substanz oder eine „therapeutische" Alternative, z. B. ein Plazebopräparat, gegeben wird.

1.3 Getäuscht werden

Zahlreiche Patienten erschweren uns die Diagnostik durch zusätzliche, bewusst oder weniger bewusst aufgestellte Hürden in der Befundgewinnung. Ein Problem liegt z. B. in der Tendenz vieler Menschen, Fragen nicht angemessen zu beantworten. Eine andere Schwierigkeit liegt in der subjektiv sehr unterschiedlich erlebten Stärke von Beschwerden samt der daraufhin ggf. geschilderten kleinen oder großen Folgeprobleme, und zwar sowohl bei körperlichen als auch psychischen Leiden. Gerade der individuelle Leidensdruck ist in den Psychofächern (Psychiatrie, Psychologie, Psychotherapie und Psychosomatik), in denen „harte Daten" oft fehlen, zwar ein wichtiger, aber selten ausreichender Krankheitshinweis. Neben suspekten quantitativen Angaben kann es zudem qualitative Verfälschungen geben.

Eine gestörte Entwicklung kann nicht zuletzt so ablaufen, dass das komplette „Krankheitsbild" aus nicht objektiv vorhandenen Funktionsbeeinträchtigungen oder Mängeln besteht. Es zeigt sich eben nur darin, dass der Betroffene klagt. Das Phänomen einer falschen „Täuschung" liegt hier dann vor, wenn auf Grund der Klagen zwar körperliche Krankheiten vermutet werden, es sich in Wirklichkeit aber um ein rein psychosoziales Ursachenbündel völlig ohne somatischen Befund handelt. So ist es gerade das Charakteristikum der somatoformen Störungsformen nach ICD-10 (F 45: Somatisierungsstörung, hypochondrische Störung, somatoforme autonome Funktions- und Schmerzstörung), dass zwar körperliche Symptome dargeboten werden, und zwar sehr hartnäckig, eine körperliche Ursache des Leidenszustandes aber völlig fehlt. Das „eigentliche" Problem, d. h. die hier verdeckte „Störung", ist dann das abnorme (aufmerksamkeitssuchende) Verhalten. Schon an diesem Beispiel wird deutlich, dass das Getäuscht-werden-können durch Patienten ein komplexes, uneinheitliches Geschehen darstellt und der Täuschungsbegriff in jeder Hinsicht vieldeutig ist.

1.3.1 Antworttendenzen

Festliegende Ausrichtungen in der Beantwortung diagnostischer Fragen oder im Ausfüllen von Fragebögen bezeichnet man als Antworttendenzen. So gibt es z. B. Personen, die grundsätzlich eher zustimmend antworten, andere antworten gerne unkonkret oder an der eigentlich gestellten Frage vorbei. Klinisch am häufigsten findet man aber die Antworttendenz der sozialen Erwünschtheit. Dabei wird weder prinzipiell zustimmend noch ablehnend geantwortet, sondern immer gerade im Sinne der (angenommenen) sozialen Akzeptanz. Bestätigt wird somit jeweils das, was im Kontext der Befragung am ehesten angemessen (im besten Licht) erscheint. Der Untersuchte will hier weder atypisch, außenstehend noch sonst auf irgendeine Weise besonders abweichend (abnorm) erscheinen. Manche Fragebogenstrukturen nehmen hierauf schon Rücksicht, indem zum ehrlichen Antworten gezielt motiviert wird. Eine andere Methode, dieses Problem zu minimieren, sind Fragebögen mit eingebautem „Entscheidungszwang", in denen alle Alternativantworten von vornherein als untereinander völlig gleichwertig und damit auch gleichermaßen erwünscht dargestellt werden. Im klinischen Alltag findet die erste Befundsammlung allerdings in der Regel im explorativen Gespräch und nicht mittels Fragebögen statt. Entsprechende, ggf. irreleitende Antworttendenzen sind allerdings auch im Gespräch nicht auszuschließen.

1.3.2 Aggravationsverhalten

Das Phänomen der subjektiven Überzeichnung eines Leidenszustandes bezeichnen wir als Aggravation (lat. Verschlimmerung), als Übertreibung vorhandener, in ihren tatsächlichen Auswirkungen nicht so schwer wiegender Beeinträchtigungen des aktuellen Gesundheitszustandes. Solche Steigerungen in der dargebotenen Symptomatik führen in der Regel unmittelbar zu vermehrter Zuwendung durch Bezugspersonen sowie zu einem höheren Maß an sonstigen Hilfen. Ursachen des Aggravationsverhaltens liegen häufig in der durch Anlage und Umwelt gleichermaßen bestimmten Grundpersönlichkeit des Betroffenen begründet. Auf Grund entsprechender Persönlichkeitszüge neigen Menschen, ohne dass dies schon als krankhaft einzustufen wäre, zur Dramatisierung, Egozentrik oder theatralischem Verhalten. Hinzu kommt ein mehr oder weniger bewusstes Bedürfnis nach individueller Gratifikation, sozialer Anerkennung oder sonstiger schneller Bedürfnisbefriedigung.

Sind diese Persönlichkeitsakzentuierungen allerdings für sich allein gesehen schon so ausgeprägt, dass sie mit deutlichem subjektiven Leidensdruck oder erheblich gestörten sozialen Funktionen (ggf. mit Beeinträchtigung anderer Personen) einhergehen, ist an eine Störung „mit Krankheitswert" zu denken (Vollmoeller 2001). Diagnostisch kommt hier z. B. eine durch aggravationsnahe („symptomatische") Merkmale spezifisch definierte Störung, nämlich die histrionische Persönlichkeit(sstörung), infrage. Sie ist im ICD-10 folgerichtig als eigenständige Störungskategorie klassifiziert (F 60.4). Ältere Bezeichnungen für dieses oft schillernde, in der Regel aber ausdrucksstarke Krankheitsbild sind „infantile Persönlichkeit", da im Ausdruck und Erleben der Betroffenen oft starke Ähnlichkeiten zum kindlichen Hilfesucheverhalten bestehen, und „hysterische Persönlichkeit", was die besondere Nähe zu den unbewussten Übertreibungen bei sog. Konversionsstörungen (F 44) unterstreichen soll.

1.3.3 Simulation

Das schon erwähnte Verhalten, „Symptome" überhaupt erst zu erfinden, d. h. ohne selbst wirklich krank zu sein, bezeichnen wir seit jeher als Simulation (lat. Vorspiegelung). Personen, die diese Form eines gewollten Täuschungsmanövers gegenüber medizinischem Personal praktizieren, dürfen wir analog „Scheinkranke" oder „Nichtpatienten" nennen. Sie versuchen, sich dadurch in unredlicher Weise und bei vollem Bewusstsein nicht unerhebliche Vorteile zu verschaffen, z. B. Versorgungsleistungen eines Krankenhauses zu erschleichen, Geldzuwendungen als vermeintlich Bedürftige oder Strafbefreiung nach einem begangenen Delikt zu erhalten. Inzwischen gibt es eine Reihe ähnlicher Begriffe, wobei die Bezeichnung „Münchhausen-Syndrom" (Asher 1951) vermutlich die in der Allgemeinbevölkerung bekannteste ist, nicht aber als entsprechender Fachterminus (Bezeichnung für eine Störungskategorie) in internationale Klassifikationen übernommen wurde. Bloße Simulation ist im Übrigen weder eine medizinische Diagnose noch eine klassifizierbare Krankheit, sondern „nur" ein spezifisches Verhalten, das fälschliche, d. h. nicht akzeptable Inanspruchnahmen von Beratungsstellen, Ämtern oder Gesundheitsdiensten zu Folge hat.

Was in solchen Fällen schnell zu Beurteilungsfehlern führen kann, ist nicht nur die oft schwierige Klärung des eigentlichen Wahrheitsgehalts der dargebotenen Befindlichkeit bzw. der bereits gelieferten Einzelbefunde, sondern es sind gerade die relativ unscharfen diagnostischen Grenzen zu ähnlichen, tatsächlichen, d. h. bereits in unsere Diagnoseschemata aufgenommenen Erscheinungsbildern. Ein wichtiges Unterscheidungsmerkmal könnte hier allerdings die jeweils aufzudeckende innerseelische, nicht mehr vom Patienten bewusst steuerbare Motivlage sein, in der er sich möglicherweise ungewollt und unwissend verstrickt hat. Damit ist gemeint, dass er selbst nicht mehr in der Lage ist, auf persönliche Motive und individuelle Interessen willentlich Einfluss zu nehmen, sodass er dem eigenen Erleben und Verhalten wie automatisiert, d. h. ohne erkennbare eigene Steuerungsmöglichkeit, ausgeliefert erscheint. Bei einer solchen nicht leicht diagnostizierbaren Persönlichkeits- und Verhaltensstörung bedarf es aber in der Regel, nicht zuletzt auch, um psychotherapeutisch weiterzukommen, der individuellen Entschlüsselung des komplexen, offensichtlich noch unbewussten Ursachengefüges. In entsprechende „Tiefen" der menschlichen Willensbildung vorzudringen, um verdeckte Motivationen zu analysieren, ist aber per se fehleranfällig, wobei unser eigener Wahrnehmungsbegriff (vgl. 1.2) hier auch überstrapaziert erscheint.

Entwickeln sich klinische Symptome aber aus intrapsychisch plausiblen, aktuell vielleicht noch unbewussten Gründen, so sprechen wir nicht mehr von (absichtlicher) Simulation, sondern vielmehr von „artifiziellen" (ICD-10: F 68.1) bzw. von (unabsichtlich) „vorgetäuschten" Störungen (DSM-IV: 301.51). Hier trägt der Patient zwar aktiv zur Symptombildung bei, indem er sie selbst bei vollem Bewusstsein produziert, er weiß aber im Grunde nicht genau, warum. Somit sind es vorrangig die speziellen Motive und weniger die geäußerten Beschwerden, nach denen man in solchen Fällen zwischen einem psychisch gesunden Simulanten und einem psychisch kranken Patienten unterscheiden muss.

Das Problem der Simulation beinhaltet im Prinzip ein altes Grundproblem des Behaviorismus, nach dem sich ein Mensch (wie ein guter Schauspieler) ggf. so gebärden kann, als habe er Schmerzen oder Wahnideen, ohne dass er tatsächlich welche hat. Verhalten, insbesondere in wenig komplexer Form, kann zwar von psychischer Störung oder Krankheit zeugen, es garantiert sie aber nicht. Leidenszustände führen zu abnormen Verhaltensweisen, sie sind aber eben nicht darauf reduzierbar. Unsere Urteilsfähigkeit wird in diesem Terrain allerdings erheblich sicherer, wenn wir auch sonstige (Begleit-)Umstände berücksichtigen können, unter denen uns der Leidende begegnet. Hier sind insbesondere zeitliche (konsekutive) Zusammenhänge und organmedizinische Befunde zu nennen, auch wenn dadurch hundertprozentige Sicherheit nur selten erreicht werden kann.

1.3.4 Vorbei-Reden und Daneben-Handeln

Ein Sonderfall vorgetäuschten Verhaltens ist das sog. Ganser-Syndrom, benannt nach dem Dresdner Psychiater S. J. Ganser (1898). Es äußert sich in Form eines leichten „Dämmerzustandes", akuter Desorientiertheit, gestörten Erinnerungsvermögens oder auffälligen Vorbeiredens. Dieses merkwürdig anmutende, grundlos erscheinende Daneben-Verhalten wird heute zur Gruppe der dissoziativen Phänomene (F 44), also wieder zu den „richtigen" (klassifizierten) Störungen gezählt, nicht zuletzt deshalb, weil es häufig von anderen dissoziativen Symptomen begleitet und damit üblicherweise im Kontext eines umfassenderen klinischen Bildes wahrgenommen wird. Dissoziationen sind grundsätzlich dadurch gekennzeichnet, dass verschiedenste psychische Qualitäten, wie z. B. Wahrnehmungsleistungen und Erinnerungsvermögen, die sich im natürlichen Wesen eines Menschen immer wechselseitig ergänzen und dadurch der Gesamtpersönlichkeit erst ihren individuellen Stempel aufdrücken, nicht mehr ausreichend im Einklang miteinander stehen, d. h. nicht mehr in der Person harmonisch integriert und inhaltlich jeweils aufeinander bezogen erscheinen. Die dadurch entstehenden zeitlichen und situativen Kontrastphänomene und Sprünge im Erleben und Verhalten der Patienten werden von diesen selbst auch nicht mehr registriert und erinnert.

1.3.5 Dissimulation

Andere Menschen hingegen ziehen Vorteile daraus, dass sie sich gesünder geben als sie tatsächlich sind. In der Regel sind es ganz bestimmte pragmatische Gründe, als nicht krank – schon gar nicht psychisch auffällig – erscheinen zu wollen. Ein Beispiel wäre herunterspielendes Leiden zur Vermeidung einer zwingend notwendigen Krankschreibung, um einem dadurch evtl. drohenden Arbeitsplatzverlust zu entgehen. Auch um die Stigmatisierung „verrückt" zu verhindern, unterdrücken Patienten gelegentlich ihre psychischen Beschwerden. Einige versuchen so auch, einer gegebenenfalls anstehenden Zwangsbehandlung zu entkommen bzw. der Aufnahme auf einer geschlossenen Station zu entgehen. Alle diese Verhaltensweisen aus einer Tendenz zur Verniedlichung oder Verheimlichung von Symptomen fallen unter den Begriff der Dissimulation. Nicht zuletzt gehören diese Erscheinungen aber auch zu den Formen der manipulierten Befundbeeinflussung, die fehlerhafte Ergebnisse und falsche Diagnosen entstehen lassen.

1.4 Ausblick

Wahrnehmungsfehler können unser Urteil verzerren, Täuschungsphänomene können uns in die falsche Richtung leiten. Diese und ähnliche Fehlerquellen erschweren unsere klinische Arbeit, nicht zuletzt, weil wir uns dieser „Handikaps" im Umgang mit den Kranken selten bewusst sind. In der Sprache diagnostischer Kenngrößen handelt es sich hierbei um falsch positive oder falsch negative Ergebnisse, in der Diskussion um die Treffsicherheit von Aussagen bezeichnen wir entsprechende Einflüsse als systematische Fehler und bezogen auf die operationalisierte Diagnostik können wir von den Ursachen möglicher Fehldiagnosen sprechen.

Wie sollten wir hier gegensteuern? Zum einen durch eine fundierte berufliche Praxis, die für Fehlermöglichkeiten jeglicher Art sensibel macht. Hierbei wirken sich nicht nur die Jahre klinischer Tätigkeit und die Erfahrungen mit entsprechenden Personen positiv aus, sondern auch die Qualität von Aus- und Weiterbildungen. Studien haben gezeigt, dass es nicht so sehr auf die allgemeine Lebenserfahrung ankommt, sondern insbesondere auf die Vielfalt relevanter Patientenkontakte (Rzepka-Meyer et al. 1998). Im Übrigen gehört zu den vorstellbaren Verbesserungsmöglichkeiten, dass ggf. auf andere Arten der Datengewinnung zugegriffen wird. Objektivierendes Messen und valide Testleistungen sind beispielsweise sehr hilfreich im Sinne einer fehlerärmeren, wissenschaftlich fundierteren Diagnostik. Weiterhin sind standardisierte Interviews oder neuropsychologische Zusatzuntersuchungen oft gute Ergänzungen zur klinischen Wahrnehmung. Einer Reduzierung von

Fehlern bei der klinischen Informationssammlung dienen auch sog. Interviewleitfäden (Stieglitz 1994). Unter Good clinical Practice versteht man in diesem Zusammenhang Standards für klinische Studien oder der Untersuchungen zum Schutz vor Fehlschlüssen. Planung, Durchführung und Berichterstattung werden entsprechend glaubwürdiger. Nicht zuletzt lassen sich Ausdrucksmerkmale in Mimik und Gestik videographieren und im Einzelfall sogar quantifizieren (Muskelspannung als EMG-Aktivität, Schweißbildung in der Hautleitwertreaktion etc.). Kommen dabei bestimmte Auswertungsalgorithmen zur Anwendung, so ist wichtig, dass diese auch symbolverarbeitend sind und nicht nur nach den Regeln einer bestimmten Syntax funktionieren (Searle 1996).

Insgesamt bedarf es aber immer einer integrativen Sicht des psychisch Kranken, zumal auch seine Behandlung heute weitgehend integrativ erfolgt (Vollmoeller 2003). Nur so lässt sich mit ausreichender Sicherheit sagen, ob eine Auffälligkeit am Patienten ein ernsthaftes Zeichen (Symptom) für ein umschriebenes klinisches Bild (Syndrom) bzw. gar ein Hinweis auf eine bestimmte Krankheitsursache (Ätiologie) ist oder ob diese augenfällige Besonderheit uns gerade bei einem Gesunden begegnet. Unter allen Leidenden lassen sich die Simulanten so gut wie nie nur mittels eines einzelnen Details sicher enttarnen. Entdeckt werden können sie in der Regel erst „im Ganzen", d. h. wenn ein umfassendes Bild von ihnen vorliegt, das uns dann – unter Berücksichtigung mehrerer Auffälligkeiten – nicht mehr prägnant, d.h. nicht mehr in sich stimmig erscheint. Dabei sollte man sich vielleicht noch einmal an die grundlegenden Gesetzmäßigkeiten der Gestaltwahrnehmung erinnern, die dem Ganzen einen Informationsgewinn gegenüber der Summe seiner Teile zubilligen. Dies hatten die „alten" Experimentalpsychologen sehr gut erkannt (Mietzel 1996). Dass wir schon natürlicherweise die einzelnen Attribute eines bestimmten Phänomens nicht völlig unabhängig voneinander, sondern integriert wahrnehmen, bezeichnen die modernen Gestaltpsychologen, d.h. die Biopsychologen, im Übrigen als Bindungsproblem. Dabei handelt es sich um ein aktuelles Thema neuropsychologischer Forschung, wobei das Phänomen selbst inzwischen, wenn auch nicht völlig geklärt, aus den jeweils kombinierten Aktivitäten sehr unterschiedlicher Kortexareale heraus abgeleitet wird (Friedmann-Hill et al. 1995). Hier zeigt sich wieder die Stärke des menschlichen Gehirns gegenüber dem besten Computersystem, es kann nämlich eingehende Informationen gerade im Kontext anderer Daten erfassen, bewerten und ergänzen. Nicht zuletzt leisten Computer im Prinzip nur das, was Menschen mit ihrem Geist und ihrer Intelligenz einmal in sie hineingesteckt haben. Allein deshalb schon müssen Gehirne über zusätzliche Eigenschaften verfügen, sei es, um diese Fehler zu produzieren oder der Fehlerbeseitigung zu dienen.

Literatur

American Psychiatric Association (APA.: Diagnostic and Statistical Manual of Mental Disorders. Fourth Edition (DSM-IV). Washington DC: American Psychiatric Assiociation; 1994.

Asher R. Munchhausen's syndrome. Lancet. 1951; 1: 339–41.

Friedmann-Hill SR, Robertson LC, Traismann A. Parietal constitutions to visual feature binding: Evidence from a patient with bilateral lesions. Science. 1995; 269: 853–5.

Ganser SJ. Über einen eigenartigen hysterischen Dämmerzustand. Arch Psychiatr Nervenkr. 1898; 30: 633–40.

Goldstein EB. Wahrnehmungspsychologie. Heidelberg Berlin: Spektrum; 2002.

Hewstone M. Causal attribution: from cognitive processes to collective beliefs. Oxford Cambridge: Blackwell; 1989.

Mietzel G. Wege in die Psychologie. Stuttgart: Klett-Cotta; 1996.

Pinel JP. Biopsychologie. Heidelberg Berlin: Spektrum; 2001.

Rosenthal R. Experimenter effects in behavioral research. New York: Appleton; 1966.

Rzepka-Meyer U, Frank R, Vaitl D. Entwicklung therapeutischer Kompetenzen: Zur Rolle von Therapieerfahrung und Reflexionsbereitschaft. Verhaltenstherapie. 1998; 8: 200–7.

Searle J. Geist, Hirn und Wissenschaft. Frankfurt a. M.: Suhrkamp; 1996.

Stieglitz R-D. Fremdbeurteilungsverfahren. In: Stieglitz RD, Baumann U, Hrsg. Psychodiagnostik psychischer Störungen. Stuttgart: Enke; 1994: 76–8.

Stroebe W, Hewstone M, Stephenson GM (Hrsg). Sozialpsychologie. Eine Einführung. Berlin Heidelberg New York Tokyo: Springer; 1997.

Szasz T. Diagnoses are not diseases. Lancet. 1991; 338: 1574–6.

Thorndike EL. A constant error of psychological ratings. J Appl Psychol. 1920; 4: 25–9.

Vollmoeller W. Was heißt psychisch krank? Der Krankheitsbegriff in Psychiatrie, Psychotherapie und Forensik. 2., überarb. u. erweiterte Aufl. Stuttgart Berlin Köln: Kohlhammer; 2001.

Vollmoeller, W. (Hrsg.): Integrative Behandlung in Psychiatrie und Psychotherapie. Konzepte und Strategien. Stuttgart New York: Schattauer; 2003.

Weltgesundheitsorganisation (WHO). Internationale Klassifikation Psychischer Störungen: ICD-10, Kap. VV (F). Klinisch-diagnostische Leitlinien. 2. Aufl. Bern Göttingen Toronto: Huber; 1993.

Zeki S. A vision of the brain. Oxford Cambridge: Blackwell; 1993.

Zimbardo PG. Psychologie. 6., neu bearb. und erw. Aufl. Berlin Heidelberg New York Tokyo: Springer; 1995.

2 Wer ist psychisch gesund?
Das Paradox des subjektiven Wohlbefindens[1]

Philipp Yorck Herzberg und Ursula M. Staudinger

2.1 Einleitung

Das Ziel psychiatrischer und psychotherapeutischer Behandlung ist die Wiederherstellung der Gesundheit. Doch was genau ist Gesundheit? Gesundheit ist im Vergleich zu Krankheit ein weniger fassbarer und abstrakter Begriff. Sowohl Laien als auch Ärzten fällt die Verbalisierung von Gesundheitsvorstellungen schwerer als die von Krankheitsvorstellungen (Bengel u. Belz-Merk 1997). Die Definition von Gesundheit macht deutlich, dass diese mehr als nur die Abwesenheit von Krankheit ist: *„Gesundheit ist der Zustand vollkommenen körperlichen, seelischen und sozialen Wohlbefindens und nicht bloß die Abwesenheit von Krankheit und Gebrechen"* (WHO-Gesundheitsdefinition, zit. nach Becker 1982, S. 2).

Auch in der Psychologie, die sich stärker mit dysfunktionalen und pathologischen Aspekten der Psyche beschäftigt hat, wurde erst in den letzten 25 Jahren klarer, welche Bedeutung die Erforschung positiver Zustände wie die des Wohlbefindens im Leben der Menschen hat (vgl. z. B. Aspinwall u. Staudinger 2002). Aus der Forschung zum subjektiven Wohlbefinden (SWB) soll hier ein Punkt herausgriffen werden, der besondere Aufmerksamkeit verdient, nämlich das Paradox des SWB.

2.2 Paradox des SWB
2.2.1 Das Phänomen

Befragt man Erwachsene und Studenten, wie hoch der Prozentsatz der Personen sei, die ein positives SWB berichten, also einen Wert, der über dem Mittelwert einer Skala liegt, so variieren die Antworten zwischen 48–56% (Diener u. Diener 1996). Fragt man jedoch Personen, die sich in verschiedenen Lebensumständen befinden, wie wohl sie sich selbst fühlen, so zeigen die Angaben über eine Vielzahl von Studien hinweg, dass zwischen 82 und 84% der Befragten ihr SWB im positiven Bereich einordnen. In einer großen Studie lag der empirische Mittelwert über 43 Nationen hinweg bei 6,3 und nicht beim theoretischen Mittelwert der 11-stufigen Skala, also bei 5 (Veenhoven 1993). 86% der Länder liegen über dem theoretischen Mittel; nur solche Länder, in denen existenzielle Grundbedingungen der Ernährung und körperlichen Sicherheit nicht gewährleistet waren, lagen unter dem theoretischen Mittelwert. In vielen anderen Studien konnte immer wieder gezeigt werden, dass Menschen unterschiedlichster sozialer Herkunft, Einkommenslage, Bildung, Alter, Geschlechts- und Gesundheitsstatus etc. Wohlbefindenswerte berichten, die über dem theoretischen Mittel der jeweiligen Skala liegen. Das Paradox des SWB besteht also in dem Sachverhalt, dass widrige Lebensumstände im Gruppenmittel – zumindest solange existenzielle Mindestanforderungen nicht unterschritten werden, kaum Einfluss auf

---
[1] Der Beitrag basiert auf der Publikation von Staudinger (2000).

die Bewertung des SWB der Betroffenen haben. Abb. 2.1 illustriert dies für das Alter. Obwohl das Altern mit zunehmenden Verlusten und Einschränkungen assoziiert ist, bestehen keine signifikanten Zusammenhänge zwischen Alter und SWB.

Aus diesem Paradox ergeben sich insbesondere folgende zwei Fragen:
- Stellt das SWB eine dispositionelle Konstante dar und/oder wird es aktiv mittels regulatorischer Prozesse erhalten bzw. nach Einbrüchen wiedererlangt?
- Wenn ja: Wie erfolgt die Regulation des SWB?

2.2.2 Begriffsklärung

Trotz der Einigkeit über die Bedeutung des Wohlbefindens für unterschiedliche Bereiche der psychologischen Forschung bestand lange kein Konsens über die Definition dieses Konstrukts. Glück und subjektives Wohlbefinden, Gesundheit und Lebenszufriedenheit werden in der deutschsprachigen Literatur häufig synonym verwendet; auch in der englischsprachigen wird „happiness" oft mit „subjective well-being" gleichgesetzt (z. B. Argyle 1987). Über verschiedene Studien hinweg zeigten faktoranalytische Ergebnisse, dass zwischen einer kognitiven und einer affektiven Komponente unterschieden werden muss (Abb. 2.2; Diener et al. 1999). Die affektive Komponente unterteilt sich in positive und negative Gefühlszustände, die aber nicht die Endpunkte eines Kontinuums darstellen, wie lange Zeit angenommen wurde. Es herrschte lange die Vorstellung vor, Wohlbefinden über Abwesenheit von Unbehagen erfassen zu können, nach dem Motto: Wer sich nicht schlecht fühlt, fühlt sich gut. Die Notwendigkeit eigenständiger Wohlbefindensforschung wurde nicht gesehen.

Die Aufdeckung der Unabhängigkeit positiven und negativen Befindens durch Bradburn (1969) gilt als Ausgangspunkt der modernen Wohlbefindensforschung. Demnach wird sich eine Person dann wohl fühlen, wenn sie in letzter Zeit viele positive und wenig negative Gefühlszustände erlebt hat und sie wird sich weniger wohl fühlen, wenn die negativen Gefühlszustände gegenüber den positiven überwiegen.

Beide Dimensionen gelten als unabhängig voneinander. Es ist damit nicht möglich, die Ausprägung einer Person auf der Dimension des negativen Affekts durch die Ausprägung auf der Dimension des positiven Affekts vorherzusagen und vice versa. In späteren Überprüfungen der Unabhängigkeit (Diener u. Emmons 1984; Warr et al. 1983) erwies sich die Relation der beiden Dimensionen als abhängig von der betrachteten Zeitperspektive. Je kürzer die Zeitspanne, für die das Wohlbefinden erfasst wurde, desto negativer korrelieren beide Gefühlszustände. Die Unabhängigkeit der beiden affektiven Dimensionen gilt also nur für die Betrachtung eines längeren Zeitraums. Zu einem bestimmten, aktuellen Zeitpunkt schließen sich intensive positive und negative Gefühle weitgehend gegenseitig aus. Die Unabhängigkeit der beiden Teilskalen konnte in vielen Untersuchungen bestätigt werden und gilt als gesichert (Lucas et al. 1996).

Zur Erklärung der Unabhängigkeit geht Bradburn von der Annahme aus, dass unterschiedliche

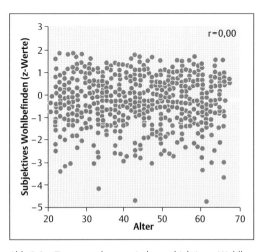

Abb. 2.1 Zusammenhang zwischen subjektivem Wohlbefinden und Alter (aus Staudinger et al. 1993).

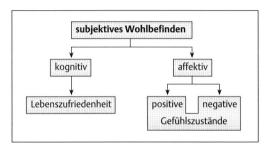

Abb. 2.2 Komponenten des subjektiven Wohlbefindens.

Situationen und Erfahrungen positive oder negative Gefühle erzeugen. Beide Gefühlszustände hängen auf verschiedene Weise mit bestimmten externen Variablen zusammen (z. B. Sorgen und Angst korrelieren mit negativer Befindlichkeit, aber nicht mit positiver Befindlichkeit; Geselligkeit und soziales Interesse korrelieren mit positiver Befindlichkeit, aber nicht mit negativer Befindlichkeit). Die Ereignisse, die zu positiven Gefühlszuständen führen, sind andere als die Ereignisse, die zu negativen Gefühlszuständen führen. Eine Unabhängigkeit von positiven und negativen Gefühlszuständen fanden Emmons u. Diener (1985), wenn sie ihre Probanden 84 Tage hintereinander täglich einen Stimmungsbericht ausfüllen ließen, der aus mehreren unipolaren gefühlsbezogenen Adjektiven bestand. Allerdings scheint vor allem die Durchschnittsbildung von Gefühlszuständen über einen längeren Zeitraum für die Unabhängigkeit der Skalen verantwortlich zu sein. In jüngster Zeit gab es Befunde zur emotionalen Entwicklung über die Lebensspanne, die zeigen, dass es auch situationsbezogen mit zunehmenden Alter eine erhöhte Koexistenz positiver und negativer Gefühlszustände gibt (Carstensen et al. 2000). Die Orthogonalität beider Dimensionen ist nicht nur von methodischem Interesse. Die Abwesenheit negativer Gefühlszustände bedeutet nicht Anwesenheit positiver Gefühlszustände. Einige klinische Störungen könnten aus der Abwesenheit positiver Gefühlszustände, andere aus dem Vorhandensein ausgeprägter negativer Gefühlszustände resultieren. Nach dieser Auffassung können Störungen gemildert werden, ohne dass positive Gefühlszustände erzeugt werden müssen (Ekman u. Davidson 1994).

2.2.3 Methodische Interpretation des Paradoxes

Bevor man sich der Mühe der Aufklärung des Wohlbefindensparadoxons unterzieht, ist es sinnvoll auszuschließen, dass das Paradox ein methodisches Artefakt ist. Abgeklärt werden müssen sowohl messmethodische Gründe als auch die Frage, ob man SWB als Produkt oder Prozess auffasst.

Schwarz u. Clore (1983) untersuchten die Prozesse, die an der Urteilsbildung über Wohlbefinden beteiligt sind, und zeigten, dass die aktuelle Stimmung zum Zeitpunkt der Urteilsabgabe und die Aufforderung zur Erinnerung an zurückliegende positive oder negative Lebensereignisse den Urteilsprozess beeinflussen. Diese Befunde werden durch Untersuchungen über den Einfluss von Antworttendenzen gestützt. Diener et al. (1991) zeigten, dass die aktuelle Stimmung die Validität von Skalen zur Erfassung des Wohlbefindens beeinträchtigt, dass aber dieser Einfluss eher zufällig als systematisch ist und durch wiederholte Messungen und Nutzung von Multi-Item-Fragebögen eliminiert werden kann.

Neben Befunden, die auf die Anfälligkeit des SWB-Wertes für situationale Einflüsse hinweisen, konnte in zahlreichen Quer- und Längsschnittstudien aber gezeigt werden, dass die Stabilität von SWB-Werten zufrieden stellend sind. Headey u. Wearing (1989) berichten für den Zeitraum von 6 Jahren Stabilitätswerte zwischen 0,55 und 0,62.

Als weiteres methodisches Argument zur Auflösung des Paradoxes kann man argumentieren, dass sich deshalb keine Unterschiede im SWB verschiedener Personengruppen finden lassen, weil es sich meist um Querschnittserhebungen handelt. Die befragten Personen befinden sich also an verschiedenen Punkten des Adaptationsprozesses, d.h. es wird nicht berücksichtigt, wie lange die Personen der jeweiligen Beeinträchtigung bereits ausgesetzt waren. Als Folge davon mitteln sich im Durchschnitt die verschiedenen Niveaus des SWB aus und es scheint so, dass äußere Bedingungen nur wenig Einfluss auf das SWB haben. Betrachtet man die wenigen Längsschnittbefunde zum SWB, ergibt sich ein gemischtes Bild. Einige Befunde implizieren, dass im Verlauf der ersten 2–3 Monate nach dem kritischen Lebensereignis SWB-Einbrüche zu verzeichnen waren, danach jedoch das ursprüngliche Niveau wieder erreicht wurde (z. B. Suh et al. 1996). In anderen Längsschnittstudien zeigten jedoch auch weiter zurückliegende Ereignisse noch einen gewissen Einfluss auf das SWB (z. B. Headey u. Wearing 1991).

Diese Ergebnisse weisen darauf hin, dass Unterschiede im Verlauf der Adaptationsprozesse die zu erwartenden Gruppenunterschiede verwischen. Zweitens wird deutlich, dass diese Adaptationsprozesse in Abhängigkeit von der Art des Ereignisses schneller oder langsamer verlaufen können, es aber bei extremen Ereignissen möglich ist, dass dieser Prozess nie abgeschlossen wird oder u. U. gar nicht stattfindet.

Eine Illustration zur Wirkung von Adaptationsprozessen liefert die viel zitierte Studie von Brickmann et al. (1976), die das Wohlbefinden gesunder Kontrollpersonen, Querschnittsgelähmter und Lotteriegewinner untersuchten. Kurz nach dem jeweiligen Ereignis gaben die Lotteriegewinner an, glücklicher als die beiden anderen Gruppen, die Querschnittsgelähmten, unglücklicher als die verbleibenden Gruppen zu sein. Zu einem späteren Zeitpunkt unterschieden sich die drei Gruppen nur noch geringfügig voneinander.

Die Evidenz längsschnittlicher Untersuchungen schließt also aus, dass sich das SWB-Paradox allein dadurch erklären lässt, dass der Mensch dispositionell stabil bestimmte SWB-Werte zeigt.

Zusammenfassend lässt sich sagen, dass methodische Artefakte nicht das Paradox des SWB auflösen können. Diese Betrachtungen haben zwar zur Relativierung des Paradoxes beigetragen, jedoch auch gezeigt, dass eine komplexe Regulationsdynamik für die beobachtete Stabilität des SWB verantwortlich ist.

Im Folgenden soll illustriert werden, auf welche Weise Persönlichkeitseigenschaften und selbstregulative Prozesse zur weiteren Auflösung des Paradoxons beitragen können.

2.3 SWB und Mechanismen der Selbstregulation

Forschungen zu Urteils- und Vergleichsprozessen und zur Veränderung des Anspruchsniveaus, die ursprünglich aus der Sozialpsychologie kommen, nehmen inzwischen in der Untersuchung der potenziellen Funktion selbstregulativer Mechanismen bei der Auflösung des Wohlbefindensparadoxons einen breiten Raum ein (z. B. Strack et al. 1991).

2.3.1 Soziale und temporale Vergleichsprozesse

Sowohl Vergleiche mit anderen Personen oder Gruppen als auch Vergleiche auf der Zeitachse, d. h. mit eigenen Leistungen zu früheren Zeitpunkten oder antizipierten Zuständen in der Zukunft, werden aktiv zur Regulation des SWB eingesetzt (Staudinger et al. 2003). Dabei lassen sich Aufwärts- und Abwärtsvergleiche voneinander unterscheiden. Aufwärtsvergleiche scheinen primär als Motivierungshilfe eingesetzt zu werden, wenn es um die Verbesserung der eigenen Leistung oder Verfassung geht. Dagegen scheinen Abwärtsvergleiche dann zum Einsatz zu kommen, wenn man sich vor Verlust des eigenen Wohlbefindens bewahren will (Wood 1996). Beide Vergleichsarten können das SWB sowohl erhöhen als auch vermindern. Wenn z. B. eine krebskranke Person jemanden sieht, dem es wesentlich schlechter geht, kann die Relativierung des eigenen Zustandes zu einer (zumindest zeitweiligen) Erhöhung des SWB führen. Zum anderen kann aber auch die Sorge, dass der eigene Zustand sich genauso verschlechtern könnte, zu einer Verminderung des SWB führen (Wood et al. 1985).

2.3.2 Veränderung des Anspruchsniveaus

Veränderungen des Anspruchsniveaus können ebenfalls zur Regulation des SWB eingesetzt werden (z. B. Brandtstädter u. Greve 1992). Das heißt, der persönliche Standard, der zur Beurteilung von Leistungen oder Zuständen herangezogen wird, verändert sich als Reaktion auf Veränderungen des inneren oder äußeren Lebenskontextes. Die Tatsache, dass sich historische Verbesserungen des Einkommensniveaus kaum in erhöhten Wohlbefindenswerten widerspiegeln, wird in der Literatur häufig als Beispiel für die erfolgte Anpassung des Anspruchsniveaus angeführt. Wichtig sind dabei zwei Dinge: Erstens kann das Anspruchsniveau, wenn es den eigenen Fähigkeiten nicht angemessen ist, zu Angst und bei zu niedrigem Anspruch zu Langeweile führen (Diener u. Fujita 1995). Und zweitens wird eine vollständige Rückkehr zum Ausgangswert bei extremen Abweichungen unwahrscheinlicher. Es gibt also auch Grenzen der Wohlbefindensregulation. Es scheint nicht möglich zu sein – und dies wäre evolutionspsychologisch betrachtet wohl auch nicht sinnvoll – jede, auch existenziell bedrohliche Beeinträchtigung durch Vergleichsprozesse und Anpassung des Anspruchsniveaus „wegzuregulieren".

Beide Prozesse – Vergleiche und Anspruchsniveauveränderung – sind nicht unabhängig voneinander zu sehen, aber auch nicht identisch. Michalos (1980) konnte demonstrieren, dass soziale und temporale Vergleichsprozesse das Anspruchsniveau mitbestimmen, was wiederum über die Diskrepanz mit dem tatsächlich Erreichten in Zusammenhang zum SWB steht. Die Einflussnahme dieser Diskrepanzen auf das SWB wird u. a. dadurch moderiert, wie wichtig die Ziele sind, auf die sich das Anspruchsniveau bezieht und ob diese als selbst gesetzt erlebt werden.

2.3.3 Zielsystem

Eine wesentliche Rolle bei der Regulation des SWB spielen das Setzen und die Verfolgung von Zielen. Ziele geben uns einen Referenzrahmen für unser Anspruchsniveau; allgemein wird angenommen, dass Erfolg beim Erreichen von Zielen das SWB erhöht, hingegen kein Fortschritt bei der Zielerreichung das SWB mindert. Allerdings konnten Brunstein et al. (1998) zeigen, dass nur der Fortschritt bei motivkongruenten, d. h. selbst gesetzten Zielen einen Zusammenhang zum SWB aufweist. Diese Zielprioritäten entstehen nicht arbiträr, sondern sind u. a. eingebettet in den Lebenskontext und die Sukzession von Entwicklungsaufgaben. Beispielsweise konnte man zeigen, dass im selbstberichteten Investment in verschiedenen zentralen Lebensbereichen unterschiedliche Prioritäten gesetzt werden. Im jungen Erwachsenenalter erhalten Arbeit und Freunde und im höheren Alter Gesundheit und Familie das höchste Investment (mittleres Erwachsenenalter: Arbeit und Familie). Es ist auch anzunehmen, dass diese Prioritäten im Investment adaptive Qualitäten haben, d. h. im jungen Erwachsenenalter steht hohes Investment in den Beruf im starken Zusammenhang mit SWB, im höheren Alter dagegen das Investment in die Gesundheit und die Familie. Neben der inhaltlichen Festlegung des Investments auf altersrelevante Lebensbereiche trägt auch das durchschnittliche Ausmaß des Investments zur Aufrechterhaltung des SWB bei. Es hat sich gezeigt, dass unter Bedingungen eingeschränkter Lebensumstände, etwa starke gesundheitliche Einschränkungen oder finanzielle Beschränkungen, nicht ein Mehr, sondern ein Weniger an persönlichem Lebensinvestment zur Aufrechterhaltung des SWB beitragen kann, das aber selektiv auf relevante Lebensbereiche konzentriert ist (Staudinger u. Fleeson 1996). Das persönliche Lebensinvestment stellt einen wichtigen Prozess der Lebensgestaltung dar, d. h. die Verteilung des Lebensinvestment erlaubt es, sich an selbst gesetzte oder durch andere gestellte Anforderungen zu adaptieren (Staudinger 1999).

2.3.4 Bewältigungsformen

Das Bewältigungsverhalten ist sicher der Klassiker unter den Adaptationsmitteln. Im Kontext der SWB-Regulation ist es notwendig, eine passungstheoretische Annahme zum Coping zu machen, d. h. bestimmte Copingformen nicht per se als funktional oder dysfunktional zu deklarieren, wie dies etwa der Begriff des regressiven Copings suggeriert. Die Funktionalität einzelner Copingstile muss am jeweiligen Lebenskontext und der jeweiligen Phase des Bewältigungsprozesses relativiert werden. Auch sog. regressive Bewältigungsformen können dazu beitragen, das SWB zu erhalten oder wieder zu erlangen. So zeigten Filipp u. Klauer (1991) in einer Längsschnittstudie bei Krebspatienten, dass Ruminieren, Anlehnungsbedürftigkeit und Minimierung von Bedrohung in positiver Beziehung zum SWB stehen. In Bezug auf die jeweilige Phase des Bewältigungsprozesses zeigt dieselbe Studie, dass die anfänglich positive Korrelation des Ruminierens mit SWB sich nach den ersten drei Monaten in eine langsam ansteigende negative Korrelation zum SWB verwandelte. Ähnliche Befunde werden auch aus der Trauerforschung berichtet (Wortmann u. Silver 1990).

Aggregiert man das Wissen über mehrere Studien, so hat sich gezeigt, dass die Verfügbarkeit unterschiedlicher Bewältigungsformen, die es einem erlaubt, nach Erfordernis flexibel zu reagieren, zum Erhalt des SWB beiträgt. Es handelt sich also nicht um einen bestimmten Bewältigungsstil, der sich als funktional erwiesen hat, sondern um die selektive Flexibilität in der Bewältigung (Staudinger u. Fleeson 1996).

2.4 SWB und strukturelle Charakteristiken von Selbst und Persönlichkeit

2.4.1 Selbstkonzeptionen

Neben Vergleichsprozessen, Zielen und Coping beschäftigt sich eine Vielzahl von Studien mit der protektiven Kraft der Selbstdefinition. Die Vielfältigkeit der Selbstdefinitionen hat sich als protektiv erwiesen, allerdings muss diese Vielfalt konsistent, integriert und positiv bewertet sein, sonst steht sie eher im Zusammenhang mit Depressivität. Außerdem tragen die persönliche Wichtigkeit oder die Zentralität des jeweiligen Selbstaspekts und dessen Verankerung in der Gegenwart dazu bei, in Situationen, die Anpassung erfordern, das SWB zu erhalten oder wiederherzustellen (zum Überblick vergleiche Staudinger u. Pasupathi 2000; Greve 1990). Zudem konnte längsschnittlich gezeigt werden, dass der Erhalt des SWB in kritischen Lebenssituationen durch selektive Zuordnung von Wichtigkeit besser gelingt als durch gleichmäßiges Streuen derselben (Showers u. Ryff 1996).

2.4.2 Persönlichkeitscharakteristiken

Aus den schwachen Korrelationen von Maßen bestimmter objektiver Umstände mit Maßen des globalen Wohlbefindens und mit Wohlbefinden in spezifischen Bereichen lässt sich schlussfolgern, dass bestimmte externe Ereignisse nicht an sich bestimmte Gefühlszustände evozieren, sondern die Wahrnehmung und die Bewertung dieser Umstände wichtig sind. Beeinflusst werden die Interpretationen der Umwelt unter anderem durch Erwartungen und durch die Persönlichkeit eines Individuums. Auf solchen Überlegungen basierend untersuchten Costa u. McCrae (1980) als Erste systematisch die Beziehungen von Persönlichkeitseigenschaften, im Besonderen von Neurotizismus und Extraversion, zu Wohlbefindensmaßen. Dabei zeigten sich übereinstimmend folgende Ergebnisse:

- Extraversion und konstruktnahe Dispositionen wie Aktivität und Soziabilität korrelieren signifikant positiv mit positiven Gefühlszuständen.
- Neurotizismus und konstruktnahe Dispositionen wie Emotionalität, Ärgerneigung und Furchtsamkeit korrelieren signifikant positiv mit negativen Gefühlszuständen.
- Extravertierte haben eine positive Affektbilanz (Differenz zwischen positivem und negativem Gefühlszustand), emotional Labile eine negative Affektbilanz.

Anhand dieser Befunde stellten Costa u. McCrae ihr Persönlichkeitsmodell vom subjektiven Wohlbefinden auf (Abb. 2.3). Nach Ansicht der Autoren sind die Menschen entweder zufrieden oder unzufrieden; die Quellen dafür liegen aber nicht in externen Variablen, sondern innerhalb der Person selbst. Eine Anzahl von Persönlichkeitseigenschaften, vor allem Extraversion und Neurotizismus, bestimmen unabhängig voneinander den habituellen Gefühlszustand eines Menschen. Extraversion prädisponiert also eine Person, vorrangig positive Gefühlszustände zu erfahren, während Neurotizismus in Richtung negativer Gefühlszustände prädisponiert. Überwiegen die positiven Gefühlszustände, so resultieren daraus Wohlbefinden und Glück, überwiegt der negative Zustand, ergibt sich Unzufriedenheit.

Die Unabhängigkeit positiver und negativer Gefühlszustände ergibt sich bei Costa u. McCrae im Gegensatz zu Bradburn nicht aus der Unabhängigkeit der Ereignisse, die zu den jeweiligen Gefühlszuständen führen, sondern aus der Orthogonalität der beiden Persönlichkeitsfaktoren Extraversion und Neurotizismus.

Kritisch zu bewerten ist die nur moderate Varianzaufklärung des subjektiven Wohlbefindens durch Persönlichkeitseigenschaften. Nach Stones u. Kozma (1991) variiert der Anteil der durch Neurotizismus aufgeklärten Varianz zwischen 2,0 und 9,0 % (M = 4,0), für Extraversion zwischen 4,0 und 21,0 % (M = 9,9). Bei einer Varianzaufklärung von weniger als einem Viertel ergibt sich aber die Notwendigkeit der Einbeziehung weiterer Variablen in ein Modell des subjektiven Wohlbefindens.

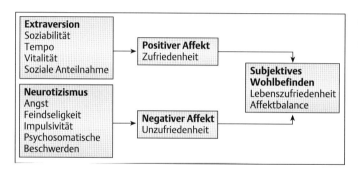

Abb. 2.3 Der Einfluss der Persönlichkeit auf das subjektive Wohlbefinden (Costa u. McCrae 1980, S. 675; mod. nach Herzberg 1995)

Wie lassen sich nun diese funktionalen Zusammenhänge zwischen Persönlichkeitsdispositionen und SWB erklären? Es gibt beispielsweise Hinweise darauf, dass etwa neurotische Personen eher aversive Lebensereignisse herbeiführen („… *history tends to repeat itself in people's lives – the same kinds of events keep happening to the same people.*"; Headey u. Wearing 1991, S. 50). Dahinter verbirgt sich die Annahme, dass Lebensereignisse nicht ausschließlich als exogen zu betrachten sind, sondern dass durch die stabilen persönlichen Merkmale immer wieder bestimmte Situationen und Kontexte aufgesucht und erfahren werden. Personen bewerten und erleben also Zustände und Vorgänge ihrer Umwelt je nach Wesensart nicht nur unterschiedlich, sondern wählen aus eigenem Antrieb Aktivitäten aus bzw. suchen Umgebungen auf, die ihrer Persönlichkeitsstruktur entsprechen. Ebenso gibt es Hinweise, dass neurotische Personen über weniger effiziente Bewältigungsmechanismen verfügen, und schließlich scheinen neurotische Personen physiologisch bedingt eine niedrigere Schwelle für das Entstehen negativ getönter affektiver Reaktionen zu haben. Was zunächst wie der Zusammenhang zwischen stabilen Persönlichkeitsdispositionen und SWB aussieht, verweist bei detaillierter Analyse auf das Wirken behavioraler und/oder psychophysiologischer Regulationsmechanismen.

Zusammenfassend kann man sagen, dass es eine Reihe von selbstregulativen Mechanismen und Charakteristiken des Selbst gibt, die in Kombination oder auch einzeln je nach spezifischer Konstellation zur Aufklärung des Wohlbefindensparadoxons beitragen. Gemeinsam mit den zuerst diskutierten methodischen Gesichtspunkten erlauben die vorgestellten Charakteristiken von Selbst und Persönlichkeit folgende Antwort auf unsere erste mit dem Paradox verbundene Frage: SWB hat zum einen dispositionelle Anteile, zum anderen tragen aber auch Regulationsmechanismen zum Erhalten des SWB bei. Einige der wichtigsten Mechanismen wurden beispielhaft illustriert, womit unsere zweite, eingangs gestellte Frage nach der Regulation im Wesentlichen beantwortet erscheint.

Literatur

Argyle M. The psychology of happiness. London: Routledge; 1987.
Aspinwall LG, Staudinger UM, eds. A psychology of human strengths: fundamental questions and future directions for a positive psychology. Washington, DC: APA Books; 2002.
Becker P. Psychologie der seelischen Gesundheit. Bd 1. Göttingen: Hogrefe; 1980.
Bengel J, Belz-Merk M. Subjektive Gesundheitsvorstellungen. In: Schwarzer R, Hrsg. Gesundheitspsychologie. Göttingen: Hogrefe; 1997: 23–41.
Bradburn NM. The structure of psychological wellbeing. Chicago: Aldine; 1969.
Brandtstädter J, Greve W. Das Selbst im Alter: Adaptive und protektive Mechanismen. Z Entwicklungspsychol Päd Psychol. 1992; 24: 269–97.
Brickman P, Coates D, Janoff-Bulman R. Lottery winners and accident victims: Is happiness relative? J Pers Soc Psychol. 1978; 36: 917–27.
Brunstein JC, Schultheiss OC, Grassmann R. Personal goals and emotional well-being: The moderating role of motive dispositions. J Pers Soc Psychol. 1998; 75: 494–508.
Carstensen LL, Pasupathi M, Mayr U, Nesselroade JR. Emotional experience in everyday life across the adult life span. J Pers Soc Psychol. 2000; 79: 644–55.
Costa PT, McCrae RR. Personality as a lifelong determinant of wellbeing. In: Malatesta CZ, Izard CE, eds. Emotion in adult development. Beverly Hills: Sage; 1984: 141–57.
Diener E, Emmons RA. The independence of positive and negative affect. J Pers Soc Psychol. 1984; 47: 1105–17.
Diener E, Sandvik E, Pavot W, Gallagher D. Response artefacts in the measurement of subjective well-being. Soc Indicators Res. 1991; 24: 35–56.
Diener E, Fujita F. Resources, personal strivings, and subjective well-being: A nomothetic and idiographic approach. J Pers Soc Psychol. 1995; 68: 926–35.
Diener E, Diener C. Most people are happy. Psychol Sci. 1996; 7: 181–5.
Diener E, Suh EM, Lucas RE, Smith HL. Subjective well-being: Three decades of progress. Psychol Bull. 1999; 125: 276–302.
Ekman P, Davidson RJ, eds. The nature of emotions: Fundamental questions. New York: Oxford University Press; 1994.
Emmons RA, Diener E. Influence of impulsivity and sociability on subjective well-being. J Pers Soc Psychol. 1986; 50: 1211–5.
Filipp SH, Klauer T. Subjective well-being in the face of critical life events: the case of successful copers. In: Strack F, Argyle M, Schwarz N, eds. Subjective well-being. An interdisciplinary perspective. Oxford: Pergamon Press; 1991: 213–234.
Greve W. Stabilisierung und Modifikation des Selbstkonzeptes im Erwachsenenalter: Strategien der Immunisierung. Sprache und Kognition. 1990; 9: 218–30.
Headey B, Wearing A. Personality, life events and subjective well-being: toward a dynamic equilibrium

model. Journal of Personality and Social Psychology. 1989; 57: 731–9.

Headey B, Wearing A. Subjective well-being: a stocks and flows framework. In: Strack F, Argyle M, Schwarz N, eds. Subjective well-being. An interdisciplinary perspective. Oxford: Pergamon Press; 1991: 49–70.

Herzberg PY. Determinanten subjektiven Wohlbefindens bei Jugendlichen: Eine Längsschnittuntersuchung. Unveröffentlichte Diplomarbeit, Humboldt-Universität zu Berlin; 1995.

Lucas RE, Diener E, Suh EM. Discriminant validity of well-being measures. J Pers Soc Psychol. 1996; 71: 616–28.

Michalos AC. Satisfaction and happiness. Soc Indicators Res. 1980; 8: 385–422.

Schwarz N, Clore GL. Mood, misattribution and judgements of well-being: informative and directive functions of affective states. J Pers Soc Psychol. 1983; 45: 513–23.

Showers CJ, Ryff CD. Self-differentiation and well-being in a life transition. Pers Soc Psychol Bull. 1996; 22: 448–60.

Staudinger UM, Heckhausen J, Baltes PB. Beliefs and expectations about life: A German survey. Berlin: Max-Planck-Institut für Bildungsforschung; 1993.

Staudinger UM, Dittmann-Kohli F. Lebenserfahrung und Lebenssinn. In: Baltes PB, Mittelstraß J, Staudinger UM, Hrsg. Alter und Altern: Ein interdisziplinärer Studientext zur Gerontologie. Berlin: de Gruyter; 1994: 408–36.

Staudinger UM, Fleeson W. Resilience of the self in very old age. Dev Psychopathol. 1996; 8: 867–85.

Staudinger UM, Freund AM, Linden M, Maas I. Selbst, Persönlichkeit und Lebensgestaltung: Psychologische Widerstandsfähigkeit und Vulnerabilität. In: Mayer KU, Baltes PB, Hrsg. Die Berliner Altersstudie. Berlin: Akademie Verlag; 1996: 321–350.

Staudinger UM. Social cognition and a psychological approach to an art of life. In: Blanchard-Fields F, Hess T, eds. Social cognition, adult development and aging. New York: Academic Press; 1999: 343–75.

Staudinger UM. Viele Gründe sprechen dagegen, und trotzdem geht es vielen Menschen gut: Das Paradox des subjektiven Wohlbefindens. Psychol Rundsch. 2000; 51: 185–97.

Staudinger UM, Pasupathi M. Life-span perspectives on self, personality and social cognition. In Salthouse T, Craik F, eds. Handbook of cognition and aging. Hillsdale, NJ: Erlbaum; 2000: 633–88.

Staudinger UM, Bluck S, Herzberg PY. Looking back and looking ahead: Adult age differences in consistency of diachronus ratings of subjective well-being. Psychol Aging. 2003; 18: 13–24.

Stones MJ, Kozma A. A magical model of happiness. Soc Indicators Res. 1991; 25: 31–50.

Strack F, Argyle M, Schwarz N, eds. Subjective well-being: An interdisciplinary perspective. Oxford: Pergamon Press; 1991.

Suh E, Diener E, Fujita F. Events and subjective well-being: Only recent events matter. J Pers Soc Psychol. 1996; 70: 1091–102.

Veenhoven R. Happiness in nations: Subjective appreciation of life in 56 nations 1946–1992. Rotterdam: RISBO; 1993.

Warr P, Barter J, Brownbridge G. On the independence of positive and negative affect. J Pers Soc Psychol. 1983; 44: 644–51.

Wood JV, Taylor SE, Lichtman RR. Social comparison in adjustment to breast cancer. J Pers Soc Psychol. 1985; 49: 1169–83.

Wood JV. What is social comparison and how should we study it? Pers Soc Psychol Bull. 1996; 22: 520–37.

Wortman CB, Silver RC. Successful mastery of bereavement and widowhood: A life-course perspective. In: Baltes PB, Baltes MM, eds. Successful aging: Perspectives from the behavioral sciences. New York: Cambridge University Press; 1990: 225–64.

3 Was heißt „unterschwellig" psychisch krank?
Diagnostik und Therapie der Symptomarmut[1]

Hanfried Helmchen

3.1 Einführung

Der vorgegebene Untertitel führt gleich zum Kern des hier zu besprechenden Problems, das weniger durch Symptom*armut* als viel häufiger durch Symptom*vieldeutigkeit* bestimmt ist. Vieldeutigkeit provoziert Bewertungen. Solche Bewertungen angesichts von Unbestimmtheit werden durch individuelle Vorerfahrungen ebenso wie normative Setzungen (als Vorurteile) geprägt. Auch unsere Diagnosen sind Setzungen bzw. Konventionen (Vollmoeller 2001). Das derzeit gültige Diagnosesystem ICD-10 (oder auch DSM-IV) legt jede Diagnose anhand von Kriterien fest. Mit diesen durchaus begründeten Festlegungen wird aus der gesamten Morbidität ein gewichtiges Stück herausgeschnitten, aber eben nicht die Gesamtheit der Morbidität erfasst. Diese mit operationalisierter Methodik nicht erfasste Restmorbidität wird „unterschwellig" genannt. In der Literatur erscheint sie auch unter den Bezeichnungen „subdiagnostisch", „subthreshold", „subclinical" (da vorzugsweise ambulant), „subsyndromal" (da im Verlauf ausgeprägte Syndrome entstehen können) und „nicht näher bezeichnet" (nnb) bzw. als „not otherwise specified" (NOS) in ICD-10 und DSM-IV.

3.2 Definition unterschwelliger psychischer Krankheiten

Sie können definiert werden als Krankheiten, die zu *gering* und/oder zu *kurz* ausgeprägt sind, um die nach *Zahl* und/oder *Dauer* von Symptomen (Diagnosekriterien) vereinbarte Schwelle operationalisierter Diagnosen zu erreichen, also *unter* dieser Schwelle liegen.

Als Beispiele für die Breite und Unstrukturiertheit dieses Morbiditätsbereiches seien einerseits die Schizophrenia simplex und die Neurasthenie, andererseits die rezidivierende kurze depressive Episode genannt:

Die *Schizophrenia simplex* ist im DSM-IV nicht mehr enthalten und wird in der ICD-10 nur noch als seltene und schwer diagnostizierbare Erkrankung beschrieben sowie als von ähnlich symptomarmen Störungen im Randbereich der Schizophrenien wie schizotype und schizoide Persönlichkeitsstörungen (Synonym: latente Schizophrenie) nicht sicher abgrenzbar angesehen.

Die 1869 von dem Amerikaner Beard eingeführte Diagnose *Neurasthenie* fand sehr schnell weltweit Verbreitung, geriet dann aber in den letzten Jahrzehnten so weit in Vergessenheit, dass das DSM-IV sie nur noch als überflüssige diagnostische Kategorie (im Zusammenhang der undifferenzierten somatoformen Störung) erwähnt und dementsprechend – im Gegensatz zur ICD-10 – nicht mehr enthält. In den 80er-Jahren wurde sie jedoch wiederentdeckt, jetzt unter der Diagnose „chronisches Erschöpfungssyndrom" (Chronique Fatigue Syndrome; Helmchen 2001).

Die *rezidivierende kurze depressive Episode* gilt im DSM-IV noch als „nicht näher bezeichnete depressive Störung", also als unterschwellig, da sie mit einer Dauer von unter 2 Wochen das Zeitkriterium für depressive Episoden nicht erfüllt. Weil aber auch diese kurzen Episoden die Intensität einer

---
[1] Der Beitrag basiert auf den Publikationen von Helmchen (2001 und 2003).

schweren depressiven Episode und zusammen mit ihrer Häufigkeit das gleiche Ausmaß an Behinderung und Einbuße an Lebensqualität wie affektive Erkrankungen mit längerer Episodendauer erreichen können (Angst et al. 2000), haben sie in der ICD-10 den Status einer spezifischen Diagnose (F 38.10) bekommen, sind also „*über*schwellig" geworden.

Zusammengefasst können folgende Bestimmungsstücke unterschwelliger psychischer Krankheiten benannt werden: Es handelt sich um leicht ausgeprägte, symptomarme, maskierte, atypische oder auch intensivere, aber dann hinsichtlich der diagnostischen Zeitkriterien nur sehr kurz dauernde psychopathologische Syndrome unterhalb der Schwelle operationalisierter Diagnosen. Sie zeigen beginnende, intermittierende oder residuale Zustände bekannter psychischer Krankheiten oder („komorbide") Begleitsyndrome anderer psychischer oder körperlicher Krankheiten, möglicherweise teilweise auch eigenständige Krankheitszustände an. Sie sind offenbar häufig und haben ernste Konsequenzen im Hinblick auf individuelles Leiden und begrenzte finanzielle Ressourcen.

3.3 Probleme mit der Schwelle

Die beschriebene diagnostische Schwelle ist in der ICD-10 ebenso wie im DSM-IV eindeutig definiert und deshalb reliabel, aber kaum sehr valide, wie die Diskrepanzen zwischen beiden Diagnosesystemen in Randbereichen zeigen. Diese Unterschiede in der diagnostischen Schwelle für einzelne Diagnosen ergeben sich daraus, dass ihre Festlegung von dem Verhältnis zwischen *Sensitivität* und *Spezifität* beeinflusst wird, das die Konsensusgremien jeweils als optimal eingeschätzt haben. Eine hohe Schwelle ergibt eine hohe Spezifität, aber viele falsch negative Fälle. Eine niedrige Schwelle führt zwar zu hoher Sensitivität, aber auch zu vielen falsch positiven Fällen. Die Festlegung hängt vielleicht noch stärker vom kulturellen Kontext ab, wie das Beispiel der Neurasthenie zeigt.

Deutlich zu erkennen ist das Wirken des Zeitgeistes in der Tatsache, dass in der früheren Sowjetunion und im China der Kulturrevolution die Diagnose Neurasthenie große Bedeutung hatte, vielleicht als Möglichkeit, psychische Störungen als somatische Erkrankung gesellschaftlich akzeptieren zu können (Lee 1998). Abhängigkeit von soziokulturellen Einflüssen zeigt sich auch darin, dass die Symptomatik der bei Amerikanern chinesischer Herkunft in Los Angeles diagnostizierten Neurasthenie von der des bei kaukasischen Bürgern der gleichen Stadt diagnostizierten chronischen Erschöpfungssyndroms nicht unterschieden werden konnte, jedoch die Erklärungen jeder Gruppe für ihre Krankheit sehr unterschiedlich waren (Lin et al. 1996). Gleichwohl trennen manche Forscher beide Syndrome. Tritt das Beschwerdebild im Anschluss an eine Infektion, z. B. eine Virusinfektion, etwa mit dem Epstein-Barr-Virus, auf, so kann es auch als neurologische Krankheit verschlüsselt werden, ebenso wie bei Befunden einer hirnorganischen Läsion in der Klasse der organischen psychischen Störungen (F 0), dann als „Pseudo-Neurasthenie", damit auch andeutend, dass für die Neurasthenie i. e. S. keine organische Ursache angenommen wird. Ihre Leitsymptomatik gesteigerter Ermüdbarkeit und Schwäche schon nach nur geringer geistiger oder körperlicher Anstrengung, verbunden mit Reizbarkeit, Muskelbeschwerden oder Schwindelgefühlen tritt offenbar sehr häufig gemeinsam mit affektiven Störungen auf, so in der Züricher Längsschnittstudie bei 79 % zusammen mit Depression und/oder Angst (Merikangas et al. 1994), aber auch mit vielen anderen psychischen und internistischen Erkrankungen. Wessely, einer der wichtigsten aktuellen Neurasthenie-Forscher, fasst die Befunde dahingehend zusammen, dass „im Allgemeinen … neurasthenische Patienten mehr psychische Beschwerden (haben) als der Normalbürger, jedoch weniger als Patienten mit klar definierten psychischen Störungen wie z. B. der Depression. Andererseits zeigen sie mindestens genau so viele, oft sogar mehr somatische Symptome" (Wessely 2000). Obwohl die Neurasthenie mit dieser relativ geringen Ausprägung und Spezifität ihrer Symptome oft nur als unterschwellige psychische Störung erfasst wird, ist der Leidensdruck und die funktionale Beeinträchtigung der betroffenen Menschen doch oft so erheblich, dass sie auf Intervention drängen (was dem Kriterium C der undifferenzierten somatoformen Störung nach DSM-IV entspricht: „Die Symptome verursachen in klinisch bedeutsamer Weise Leiden oder Beeinträchtigungen in sozialen, beruflichen oder anderen wichtigen Funktionsbereichen"). Therapeutisch wesentlich erscheint, dass neurasthenische Syndrome nach psychischen oder somatischen Belastungen offenbar häufiger bei Menschen auftreten, die bereits zuvor mit psychopathologischen Symptomen Zeichen erhöhter Vulnerabilität aufwiesen und bei denen auch nach Abklingen des auslösenden Ereignisses andere als die auslösenden peristatischen Einflüsse den Zustand perpetuieren (Wessely 2000).

Die bisher besprochene Schwelle kann auch als Grenze zwischen krank und fraglich krank angesehen werden. Wichtiger und schwieriger ist jedoch die Festlegung einer 2. Schwelle, nämlich der Schwelle zwischen unterschwelliger Morbidität und nichtmorbider Missbefindlichkeit, d. h. die Schwelle zwischen krank und gesund. Die Festlegung dieser Schwelle ist ein ungelöstes Problem. Hintergrund ist die offene Diskussion um den Krankheitsbegriff, die von der Dualität naturalistischer und normativer Implikationen, von objektivierbarer Krankheit und subjektivem Kranksein, von statistischer und individueller Norm sowie vom allgemeinen und speziellen Krankheitsbegriff beherrscht wird.

Die wichtigsten Versuche, einen allgemeinen Krankheitsbegriff zu definieren, orientieren sich am „Nicht-Können" (Blankenburg 1989; Häfner 1983; Kovacs 1998; Schramme 2000). Bei ausgeprägten Krankheiten ist dieses Nichtkönnen klar zu erkennen: „Krankheit allgemein ist zunächst ein lebensweltlicher, im Kern eindeutiger, an den Rändern unscharf begrenzter Begriff" (Häfner 1983). Aber für das Gros fraglicher und dabei insbesondere psychischer Krankheitszustände bleibt die Schwierigkeit, das Nichtkönnen genügend genau und ausreichend sicher zu bestimmen. Thomas Schramme führt diese Schwierigkeit darauf zurück, dass bei psychischen Krankheiten die Unterscheidung der wissenschaftlichen Perspektive auf die *Krankheit* und die lebensweltliche Perspektive des *Krankseins* nicht immer möglich ist (Schramme 2000).

Um die nähere Bestimmung dieser Grenze zwischen Gesundheit und Krankheit haben sich, solange es die Medizin gibt, immer wieder Ärzte und Philosophen bemüht. Sie sind dabei nicht nur – wie oben skizziert – von einem allgemeinen *Krankheits*begriff (Häfner 1983), sondern auch von einem allgemeinen *Gesundheits*begriff ausgegangen.

Die WHO hat 1946 Gesundheit als einen „Zustand vollkommenen körperlichen, geistigen und seelischen Wohlbefindens – und nicht allein das Fehlen von Krankheiten oder Gebrechen" definiert. Daran positiv zu bewerten ist, dass Gesundheit nicht eindimensional biologisch gesehen wird. Dennoch ist diese allgemeine Gesundheitsdefinition wenig brauchbar. Wer könnte von sich sagen, dass er angesichts seiner körperlichen, psychischen und sozialen Situation das Gefühl des völligen Wohlbefindens besitzt? Die Konsequenz dieser Definition wäre, dass wir Gesundheit als die Ausnahme, als das Außergewöhnliche im Leben des Menschen, Krankheit dagegen als die Regel zu bewerten hätten, was aller Erfahrung widerspricht. Die Definition ist zudem utopisch und gefährlich. Utopisch, weil aus ihr unerfüllbare Forderungen an menschliches Handeln abgeleitet werden können, und gefährlich, weil aus den Erwartungen der Anspruch entstehen kann, dass jede Störung des Befindens durch ärztliche oder andere Maßnahmen angegangen werden kann und muss (Gerok et al. 2002). Wenn damit auch die Finanzierung solcher Gesundheitsleistungen von der Gesellschaft zu tragen wäre, dann könnte weitergehend sogar die Sanktionierung aller Abweichungen von dieser Gesundheitsnorm drohen, wie Kritiker befürchten (Fitzgerald 1994; Illich 1974). Die Gesundheitsdefinition der WHO erhält nur dadurch ihre Berechtigung, dass Gesundheit hier als regulative Idee im Sinne Kants aufgefasst wird. Auch wenn dieser Idee in der Erfahrung kein absolutes Korrelat entspricht, d. h. Gesundheit im Sinne der Definition ein unerreichbares Ziel bleibt, kann dadurch doch eine Orientierung des Handelns möglich und ein Maß der Annäherung an dieses Ziel bestimmt werden (Gerok et al. im Druck). Dieses Maß zu bestimmen, ist eine zu lösende Aufgabe, die sich immer wieder neu stellen wird.

Selbst eine der einflussreichsten aktuellen Gesundheitstheorien, nämlich die von Christopher Boorse (1987), ist nicht ohne Widerspruch geblieben (Kovács 1998). In der „naturalistischen" Sicht Boorses ist Gesundheit die „Fähigkeit, alle typischen physiologischen Funktionen mit mindestens typischer Effizienz zu verrichten" und weiter, dass die Funktion eines gesunden Organs „Spezies-typische ursächliche Beiträge zum Überleben und zur Reproduktion des Organismus" leiste. Dagegen argumentiert Kovacs evolutionsbiologisch, dass sich der Typus verändere, also nicht die Typizität, sondern Adaptation das Überleben sichere, und zwar Adaptation an sich verändernde Umwelten. Aber Adaptation ebenso wie Umwelt seien wertgeladen, da die Ziele von Anpassung definiert werden müssen und Umwelten zunehmend von Menschen verändert und gewählt werden. Mit dieser Relativierung des Biologischen und der zunehmenden Bedeutung menschengemachter Umwelten einschließlich von Techniken und sozialen Regeln zur überlebensnotwendigen Anpassung an sie definiert Kovacs deshalb Gesundheit als „körperliche und geistige Fähigkeit des Individuums, sich vernünftigen sozialen Normen ohne Schmerzen und Leiden anzupassen". Deutlich ist aber auch in dieser Formulierung nicht nur die Vagheit der Formulierung, sondern vor allem die Abhängigkeit der Interpretation dessen, was „vernünftige soziale Normen" sind, von menschenbestimmten Werten.

Eine allgemeine und umfassende Definition von Krankheit ist also ebenso wie die von Gesundheit problematisch, und keine ist als Entscheidungshilfe praktikabel, wissenschaftlich fundiert und nicht tautologisch. Gesichert ist dabei nur, dass zwischen Gesundheit und Krankheit ein breiter Bereich liegt, in dem weder auf Grund der biomedizinischen Fakten noch auch auf Grund der Werte, die von Patient, Arzt und Gesellschaft als wesentlich und verbindlich anerkannt werden, die Grenze zwischen Gesundheit und Krankheit eindeutig zu bestimmen ist.

Es geht letztlich darum, unsere Kriterien dafür weiter zu schärfen, in jenem diagnostischen Unsicherheitsbereich zwischen Gesundheit und Krankheit die Stadien des Beginns oder Abklingens von Krankheit von jenen Zuständen der Missbefindlichkeit und Lebensschwierigkeiten zu trennen, die nicht als Krankheit zu bewerten sind (Helmchen 2001). Wichtig bleibt dabei das Kriterium des Nichtkönnens. Letztlich wird ein Nichtkönnen aber nur dann als Grund für Anspruch auf medizinische Hilfe (mit Kostenübernahme) bei sozial (oder biologisch i. w. S.) abnormem Verhalten akzeptiert, wenn es zumindest wahrscheinlich auf eine bestimmte (psychiatrische) Krankheit zurückgeführt werden kann. Die darin liegende Gefahr eines Zirkelschlusses wird dadurch vermieden, dass das Nichtkönnen als ein Indikator einer möglichen Krankheit verstanden wird, der zur Suche nach spezifischen Krankheitszeichen auffordert. Denn in den modernen Sozialstaaten impliziert nur die Feststellung einer Krankheit einen Anspruch an Hilfe aus dem medizinischen Solidarsystem. Deshalb könnte in der aktuellen Reformdiskussion der Krankheitsbegriff wieder an Bedeutung gewinnen, wenn die Überforderung der Solidargemeinschaft dazu zwingt, den Zugang zu ihren Kassenleistungen stärker zu begrenzen und dafür als entscheidendes Kriterium der Krankheitscharakter einer Störung benutzt wird.

Dass dabei Bewertungen eine Rolle spielen, wird in jenen Fällen besonders deutlich, in denen ein (neurotisches) Nichtwollen dem Betroffenen selbst verborgen bleibt und als Nichtkönnen erlebt wird: Da früher aus der Sicht der „Anstaltspsychiatrie" die sog. „kleine Psychiatrie" eher eine marginale Rolle spielte und Psychiater deren Anerkennung als Krankheit lange Zeit reserviert (Kendell 1975), vor allem aber deren psychodynamischer Interpretation als „Neurosen" eher ablehnend gegenüberstanden, werden diese Erlebens- und Verhaltensstörungen heute von der Psychiatrie als Krankheiten bewertet. Psychologen hingegen wie Eysenck (1960) sahen sie zunächst weniger als Krankheit denn als durch einen Lernprozess erworbene Verhaltensstörungen[2] an, die deshalb besser von Psychologen als von Ärzten verstanden und behandelt werden könnten. Entsprechend hatten die Krankenkassen in den Anhörungen des Deutschen Bundestages zum ersten Entwurf eines Psychotherapeutengesetzes 1980 noch eine Kostenübernahme für psychotherapeutische Interventionen mit dem Argument abgelehnt, dass dies nicht möglich sei, solange keine Kriterien existierten, mittels derer Krankheit von Lebensschwierigkeiten unterschieden werden könne. Inzwischen sind „Neurosen" als Krankheiten mit Behandlungsanspruch in die Sozialgesetze eingegangen und in Kassenvereinbarungen als behandlungsbedürftig anerkannt. Psychotherapeutische Psychologen wurden durch das 1998 verabschiedete Psychotherapeutengesetz als eigener Heilstand anerkannt. Die Anerkennung von „Neurosen" als zu heilende Krankheit eröffnet also den Zugang zur Kostenübernahme der Behandlung durch die Solidargemeinschaft.

Trotz dieses unbefriedigenden Standes der theoretischen Fundierung des Krankheitsbegriffes muss der praktisch tätige Arzt im konkreten Fall entscheiden, ob eine Krankheit vorliegt. Dazu bedient er sich empirisch erprobter pragmatischer Verfahren: Anamnese und Katamnese geben ihm über die Feststellung von individuellen Veränderungen erste Anhaltspunkte; die überwiegend geübte kategoriale Erfassung (ja – nein) reicht bei

---

[2] Darin liegt auch ein Grund für die Skepsis, den Begriff der Störung auf alle psychischen Krankheiten anzuwenden, wie es die nicht ganz treffende Übersetzung des englischen Begriffes disorder in den derzeitigen Diagnosenklassifikationen ICD-10 und DSM-IV heute vorgibt.

qualitativ abnormer Symptomatik wie bei Psychosen in der Regel aus, führt jedoch bei Störungen mit kontinuierlich variierenden Variablen wie bei „Neurosen" oder Persönlichkeitsstörungen seltener zum Ziel, sodass dafür die dimensionale Erfassung (mehr – weniger) eher angezeigt ist; Letztere sucht dann über die Festlegung von Schwellen (Cut-off-Werte) für die Ausprägungsintensität die quantitative Lösung in qualitative Kategorien zu überführen. Schließlich bedient sich der Arzt der tradierten klinischen Bewertung (Tab. 3.1).

3.4 Häufigkeit

Aus epidemiologischen Untersuchungen ist zu entnehmen, dass unterschwellige psychische Krankheiten vorzugsweise im Bereich affektiver Erkrankungen (Depression, Angst, Phobie), in allen Lebensaltern und häufiger (ca. 2- bis 4-mal) als Krankheiten mit spezifizierten Diagnosen auftreten, so z. B. 17,8% unterschwellige Depressionen vs. 9,1% überschwellige Depressionen in der Berliner Altersstudie BASE (Helmchen et al. 1999). Ihr bevorzugtes Erscheinen vor und nach majoren depressiven Episoden verweist auf den Querschnittscharakter von Spektrumdiagnosen (Spectrum Disorders). Häufig liegt eine Kombination mit somatischen Erkrankungen vor, so bei 20–50% älterer Menschen, die wegen körperlicher Erkrankungen stationär behandelt werden, und anscheinend vor allem dann, wenn diese zu Einschränkungen der körperlichen und sozialen Funktionsfähigkeit führen (Angst et al. 2000; Helmchen 2001; Wittchen et al. 1998).

3.5 Folgen

Die Folgen sind sowohl medizinischer und sozialer als auch gesundheitspolitischer Art.

Medizinisch gesehen komplizieren unterschwellige psychische Störungen andere psychische und somatische Erkrankungen: Sie tragen bei zur Verlängerung von somatischen Erkrankungen mittels vermehrter Komplikationen und verzögerter Remission, weiter zu deren Chronifizierung und zur (Verstärkung von) Behinderung sowie zur Arbeitsunfähigkeit. Aber auch als alleinige psychische Erkrankungen verringern sie die Lebensqualität durch Leistungsminderung, Selbstentwertung, soziale Isolierung und Suizidalität.

Tabelle 3.1 Kriterien klinischer Krankheitsbewertung bei unterschwelligen psychischen Krankheiten (nach Helmchen u. Linden 2000)

1. Anamnese mit Episoden spezifischer „über"schwelliger psychischer Krankheiten
2. Befund mit Symptomen spezifischer „über"schwelliger psychischer Krankheiten
3. Symptome (*objektive* Bedeutung) mit Folgen für
   - Leistungsfähigkeit
   - Arbeitsfähigkeit (Fehlzeiten)
   - Soziale Beziehungen
   - Lebensqualität
4. Leiden (*subjektive* Bedeutung)
5. Behandlungsbedarf z.B. entsprechend der Global Assessment of Functioning Scale (GAF)

Gesundheitspolitisch führen unterschwellige psychische Krankheiten zu finanziellen Kostensteigerungen bis zu 35% durch längere Krankenhausliegedauern (Levenson et al. 1990) und zur vermehrten Inanspruchnahme medizinischer Dienstleistungen: z. B. fanden Broadhead et al. (1990), dass Depressionen ein 4,8-mal höheres, unterschwellige Depressionen ein 1,5-mal höheres Risiko von Arbeitsunfähigkeit hatten, aber Letztere infolge ihrer erheblich größeren Häufigkeit 51% mehr Arbeitsunfähigkeitstage als Erstere verursachten. Überdies kostet diese Klientel überdurchschnittlich viel Zeit: So wurde geschätzt, dass ca. 15% dieser Klientel etwa 25–30% der Zeit des niedergelassenen Arztes verbrauchen. In diese höheren Kosten gehen auch Nichterkennung und Nichtbehandlung von unterschwelliger Morbidität, d. h. von beginnenden, residuären und begleitenden (komorbiden) Krankheiten ein. Andererseits dürfte aber auch die Entwicklung, Implementierung, Verbesserung von Verfahren zur Prävention und Früherkennung sowie zur Behandlung von unterschwelliger Morbidität Kosten verursachen. Unbekannt ist bisher, welche Kosten höher sind. Hier besteht also Forschungsbedarf.

Gesundheitspolitisch sind aber nicht nur die finanziellen Kosten, sondern auch mögliche soziale Kosten zu bedenken. So birgt die vermehrte Aufmerksamkeit für unterschwellige (psychische) Krankheiten zum einen das Risiko von Psychiatrisierung und Stigmatisierung (Magruder et al. 2000), wenn etwa vorschnell eine normale Trauer zur Depression, eine gelegentliche „benigne" Vergesslichkeit zum „Alzheimer", ein unklares oder widersprüchliches Denken zur Schizophrenie erklärt wird. Auch ist die Möglichkeit nicht auszuschließen, dass pharmazeutische Firmen verführt sein könnten, die Erweiterung von Indikationen für therapeutische Interventionen als Marketingstrategie zu nutzen. So sollen mittels „Awareness-Kampagnen" und „medizinischen Ausbildungsprogrammen" das verbreitete ästhetische Leiden am Haarausfall zu einem medizinischen Problem, die meist harmlosen Symptome des irritablen Darms oder der Risikofaktor der Osteoporose zu einer ernsthaften Krankheit, das persönliche Problem der Scheuheit zu einer überweiteten Diagnose der sozialen Phobie, durch übertriebene Prävalenzraten der erektilen Dysfunktion der Umfang eines medizinischen Problems maximiert worden sein (Moynihan et al. 2002).

Somit stehen Arzt und Gesellschaft vor dem Dilemma, dass unklar ist, ob die Nicht(an)erkennung von Morbidität oder die Anerkennung von Nichtmorbidität kostenträchtiger ist.

3.6 Schlussfolgerungen

Konsequenzen ergeben sich für die Praxis wie für die Forschung. Für die *Praxis* ist zunächst festzuhalten, dass die Erkennung und Bewertung unterschwelliger psychischer Krankheiten wichtig ist und verbessert werden muss. Denn es gibt nach anfänglich großer Skepsis zum Behandlungsbedarf und zur Wirksamkeit therapeutischer Interventionen inzwischen Hinweise auf deren Wirksamkeit, besonders im Bereich unterschwelliger Depressionen. Allerdings sind hier noch Fragen offen, so die der Behandelbarkeit und der Prävention. Nachdem noch 1988 Paykel et al. keinen Unterschied der Wirksamkeit zwischen Amitriptylin und Plazebo bei ambulanter Behandlung leichter Depressionen gefunden hatten, beschrieben Szegedi et al. 1997 in einer kontrollierten Studie die Wirksamkeit von Paroxetin wie auch von Maprotilin gegen minore Depressionen. Unklar ist aber immer noch die Bedeutung von Plazeboeffekten und Spontanremissionen. Da eine Residualsymptomatik nach Partialremission von Depressionen ein gesicherter Prädiktor für Rezidive und Chronifizierung ist, sind Belege für die Wirksamkeit tertiärpräventiver Ausbehandlung besonders wichtig. Vor allem Paykel et al. wie auch Fava haben 1999 eine diesbezügliche Wirksamkeit der Kombination von antidepressiver Medikation mit kognitiver Verhaltenstherapie gezeigt. Weitere Untersuchungen zur Förderung der Remissionsstabilität sind aber erforderlich. Vorerst wird jedoch in der Praxis ein empirisch begründeter schrittweiser Behandlungsplan für unterschwellige psychische Krankheiten Bedeutung behalten (Tab. 3.2).

Forschung ist erforderlich zur Versorgungspraxis, z. B. zu der Frage, wie häufig unterschwellige psychische Erkrankungen nicht erkannt oder zwar erkannt, aber nicht als Krankheiten anerkannt werden und aus welchen Gründen sie z. B. als nicht behandlungsbedürftig bewertet werden. Faktoren könnten ein schwerwiegenderer Behandlungsbedarf anderer Erkrankungen bei Multimorbidität (z. B. Vermeidung von Wechselwirkungen) oder Skepsis gegenüber der Wirksamkeit oder der Effizienz (Kosten im Verhältnis zur Wirksamkeit) der verfügbaren Verfahren sein. Wird es spezifische Therapieverfahren geben und wann ist der günstigste Zeitpunkt für ihren Einsatz? Welche medizinischen Dienste werden wann und wie häufig in Anspruch genommen? Wichtig wären Daten zur gesundheitsökonomischen Bedeutung der unterschwelligen psychischen Krankheiten, zur Höhe und zur Verteilung der Kosten, die sie verursachen. Forschung ist ebenso zu theoretischen Fragen der Nosologie und dem Krankheits-

Tabelle 3.2 Schrittweiser Behandlungsplan für unterschwellige psychische Störungen (aus Helmchen u. Linden 2000)

1. Selbsthilfe und prämedizinische Unterstützung
    - Schritt 1: auf Spontanremission warten
    - Schritt 2: Lebensstil ändern (z. B. Schlaf, Alkohol, Arbeit)
    - Schritt 3: Beratung und Unterstützung durch Freunde
    - Schritt 4: geeignete Selbstmedikation (z. B. Johanniskraut, cave: Wechselwirkungen!)

2. Allgemeinärztliche Versorgung
    - Schritt 5: diagnostische Abklärung
    - Schritt 6: Beratung und Patientenführung
    - Schritt 7: geeignete Medikation in üblicher Dosierung (z. B. SSRI)

3. Psychiatrische Versorgung
    - Schritt 8: intensivierte Medikation (z. B. anderes Medikament oder erhöhte Dosierung)
    - Schritt 9: Unterstützung bei der Lösung sozialer Probleme
    - Schritt 10: Strukturierte Psychotherapie

begriff erforderlich wie zu methodischen Fragen, etwa nach der Reichweite und Praktikabilität dimensionaler Erfassungsmethoden. Diese Forschungsdesiderate hat vor kurzem Wolfgang Maier zusammengefasst (Maier 2001). Sie werden an Bedeutung zunehmen, solange die Psychiatrie von der vorwiegenden Beschäftigung mit *schwer* abnormen Zuständen, die *stationäre* Behandlung erfordern und mit *prototypisch spezifischen* Symptomen *qualitativ* zu erfassen sind, fortschreitet hin zur Einbeziehung auch jener *leicht* abnormen Zustände, die *ambulant* zu behandeln sind und deren *unspezifische* Symptome nur *quantitativ* nach ihrer *Intensität* zu erfassen sind.

3.7 Zusammenfassung

Unterschwellige psychische Krankheiten sind leicht ausgeprägte, symptomarme, maskierte, atypische oder auch intensivere, aber dann hinsichtlich der diagnostischen Zeitkriterien nur sehr kurz dauernde psychopathologische Syndrome unterhalb der Schwelle operationalisierter Diagnosen.

Nosologische Stellung: Sie zeigen beginnende, intermittierende oder residuale Zustände bekannter psychischer Krankheiten oder („komorbide") Begleitsyndrome anderer psychischer oder körperlicher Krankheiten oder möglicherweise teilweise auch eigenständige Krankheitszustände an.

Unterschwellige psychische Krankheiten sind mit wahrscheinlich 10–20 % häufig und haben teilweise ernste Konsequenzen im Hinblick auf sowohl individuelles Leiden als auch begrenzte finanzielle Ressourcen.

Der *Forschungsbedarf* ist erheblich, da in der Versorgungspraxis Fragen zur diagnostischen Bewertung, zur prognostischen Bedeutung, zur Therapierbarkeit, insbesondere zur Effizienz von Frühinterventionen, und zu den Kosten ebenso offen sind wie in der nosologischen Theorie Fragen zu Diagnosekriterien, zu Entstehungsbedingungen und zum Krankheitswert unterschwelliger psychischer Störungen sowie methodologisch zu angemessenen und praktikablen Erfassungsverfahren.

Konsequenzen für die Praxis: Solange diese Forschungsfragen nicht beantwortet sind, ergibt sich in praktischer Hinsicht zunächst vor allem die Notwendigkeit, residuale Zustände, insbesondere partialremittierte Depressionen, auszubehandeln und Sensibilität für die Erkennung unterschwelliger psychischer Krankheiten, speziell bei körperlichen Erkrankungen mit körperlich-funktionalen und sozialen Beeinträchtigungen, zu entwickeln.

Literatur

Angst J, Sellaro R, Merikangas KR. Depressive spectrum diagnosis. Compreh Psychiatry. 2000; 41 (Suppl 1): 39–47.

Blankenburg W. Der Krankheitsbegriff in der Psychiatrie. In: Kisker KP, Lauter H, Meyer JE, Müller C, Strömgren E, eds. Brennpunkte der Psychiatrie. Berlin Heidelberg New York: Springer; 1989: 119–145.

Boorse C. Concepts of Health. In: Van de Veer D, Regan T, eds. Health care ethics. Philadelphia: Temple University Press; 1987: 359–393.

Broadhead WE, Blazer D, George LK, Tse CK. Depression, disability days, and days lost from work in a prospective epidemiologic survey. JAMA. 1990; 264: 2524–8.

Eysenck HJ. Classification and the problem of diagnosis. In: Eysenck HJ, ed. Handbook of Abnormal Psychology. London; 1960.

Fava GA. Subclinical symptoms in mood disorders: pathophysiological and therapeutic implications. Psychol Med. 1999; 29: 47–61.

Fitzgerald FT. The tyranny of health. N Engl J Med. 1994; 21: 96–8.

Gerok W, Helmchen H. Arbeitspapier für Gethmann CF et al., eds. Gesundheitsstandards. Berlin Brandenburgische Akademie der Wissenschaften; in Vorbereitung.

Häfner H. Allgemeine und spezielle Krankheitsbegriffe in der Psychiatrie. Nervenarzt. 1983; 54: 231–8

Helmchen H, Baltes MM, Geiselmann B et al. Psychiatric illnesses in old age. In: Baltes PB, Mayer KU, eds. The Berlin Aging Study. Aging from 70 to 100. 1st ed. New York: Cambridge University Press; 1999: 167–96.

Helmchen H, Linden M. Subthreshold disorders in psychiatry: Clinical reality, methodological artefact, and the double-threshold problem. Compreh Psychiatry. 2000; 41 (Suppl 1): 1–7.

Helmchen H. Unterschwellige psychische Störungen. Nervenarzt. 2001; 72: 181–9.

Helmchen H. Krankheitsbegriff und Anspruch auf medizinische Leistungen. Nervenarzt. 2003; 74: 395–397.

Illich I. Medical Nemesis. Lancet. 1974; 1: 918–21.

Kendell RE (1975) The concept of disease and its implications for psychiatry. Br J Psychiatry 127: 305–315

Kovacs J. The concept of health and disease. Med Health Care Philos. 1998; 1:31–9.

Lee S. Estranged bodies, simulated harmony, and misplaced cultures: neurasthenia in contemporary Chinese society. Psychosom Med. 1998; 60: 448–57.

Levenson JI, Hamer RM, Rossiter LF. Relation of psychopathology in general medical inpatients to use and costs of services. Am J Psychiatry. 1990; 147: 1498–503.

Lin K, Cheung F, Zheng Y, Weiss M, Nakasaki G, Ren Y. A cross cultural study of neurasthenia and CSF in

LA. Xth World Congress of Psychiatry, Madrid, 23–28 August; 1996: 184.

Magruder KM, Calderone GE. Public Health Consequences of Different Thresholds for the Diagnosis of Mental Disorders. Compreh Psychiatry. 2000; 41(Suppl. 1): 14–8.

Maier W. Unterschwellige psychische Störungen. Das Problem der Spezifität unspezifischer Diagnosen. Nervenarzt. 2002; 72: 167–8.

Merikangas KR, Whitaker AE, Isler H, Angst J. The Zurich Study: XXIII. Epidemiology of headache syndromes in the Zurich cohort study of young adults. Eur Arch Psychiatry Clin Neurosci. 1994; 244: 145–52.

Moynihan R, Heath I, Henry D. Selling sickness: the pharmaceutical industry and disease mongering. BMJ. 2002; 324: 886–91.

Paykel ES, Hollyman JA, Freeling P. Predictors of therapeutic benefit from amitriptyline in mild depression: a general practice placebo-controlled trial. J Affective Disord. 1988; 14: 83–95.

Paykel ES, Scott J, Teasdale JD et al. Prevention of Relapse in Residual Depression by Cognitive Therapy. Arch Gen Psychiatr. 1999; 56: 829–35.

Schramme Th. Patienten und Personen. Frankfurt am Main: Fischer; 2000.

Szegedi A, Wetzel H, Angersbach D, Philipp M, Benkert O. Response to treatment in minor and major depression: results of a double-blind comparative study with paroxetine and maprotiline. J Affective Disord. 1997; 45: 167–78.

Vollmoeller W. Was heißt psychisch krank? Der Krankheitsbegriff in Psychiatrie, Psychotherapie und Forensik. 2., überarb. u. erweiterte Aufl. Stuttgart Berlin Köln: Kohlhammer; 2001.

Wessely S. Neurasthenie. In: Helmchen H, Henn FA, Lauter H, Sartorius N, Hrsg. Psychiatrie der Gegenwart. Bd 6: Erlebens- und Verhaltensstörungen, Suicid, Abhängigkeit. 4. Aufl., Berlin Heidelberg New York: Springer; 2000.

Wittchen HU, Nelson CB, Lachner G. Prevalence of mental disorders and psychosocial impairments in adolescents and young adults. Psychol Med. 1998; 28: 109–26.

4 Genügt die Beschwerdeschilderung als Krankheitsnachweis?
Kommentierung eines Fehlurteils[1]

Andreas Stevens

4.1 Einleitung

Anlass zu dem vorliegenden Aufsatz gab eine Entscheidung des IV. Zivilsenats des BGH vom 14.04.1999 (IV ZR 289/97, Frankfurt/M, publiziert in VersR 1999, 20:5839–5840).

> Der Kläger begehrte Leistungen aus einer Berufsunfähigkeitszusatzversicherung (BUZ). Der 1949 geborene Kläger war Masseur in eigener Praxis und seit 1987 wegen anhaltender Schmerzen in verschiedenen Körperregionen arbeitsunfähig krankgeschrieben. Er machte nun geltend, an einer schweren Form einer generalisierten Tendomyopathie zu leiden. Die Beklagte lehnte die Zahlung ab, da es sich bei den subjektiven Beschwerden des Klägers und dem Fehlen objektiver medizinischer Befunde nicht um eine Erkrankung handele. LG und OLG gaben der Klage nicht statt. Vom IV. Zivilsenat des BHG wurde die Entscheidung zurückverwiesen.

Aus den Urteilsgründen:
„II. Im Übrigen beruht das Berufungsurteil auch auf einem materiell-rechtlichen Fehler der Auslegung des Begriffs des ärztlichen Nachweises einer Krankheit i. S. v. § 2 Nr. 1 BB-BUZ. Der ärztliche Nachweis braucht nicht in Befunden der Apparatemedizin oder der sonstigen Zusatzdiagnostik zu bestehen. Der gegenteiligen ... Ansicht, dass nämlich ohne objektivierbare Befunde von einer Krankheit nicht gesprochen werden könne, ist nicht zu folgen ... Wissenschaftlich nicht infrage gestellte Erkrankungen wie alle affektiven Störungen (...) oder alle Psychosen aus dem schizophrenen Formenkreis (seien ansonsten) nicht mehr zu diagnostizieren. Zutreffend sei deshalb ..., dass bei einer Krankheit wie Generalisierte Tendomyopathie, die gerade durch das Fehlen naturwissenschaftlich gewonnener Untersuchungsbefunde charakterisiert wird, *der ärztliche Nachweis der Erkrankung auch dadurch geführt werden könne, dass ein Arzt seine Diagnose auf die Beschwerdenschilderung des Patienten stützt ...*"

Diese Behauptung ist offensichtlich falsch und steht im Widerspruch zu den maßgeblichen forensisch-psychiatrischen Meinungen. Diese sind einig, dass eine Krankheitsfeststellung nicht auf den Beschwerdevortrag allein gründen kann (z. B. Täschner 1994; Foerster 2000): Im Folgenden setzen wir uns mit den einzelnen Argumenten der Behauptung des 4. Zivilsenats auseinander.

4.2 Was ist eine Krankheit?

Der Begriff der Krankheit wird unterschiedlich definiert. Im Bereich der Berufsunfähigkeitsversicherung heißt es (§ 2.1 der BB-BUZ):

„Vollständige Berufsunfähigkeit liegt dann vor, wenn der Versicherte infolge Krankheit, Körperverletzung oder Kräfteverfalls, die ärztlich nach-

---

[1] Teile dieses Aufsatzes wurden bereits veröffentlicht in: Stevens A, Foerster K. Genügt für den Nachweis einer Erkrankung die Beschwerdenschilderung? Zum Verhältnis von Beschwerden, Befund, Diagnose und Beeinträchtigung. Versicherungsmedizin. 2000; 52: 76–80.

zuweisen sind, voraussichtlich dauernd außer Stande ist, seinen Beruf oder eine andere Tätigkeit auszuüben, die auf Grund seiner Ausbildung und Erfahrung ausgeübt werden kann und seiner bisherigen Lebensstellung entspricht".

Krankheit im Sinne des Rechts der gesetzlichen Krankenversicherung ist

„ein regelwidriger Körper- oder Geisteszustand, der ärztlicher Behandlung bedarf oder – zugleich oder ausschließlich – Arbeitsunfähigkeit zur Folge hat" (Seewald 1981).

Als regelwidrig gilt dabei ein Körper- oder Geisteszustand, der von der durch das Leitbild des gesunden Menschen geprägten Norm abweicht. Als behandlungsbedürftig wird ein regelwidriger Körper- oder Geisteszustand bezeichnet, sofern er nicht ohne ärztliche Hilfe behoben, gebessert oder vor der Verschlimmerung bewahrt werden kann oder wenn ärztliche Behandlung erforderlich ist, um Schmerzen oder sonstige Beschwerden zu lindern oder das Leben des Patienten zu verlängern. Problematisch ist bei dieser Definition, dass der Begriff „regelwidrig" nicht näher definiert ist. Die bloße Abweichung von der statistischen Norm kann nicht gemeint sein, denn ansonsten wäre ein IQ >130 krankhaft, Karies und Übergewicht jedoch nicht (Werner 2002). Das Bundessozialgericht: hat vorgeschlagen, dass Regelwidrigkeit erst dann vorliegt, wenn eine wesentliche körperliche oder psychische Funktion nicht mehr ausgeübt werden kann (Mazal 1992). Auch hier stoßen wir auf einen Krankheitsbegriff, der eine wesentliche Funktionseinschränkung als notwendige Voraussetzung hat.

Erlenkämper (2000) hat diesen Unterschied zwischen der bloßen Regelwidrigkeit und einem sozialmedizinisch bedeutsamen Krankheitsbegriff hervorgehoben:

„Krankheit im medizinischen Sinn ist jeder regelwidrige Körper- oder Geisteszustand, der von der Norm abweicht, die durch das Leitbild des gesunden Menschen geprägt ist. Im Sozialrecht gilt zwar zunächst der gleiche Begriff. Hier ist eine solche Regelwidrigkeit für sich allein vielfach noch nicht relevant. Rechtliche Bedeutung erlangt sie i.d.R. erst, wenn sie ein gewisses „krankmachendes" Ausmaß, einen Krankheitswert erreicht. Die ... Methoden der medizinisch-wissenschaftlichen Diagnostik machen ... Regelwidrigkeiten ... schon sichtbar, längst bevor diese ... „krankmachend" in Erscheinung treten. Im Sinn des Sozialrechts besteht Krankheit i.d.R. aber erst, wenn der regelwidrige Prozess *funktionell manifest* geworden ist."

Eine aktuelle Übersicht über konkurrierende Krankheitsbegriffe findet sich bei Kendell (2002). Er unterscheidet

1. Die *soziopolitische Definition:* Ein Zustand ist eine Krankheit, wenn er unerwünscht ist, z. B. das Befinden beeinträchtigt oder auch zu kriminellen Handlungen führt bzw. Drogengebrauch einschließt.

Dieser wertenden Haltung wurde von Kurt Schneider (1950) scharf widersprochen, indem er feststellte, manche „Krankheiten" seien schlicht abnorme Varianten des normalen psychischen Lebens – und ohne Bedeutung für einen Psychiater. In Großbritannien lebt dieser Streitpunkt derzeit wieder auf, da eine Auseinandersetzung darüber besteht, ob Persönlichkeitsstörungen Krankheiten sind. Ein weiteres Beispiel für die „Flexibilität" des soziopolitischen Krankheitsbegriffs ist, dass Homosexualität bis 1980 als Krankheit galt, dann aber auf politischen Druck hin aus dem DSM-III (APA 1980) gestrichen wurden. In ähnlicher Weise ist die Trunksucht erst im Lauf der Zeit zur Krankheit geworden (McHugh u. Slavney 1998).

2. Die *biomedizinische Definition* (Scadding 1967) besagt, dass eine Krankheit die Summe der abnormen Phänomene ist, die eine Gruppe lebender Organismen in Assoziation mit einer spezifischen Konstellation charakteristischer Merkmale aufweist, durch die diese Gruppe sich von nicht betroffenen Organismen dahingehend unterscheidet, dass sie sich in einem biologischen Nachteil befindet.

Dieser „Nachteil" ist jedoch nicht näher spezifiziert; er könnte in einer verringerten Lebenserwartung oder Fertilität gesehen werden. Es müssten dann z. B. die Fertilitätsbehandlung und erektionsfördernde Medikamente von der gesetzlichen Krankenversicherung getragen werden, dagegen wären Persönlichkeitsstörungen in der Tat keine Krankheiten.

3. Eine *kombinierte soziobiomedizinische Definition* stammt von Wakefield (1992): Eine Krankheit ist eine biologische Dysfunktion, die unerwünscht und nachteilig für den Betroffenen ist.

Der 4. Zivilsenat hat sich jedoch offensichtlich weniger mit diesen Quellen auseinander gesetzt, sondern sich enzyklopädisch orientiert. Die Brockhaus-Enzyklopädie (20. Auflage, 1996) schreibt:

„Krankheit, Erkrankung – i.w.S. das Fehlen von Gesundheit; i.e.S. das Vorhandensein von subjektiv empfundenen und/oder objektiv feststellbaren körperlichen, geistigen und/oder seelischen Veränderungen bzw. Störungen, die vorübergehend oder dauerhaft sein können und im Extremfall zum Tode führen. Im Sozialversicherungsrechtssinn das Vorhandensein von Störungen, die Behandlung erfordern und Arbeitsunfähigkeit zur Folge haben ..."

Das enzyklopädische Vorgehen unterscheidet sich aber vom wissenschaftlich-philosophischen dahingehend, dass es alle nachweisbaren Verwendungen des Begriffs gleichwertig behandelt, die Definitionen aber keinem besondern Zweck dienen müssen, also keiner Operationalisierung unterliegen. Gerade diese Anforderung erscheint aber im rechtlichen Bereich und dem Entschädigungswesen unverzichtbar. Geht man von dem Gedanken aus, dass Versicherungsleistungen von der Intention her materielle Kompensation für beeinträchtigtes Leistungsvermögen sein sollen, so kann nur ein Krankheitsbegriff gemeint sein, der den Nachweis der Funktionsbeeinträchtigung unabdingbar einschließt.

4.3 Ist eine Diagnose eine Krankheit?

Diagnosen in Gutachten sollten anhand diagnostischer Standards, z.B. der Manuale der Weltgesundheitsorganisation (ICD-10, WHO 1992) oder vorzugsweise der Amerikanischen Psychiatrischen Assoziation (DSM-IV TR, APA 2000) gestellt werden, indem die aktuell erhobenen Befunde und Beschwerden mit den dort genannten diagnostischen Kriterien verglichen werden. Dieses Vorgehen dient der Vereinheitlichung des Sprachgebrauchs bzw. einer Namenskonvention. Dabei ist zu beachten, dass die diagnostischen Manuale lediglich Wert auf Reliabilität, nicht auf Validität legen. Dies bedeutet, dass die Konstrukte, die mit den diagnostischen Kriterien beschrieben werden, nicht notwendigerweise eine Entsprechung in der Realität haben. Eine Diagnose ist daher ausdrücklich nicht synonym mit Erkrankung oder Krankheit (Disease, Illness), sondern bedeutet „Störung" im Sinn einer charakteristischen Symptomkonstellation (Disorder). Die Autoren des DSM schreiben im Vorwort der amerikanischen Ausgabe des DSM-IV TR:

„The *clinical diagnosis* of a mental disorder *is not sufficient* to establish the existence for legal purposes of a „mental disorder", „mental disability", „mental disease" or „mental defect"... It is precisely because impairments, abilities, and disabilities vary widely within each diagnostic category that assignment of a particular diagnosis does not imply a specific level of impairment or disability" (S. XXIII).

Das Diagnoseverzeichnis der Weltgesundheitsorganisation (ICD-10, WHO 1992) erklärt im Kapitel „Probleme der Terminologie" ebenso, dass das ICD-10 keine Krankheiten beschreibt, sondern charakteristische Komplexe von Beschwerden und Befunden mit Namen belegt. Die Diagnosen des ICD-10 klassifizieren damit ebenso wie die des DSM-IV „Regelwidrigkeiten" des Erlebens und Verhaltens sowie normabweichende Befunde, sie beinhalten aber nicht das „Manifestwerden als Funktionsminderung" (Erlenkämper 2000). Entsprechend finden sich durchaus Diagnosen, von denen lebhaft umstritten ist, ob überhaupt entsprechende Krankheiten existieren, z.B. pathologisches Spielen, Kleptomanie, multiple Persönlichkeiten und somatoforme Störungen. Szasz (1991) hat pointiert auf den Unterschied zwischen Diagnosen und Krankheiten hingewiesen („diagnoses are not diseases") und ausgeführt, ein Teil der Problematik rühre daher, dass in der Psychiatrie nebeneinander zwei Arten von Diagnosen existieren: Solche, die Störungen beschreiben, die auf Gehirnkrankheiten zurückzuführen sind und damit Krankheiten im Sinn nachweisbarer physischer Veränderungen bezeichnen (wie Schizophrenie oder Demenz), und solche, die nicht Krankheiten, sondern eben nur Störungen des Verhaltens bezeichnen. Durch dieses Nebeneinander, so Szasz, entstehe die irrige Annahme, dass es sich auch bei Diagnosen, die nur Störungen des Verhaltens oder Erlebens bezeichnen, um Krankheiten handele. Es finden sich hier deutliche Anklänge an Kurt Schneider. McHugh u. Slavney (1998) haben ebenfalls den Verzicht auf eine psychiatrische Krankheitslehre in den diagnostischen Manualen kritisiert und darauf hingewiesen, dass eine Diagnose nicht gleichbedeutend mit einer Krankheit sei.

Vielmehr finde sich in den Manualen eine Reihe von diagnostischen Bezeichnungen für Zustände, die oft auch eine normale (regelhafte) Reaktion auf Ereignisse (z. B. die Trauerreaktion oder die akute Belastungsstörung) beschreiben oder sich nur graduell, durch die Ausprägung einzelner Symptome, von dem Regelhaften unterscheiden. So erklären sich auch die hohen Prävalenzraten psychischer Störungen. Die Einjahresprävalenzraten für psychische Störungen liegen nach den US Catchment Area Studies bei 28–30 % (Kessler et al. 1994; Regier et al. 1993), die Lebenszeitprävalenz für psychische Störungen nach DSM-IIIR liegen bei 50 %. Da die meisten Personen mit psychischen Auffälligkeiten die Kriterien für mehrere Störungen zugleich erfüllen, liegt die Wahrscheinlichkeit, irgendeine psychische Störung in einer Stichprobe vorzufinden, bei p=0,78 (Mayer et al. 2000). Natürlich sind diese Personen nicht alle krank – sie erfüllen nur zeitweise die Kriterien für einen der in den diagnostischen Manualen aufgelisteten Zustände. Für chronische Schmerzstörungen (Schmerzen über 3 Monate) gilt vergleichbares: Die Einjahresprävalenzraten liegen bei 53,8 % (Elliott et al. 2002; Nickel u. Raspe 2001)

4.4 Genügt die Beschwerdeschilderung für die Diagnose?

Auch bei der Begutachtung psychiatrischer Krankheiten können weder die Diagnosestellung noch die Krankheitsfeststellung allein auf die Beschwerdeschilderung gegründet werden. Die Beschwerdeschilderung ist dazu notwendig, aber nicht hinreichend. Der Beschwerdevortrag ist insofern bedeutsam, als er eine subjektiv kolorierte, auch nonverbale Darstellung des Erlebnisses bzw. der Schädigungsfolgen bzw. Gesundheitsstörung darstellt. Selbstbeurteilungsskalen nützen bei der Beschwerdeerhebung wenig. Ihr einziger Vorteil liegt in einer strukturierten Erfassung des Beschwerdebildes, Nachteile sind ihre suggestive Wirkung, fehlende Validierung an Gutachtenspopulationen und mangelnde Sensitivität gegenüber Simulation (Rogers 1997). Während die Dokumentation des Beschwerdevortrags keine besondere Qualifikation voraussetzt, erfordert die Erhebung eines psychiatrischen Befundes einen fachlich qualifizierten, kritischen und erfahrenen Untersucher. Die psychopathologische Befunderhebung besteht nicht nur im Anhören der Beschwerden, sondern in einer Transformation der geschilderten Beschwerden und der Beobachtungen des Untersuchers auf die Befundebene. Dies erfordert besondere Fertigkeiten, z. B. die genaue Benennung und Quantifizierung von Denkstörungen, die der Patient häufig als „Konzentrationsstörungen" vorträgt (Foerster u. Winckler 2000). Die Feststellung inhaltlicher oder formaler Denkstörungen, der Desorganisation des Verhaltens und des Denkens, Störungen der Affektqualität, der Affektauslenkbarkeit und des Affektausdrucks (z. B. bei der Affektinkontinenz) erfordern mehr als die Angaben des Patienten die Beobachtung des Untersuchers. Häufig sind Befunde zu erheben, über die der Patient gar nicht klagt, wie z. B. Perseveration oder Inkohärenz der Rede, oder umgekehrt, es werden Beeinträchtigungen geklagt, die objektiv nicht vorliegen, wie typischerweise Gedächtnis- und Konzentrationsstörungen bei depressiven Patienten. Die vom BGH als Beispiel aufgeführte Diagnose einer Schizophrenie oder einer Demenz kann durch apparative Verfahren und durch neuropsychologische Befunderhebung gestützt werden. Freilich ist das Vorgehen bei psychiatrischer Befunderhebung anders als bei körperlichen Erkrankungen, wenn z. B. ein Diabetes mellitus durch ein Blutzuckertagesprofil „nachgewiesen" wird.

Selbstredend gehören zu einer Diagnose- und Krankheitsfeststellung auch die körperliche und die neurologische Untersuchung. Wir sahen einen Patienten wegen einer somatoformen Störung mit der Hauptbeschwerde körperlicher und psychischer Abgeschlagenheit. Bei der körperlichen Untersuchung fand sich eine ausgeprägte Herzinsuffizienz mit Unterschenkelödemen, Nykturie, nächtlicher Dyspnoe und Herzschlagbeschleunigung. Ein anderer wurde wegen „psychogenem Schwindel" als Traumafolge begutachtet. Bei der neurologischen Untersuchung fand sich eine erheblich ausgeprägte Polyneuropathie mit afferenter Ataxie und dadurch hervorgerufener Gang- und Standunsicherheit. In diesen Fällen hätte eine auf den Beschwerdevortrag gegründete Diagnose nicht nur zu einer gerichtlichen Fehlbeurteilung, sondern auch zu erheblichen gesundheitlichen Nachteilen der Patienten geführt.

Für die Tendomyopathie (Fibromyalgie) existieren die diagnostischen Kriterien des American College of Rheumatology (Wolfe et al. 1990), sodass auch diese Diagnose keinesfalls allein auf der Beschwerdeschilderung des Patienten beruhen sollte. Die Differenzialdiagnose der Tendomyopathie ist übrigens umfangreich (rheumatoide Erkrankungen, Kollagenosen, M. Parkinson, endokrine Störungen, Virusinfekte u. a.), sodass zumindest dazu gründliche Untersuchungen angestellt werden müssen.

Über die konkrete Befunderhebung hinaus ergeben sich wertvolle Hinweise auf die Schwere der Beeinträchtigung z. B. aus dem Erscheinungsbild (Zustand der Kleidung, Körperpflege), aus der Dynamik der Bewegungen und Gesten bei der Exploration, der Schilderung des Tagesablaufes, der Reisetätigkeit, dem Ablauf der Exploration, der Geschwindigkeit und dem Gebrauch der Gliedmaßen beim An- und Auskleiden, dem körperlichen Trainingszustand, dem Vorhandensein von Arbeitsspuren an den Händen, evtl. dem Verfall der Muskulatur und Zeichen vegetativer Fehlregulation (etwa bei anhaltender schmerzbedingter Schonung) und schließlich dem Verhalten bei der neuropsychologischen Untersuchung. Auch Schmerzzustände können so in ihrer Auswirkung beurteilt werden, da sich Schmerzen selbst der Quantifizierung und Objektivierung entziehen (Mayer u. Stevens 1999). Bei Angststörungen sollte sich der Gutachter eine detaillierte Schilderung geben lassen (Wann genau und wo tritt die Angst auf? Wie fängt die Angst an? Was genau empfindet der Patient in jedem Stadium? usw.).

Als Gutachter befindet sich der Arzt in einer ungewohnten Rolle – er soll unparteiisch, objektiv und kritisch begutachten. Er ist nicht wie sonst, als Behandler, Anwalt des Patienten, der dessen Angaben, ohne sie hinterfragen zu müssen, hinnehmen kann. Diese besondere Position des begutachtenden Arztes sollte auch den Begutachteten erklärt werden – sie missverstehen sonst die kritische Zurückhaltung und die Fragen des Gutachters als persönliches Misstrauen. Dass Personen, die materielle Leistungen beanspruchen, Beschwerden vortragen, die nicht objektivierbar oder offensichtlich unbegründet sind, soll häufig vorkommen (34–64 % der Begutachteten; Rogers 1996).

Vor allem muss das Untersuchungsergebnis über eine Diagnosestellung hinaus gehen. Art und Ausmaß der Leistungsbeeinträchtigungen müssen dargelegt werden, damit nachvollziehbar wird, ob nur eine Regelwidrigkeit oder eine Krankheit im sozialmedizinischen Sinne vorliegt.

4.5 Schlussbemerkung

Angesichts der vom IV. Zivilsenat des BGH formulierten Auffassung kann nur vermutet werden, dass eine laienhafte und unrichtige Vorstellung Pate stand: Nämlich die, es könne Krankheiten geben, die sich weder an sich noch in ihren Auswirkungen objektivieren lassen und trotzdem Krankheiten seien. Möglicherweise aus eigenem Unbehagen über diese Überlegung wurde ein unpassender Vergleich mit psychischen Krankheiten angestellt und aus dem falsch gewählten Beispiel eine weitere irrige Schlussfolgerung gezogen (dass für die Stellung solcher Diagnosen die Beschwerden des Patienten genügen), mit der dann die Hauptsache – die Tendomyopathie als Krankheit – bewiesen werden sollte.

Der Argumentation des IV. Zivilsenats des BGH ist aus medizinischer Sicht scharf zu widersprechen. Denn:
- Der Beschwerdevortrag genügt nicht, um eine Diagnose zu stellen.
- Eine Diagnose sollte anhand diagnostischer Kriterien unter Verwendung der für das jeweilige Fachgebiet relevanten Klassifikation begründet werden.
- Eine Diagnose ist nicht gleichbedeutend mit Krankheit.
- Das Vorliegen einer Krankheit im rechtlich relevanten Sinn erfordert den Nachweis wesentlicher Beeinträchtigungen.
- Art und Ausmaß der Beeinträchtigungen sind in einem Gutachten festzustellen.

Dies sind die Aufgaben des ärztlichen Sachverständigen, der das Gericht in den genannten Punkten sachlich richtig zu beraten hat.

4.6 Zusammenfassung

In einem Urteil des Bundesgerichtshofs vom 14.04.1999 hat eine verbreitete, aber falsche Ansicht offiziellen Ausdruck erhalten, dass nämlich ein Arzt die Feststellung einer Krankheit ausschließlich auf den Beschwerdevortrag gründen könne. Zentrale Bedeutung nimmt bei der Diskussion dieser Behauptung der Krankheitsbegriff ein. Im sozialmedizinischen Sinn liegt eine Krankheit als regelwidriger Gesundheitszustand erst dann vor, wenn eine wesentliche Funktionsbeeinträchtigung besteht. Diese wird der Antragsteller behauptet, sie nachzuweisen ist Gegenstand der ärztlichen Begutachtung. Das Ergebnis der Begutachtung gründet aber nicht nur auf der Beschwerdeschilderung, also auf den Behauptungen des Antragstellers, sondern darüber hinausgehend unverzichtbar auf eine objektive Befunderhebung. Die Begutachtung darf sich in ihrer Aussage ferner nicht darauf beschränken, eine Gesundheitsstörung (z. B. nach dem DSM-IVTR, APA 2000) zu diagnostizieren, denn die Feststellung einer Diagnose ist nicht gleichbedeutend mit dem Nachweis, dass eine Krankheit vorliegt. Wesentlich ist, dass in dem Gutachten Art, Ausmaß und Auswirkungen der Funktionsminderung beschrieben werden.

Falls trotz geklagter Beschwerden kein krankhafter körperlicher Befund zu erheben ist, so ist zu prüfen, ob eine psychopathologische Symptomatik festgestellt werden kann. Ist auch dies nicht der Fall, so gibt es keinen krankhaften Befund und auch keine Krankheit. Die Frage nach der Leistungsminderung stellt sich dann erst gar nicht.

Literatur

American Psychiatric Association. Diagnostic and Statistical Manual of Mental Disorders, 4th edn. Text Revision. Washington, DC: American Psychiatric Association; 2000.

American Psychiatric Association. Diagnostic and Statistical Manual of Mental Disorders, 3rd edn. Washington, DC: American Psychiatric Association; 1980.

Brockhaus Enzyklopädie. 20. Aufl. Leipzig, Mannheim: Brockhaus; 1996.

Elliott A, Smith B, Hannaford P, Smith W, Chambers W. The course of chronic pain in the community: results of a 4-year follow-up study. Pain. 2002; 99: 299–307.

Erlenkämper A. Sozialrecht – Rechtliche Grundlagen. In: Foerster K, Venzlaff U, Hrsg. Psychiatrische Begutachtung, 3. Aufl. München, Jena: Urban & Fischer; 2000.

Foerster K, Winckler P. Die forensisch-psychiatrische Untersuchung. In: Foerster K, Venzlaff U, Hrsg. Psychiatrische Begutachtung, 3. Aufl. München, Jena: Urban & Fischer; 2000.

Foerster K. Die psychiatrische Beurteilung psychischer Erkrankungen und Störungen bei sozialrechtlichen Fragen. VSSR. 1991; 2: 69–86.

Kendell RE. The distinction between personality disorder and mental illness. Br J Psych. 2002; 180: 110–5.

Kessler RC, McGonagie KA, Zhao S, Nelson CB, Hughes M, Eshleman S, Wittchen HU, Kendler KS. Lifetime and 12-months prevalence of DSM-IIIR psychiatric disorders in the United States: Results from the National Comorbidity Survey. Arch Gen Psych. 1994; 51: 8–19.

Mayer K, Stevens A. Neurologische Begutachtung. In: von Wild KRH, Hömberg V, Ritz A, Hrsg. Das schädelhirnverletzte Kind – Motorische Rehabilitation – Qualitätsmanagement. München Bern New York: Zuckschwerdt; 1999.

Mazal W. Krankheitsbegriff und Risikobegrenzung: Eine Untersuchung zum Leistungsrecht der gesetzlichen Krankenversicherung. Wien: Braumüller; 1992.

McHugh PR, Slavney PR. The Perspectives of psychiatry. Baltimore: Johns Hopkins University Press; 1998.

Meyer C, Rumpf HJ, Hapke U, Dilling H, John U. Lebenszeitprävalenz psychischer Störungen in der erwachsenen Allgemeinbevölkerung. Nervenarzt. 2000; 71: 535–42.

Nickel R, Raspe HH. Chronischer Schmerz: Epidemiologie und Inanspruchnahme. Nervenarzt. 2001; 72: 897–906.

Regier DA, Narrow WE, Rae DE, Manderscheid RW, Locke BZ, Goodwin FK. The de facto US mental and addictive disorders service system: Epidemiologic catchment area prospective 1-year prevalence rates of disorders and services. Arch Gen Psych. 1993; 50: 85–94.

Rogers R. Clinical assessment of malingering and deception. New York, London: Guilford Press; 1997.

Scadding JC. Diagnosis: The clinician and the computer. Lancet. 1967; II: 877–82.

Schneider K. Die psychopathischen Persönlichkeiten. Wien: Deuticke; 1950.

Seewald O. Zum Verfassungsrecht auf Gesundheit. Köln: Heymann; 1981.

Szasz T. Diagnoses are not diseases. Lancet. 1991; 338: 1574–6.

Täschner KL. Zur Frage der Aggravation und Dissimulation im Rentenverfahren. Der Medizinische Sachverständige (Sonderausgabe). 1994; 90: 26–9.

Wakefield JC. The concept of mental disorder: on the boundary between biological facts and social values. Am Psychol. 1992; 47: 373–88.

Werner MH. Viagra – rechtliche und ethische Fragen. Ärzteblatt Baden-Württemberg. 2002; 10: 81.

Wolfe F, Smythe HA, Yunus MB, Bennett RM, Bombardier C, Goldenberg DL et al. The American College of Rheumatology. Criteria for the classification of fibromyalgia. Report of the Multicenter Criteria Committee. Arthritis Rheumatol. 1990; 33: 160–72.

World Health Organization. ICD-10 classification of mental and behavioral disorders: clinical descriptions and diagnostic guidelines. Geneva: World Health Organization; 1992.

5 Pseudoerinnerungen oder Pseudologien?
Von der Sehnsucht, Traumaopfer zu sein

Hans Stoffels

5.1 Einleitung: Die Stiftung, die sich einem „Syndrom" widmet

Im Jahre 1992 wurde in Philadelphia/Pennsylvania die „False-Memory-Syndrome-Foundation" („FMS-Foundation") als gemeinnützige Stiftung gegründet. Initiatoren waren Pamela und Peter Freyd, eine Erzieherin und ein Mathematikprofessor, deren Tochter Jennifer sich 1990 während einer Psychotherapie zu erinnern begann, wie sie zwischen ihrem 3. und 16. Lebensjahr von ihrem Vater sexuell missbraucht worden sei. Der Vater wies diese Beschuldigung von sich: Seine Frau und er kamen zu der Überzeugung, dass diese Erinnerungen Fantasieprodukte seien, die in Jennifers Psychotherapie durch Eigen- und Fremdsuggestion entstanden seien (Brown et al. 1998).

Die Eltern gründeten mit vier anderen Elternpaaren eine Gruppe und traten im November 1991 an die Öffentlichkeit mit einer Erklärung folgenden Wortlauts: „Hat Ihr erwachsenes Kind Sie fälschlicherweise in der Folge von verdrängten ‚Erinnerungen' beschuldigt? Sie sind nicht allein. Bitte helfen Sie uns, das Ausmaß dieses Problems zu dokumentieren." Man gab eine Telefonnummer an, und es heißt, die Resonanz sei überwältigend gewesen. 1996 hat die Foundation 3000 beitragszahlende Mitglieder und Kontakt zu ca. 18 000 betroffenen Familien. Inzwischen gibt die FMS-Foundation monatlich einen Newsletter mit Literaturhinweisen, Buchbesprechungen, Fallberichten, Sachinformationen und Kongresshinweisen heraus, veranstaltet Workshops für betroffene Familien und lädt zu Fortbildungs- und Informationsveranstaltungen ein. Sie verfügt über ein Netzwerk kooperierender Juristen, die die Eltern über ihre Rechte aufklären, sowie über einen unabhängigen wissenschaftlichen und professionellen Beraterstab.

Im typischen Fall handelt es sich um eine erwachsene Tochter, die sich wegen Ängsten, Depressionen, Essstörungen, seelischen Problemen am Arbeitsplatz oder nach einer Scheidung in psychotherapeutische Behandlung begibt und gemeinsam mit ihrem Therapeuten zu der Einsicht gelangt, in ihrer Kindheit – meist von ihrem Vater – sexuell missbraucht worden zu sein. Da die Eltern und oft auch die Geschwister dies bestreiten, brechen viele der missbrauchten Töchter – auch auf Anraten ihrer Psychotherapeuten – den Kontakt zu ihren Herkunftsfamilien ab. Lediglich in 7 % der Fälle wird Klage gegen die Beschuldigten vor Gericht erhoben. In den letzten Jahren sei der Anteil der Frauen, die als Täterinnen beschuldigt werden, also der Mütter, deutlich angestiegen (bis zu 30 %; Brown et al. 1998).

Der Kampf um die Erinnerung nimmt neue Formen an: Derzeit mehren sich die Fälle, in denen ehemaligen Patientinnen ihre Psychotherapeuten beschuldigen, ihnen während der Psychotherapie falsche Erinnerungen über sexuellen Missbrauch oder auch die Teilnahme an satanistischen Ritualen suggeriert zu haben. Die wiedergewonnenen Erinnerungen seien Pseudoerinnerungen gewesen, die großes Leid über die ganze Familie gebracht hätten. In einem Fall wurde bereits einer Patientin ein Schmerzensgeld in Höhe von mehreren Millionen Dollar zugebilligt.

Mit zeitlicher Verzögerung ist diese Diskussion auch in Deutschland angekommen. Kürzlich wurde eine mit Unterstützung der Deutschen Forschungsgemeinschaft erstellte Untersuchung zum

Thema „Trauma und Wirklichkeit. Wiederauftauchende Erinnerungen aus psychotherapeutischer Sicht" publiziert (Kirsch 2001). Zwei Geleitworte führen in die Arbeit ein. Das erste Geleitwort stammt von Ulrich Sachsse. Er bekennt, dass er sich schon mehr als einmal die Frage nach dem Realitätsgehalt der von den Patienten berichteten traumatischen Erfahrungen gestellt habe. „Stimmt das eigentlich, was ich da zu hören bekomme, ist das wirklich wahr? Ist so etwas real passiert?" In der Vergangenheit seien diese Fragen eher bagatellisiert worden. Auch er habe sich durch einen „Trick" an der Bagatellisierung beteiligt, indem er die Antwort gab: „Für eine Therapie ist es völlig irrelevant, was wahr und was Fantasie ist. Wir arbeiten mit Bildern im Kopf. Uns interessiert nur die subjektive Realität" (Kirsch 2001, S. V). Im zweiten Geleitwort spricht Rainer Krause von den vielen Möglichkeiten der „unbemerkten Selbsttäuschung". Wenn ein Psychotherapeut den Realitätsstatus des vom Patienten Berichteten für belanglos erklärt, weil es ja in jedem Fall um Fantasien ginge, lüge er sich in die eigene Tasche. Klammheimlich glaube der Psychotherapeut stets zu wissen, was wirklich geschehen ist und was nicht.

Die Untersuchung von Kirsch (2001) belegt, dass die Psychotherapeuten in dieser Frage tief gespalten sind. 35 % der Psychotherapeuten halten die Wahrheitsfrage für das Verständnis des Leidens ihrer Patienten für eher irrelevant, 40 % sind gegenteiliger Auffassung. 49 % aller untersuchten Psychotherapeuten meinen, dass die suggestive Wirkung der offen geäußerten Vermutung einer sexuellen Traumatisierung geringer sei, als wenn sie dies nicht offenbarten. Krause spricht in diesem Zusammenhang von „mehr oder weniger unbewussten Vorannahmen", die die Einstellung von Psychotherapeuten zu diesen Fragen steuern (Kirsch 2001, S. VII).

5.2 Zwei Kasuistiken

Anhand von zwei Kasuistiken soll die Problematik verdeutlicht werden. Die erste bezieht sich auf einen klinischen, die zweite auf einen nichtklinischen Kontext.

5.2.1 Erste Kasuistik[1]

Eine 48-jährige medizinisch-technische Assistentin wird zur stationären Behandlung eingewiesen. Der einweisende Kollege berichtet am Telefon, dass er die Patientin schon seit längerem mit zwei Wochenstunden psychotherapeutisch behandle. Jetzt sei sie verstärkt depressiv geworden, habe Suizidgedanken und Angst, auf die Straße zu laufen, da sie sich vor ein Auto werfen könne. Der Kollege erwähnt, dass vor nicht allzu langer Zeit die Patientin in der Psychotherapie über Inzesterlebnisse berichtet habe. Ab dem 9. Lebensjahr sei sie sowohl vom Vater als auch vom vier Jahre älteren Bruder in der Küche mehrfach vergewaltigt worden. Niemand habe bisher davon gewusst. Der Kollege berichtet, er habe inzwischen den Ehemann über die Ursachen der schweren Störungen seiner Frau aufgeklärt.

Bei der Patientin handelt es sich um eine elegant gekleidete, sehr schlanke Frau, blondes Haar, auffallend große Augen, mit denen sie den Untersucher immer wieder hilflos anschaut, sichtlich geängstigt; die Stimme ist zittrig, sie presst manchmal die Hände zwischen die Unterschenkel und weint im Stuhl eingekauert. Das traumatische Kindheitsschicksal der Patientin berührt alle Mitarbeiter des Stationsteams. Die Suizidalität erscheint bedrohlich. Die Patientin berichtet in den ersten Tagen von nahezu unentwegt sie quälenden Stimmen von Vater und Bruder mit Beschimpfungen und Vergewaltigungsandrohung. Da die Patientin auch zunehmend weniger isst, steht sie im Mittelpunkt der ärztlich-pflegerischen Aufmerksamkeit. Sie erhält das Label „Missbrauchspatientin". Bald werden weitere Einzelheiten des kindlichen Missbrauchs bekannt: Die Familie wohnte außerhalb des Dorfes in einem abgelegenen Haus. Der Vater war Förster und bedrohte sie mit einem Gewehr. Verzweifelt habe sie sich immer wieder zu verstecken versucht. Sogar aus einem Kleiderschrank sei sie hervorgezerrt worden. Mutter und Schwester er-

---

[1] Ich danke der seinerzeit behandelnden Stationsärztin Frau Dr. Sabine Wagner für die Überlassung ihrer Aufzeichnungen.

fuhren nichts davon, weil die Vergewaltigungen dann stattfanden, wenn jene zum Einkauf gegangen waren. Als die Suizidalität immer bedrohlicher erscheint, wird für die Patientin eine Sitzwache eingerichtet und eine 1:1-Betreuung organisiert.

Die Mitarbeiter sind sofort bereit, ihre Dienstpläne neu zu organisieren. All das, worunter die Patientin leidet, kann unter dem Gesichtspunkt ihrer Missbrauchserfahrungen verstanden werden: ihre schweren Schlafstörungen, ihr Ekel vor dem Essen, ihre Angst, von der Tanztherapeutin berührt zu werden, ihre schamvollen Duschrituale. Sie berichtet schließlich, immer in der Mittagszeit zwischen 13.00 und 14.30 Uhr von den Widerhallerinnerungen überfallen zu werden, weil damals in diesen Stunden alles geschah. In dieser Zeit fühle sie sich besonders schuldig, schäme sich und käme sich schmutzig vor; sie erinnere sich, dass Vater und Bruder ihr gar nicht verboten hätten, über den Missbrauch zu sprechen, sie hätten gelacht, da ihr sowieso niemand glauben würde. So wird über einen längeren Zeitraum in dieser Mittagszeit eine Sitzwache organisiert.

Als die Patientin nach einer mehrmonatigen Behandlung mit intensivem Personalaufwand ihrer Stationsärztin anvertraut, dass auch die Mutter entgegen ihrem bisherigen Bericht aktiv beim Missbrauch beteiligt war, stellen sich erste Zweifel am Berichteten ein. Bei den Belastungsurlauben schiebt sich eine neue Problematik in den Vordergrund: Die Patientin berichtet, ihr Mann habe sich betrunken und sie anschließend vergewaltigt, obwohl sie versuchte, sich vor ihm zu verstecken. Bei einigen Teammitgliedern werden die Zweifel größer, während andere das Berichtete für in jeder Hinsicht glaubwürdig und für Missbrauchspatienten typisch halten, sofern traumatisierte Frauen vergewaltigende Männer bevorzugen. Es handle sich um eine typische Reinszenierung. Als die Vergewaltigungen während der Wochenendbeurlaubungen sich im Bericht der Patientin fortsetzen und schon die Empfehlung gegeben wird, dass die Patientin sich mit dem Hilfsverein „Wildwasser" in Verbindung setzen solle, wird nochmals ihre Geschichte in einer Fallbesprechung rekonstruiert. Man findet heraus, dass die Patientin bereits drei Jahre zuvor wegen depressiver Störungen in stationärer Behandlung war. Die Aufmerksamkeit für die aktuelle Problemsituation hatte keine Zeit gelassen, die damaligen Arztberichte nachzulesen. Es fällt auf, dass die biografischen Angaben variieren: Der Vater ist nicht Förster, sondern als Handwerker beschäftigt. Das Haus liegt nicht abseits eines Dorfes. Das Alter des Bruders stimmt mit dem jetzt angegebenen Alter des Bruders nicht überein. Die damals eruierte Psychodynamik ist eine ganz andere: Die Patientin sei immer neidisch auf eine dynamischere Schwester gewesen, die z. B. dem Vater auf den Schoß klettern konnte. In der Anamnese wird die nachfolgende Kindheitsgeschichte erwähnt: Da die Patientin noch als Grundschulkind unter Jaktationen des Kopfes im Schlaf litt, wodurch sich schon eine kahle Stelle auf dem Hinterkopf bildete, habe der Vater zur Hemmung dieser motorischen Entäußerung aus Brettern eine Art Apparat gebaut, mit dem das Kopfteil des Bettes eingeengt wurde. Dieser Apparat wurde von der Patientin und ihrer Schwester heimlich aus dem Bett entfernt, aber die Schwester habe sich die Heimlichkeit bezahlen lassen. Sie wollte den Eltern dann nichts verraten, wenn die Patientin ihr wieder eine Geschichte oder ein Märchen zum Einschlafen erzähle, weil das Ausfantasieren von Märchen und Geschichten ihre große Begabung sei.

Ich breche an dieser Stelle den Bericht über die Kasuistik ab. Der Verlauf der Erkrankung war insgesamt gut, wovon ich mich selbst noch im letzten Jahr überzeugen konnte. Es unterblieben seinerzeit während der stationären Behandlung auch massive Konfrontationen oder Überführungen der Patientin. Allein die Tatsache des Zweifelns vor allem bei der Stationsärztin führten zu einer zunehmenden Beruhigung und Konzentration auf die realen Problemlagen. Im Team selbst waren im Hinblick auf die Patientin drei Versionen aktuell: Eine Fraktion vertrat die Auffassung, dass sicher sehr viel Ausschmückung dabei war, dass aber gewiss ein traumatisches Missbrauchserlebnis stattgefunden haben muss. Die zweite Fraktion hielt am Realitätsgehalt des Berichteten fest, sah in den Zweifeln möglicherweise einen Ausdruck des Nicht-Wahrhaben-Wollens von furchtbarem sexuellem Missbrauch. Eine dritte Fraktion neigte dazu, der Patientin kaum noch Glauben zu schenken.

5.2.2 Zweite Kasuistik

Der zweite Fall liegt ca. fünf Jahre zurück und betrifft einen nichtklinischen Kontext. Im November 1997 war ich zum 59. Jahrestag der sog. Reichskristallnacht zu einer Internationalen Konferenz eingeladen worden, die im Rathaus zu Wien stattfand. Die Initiative zu dieser Tagung mit dem Thema „Überleben der Shoah – und danach. Spätfolgen der Verfolgung aus wissenschaftlicher Sicht" lag bei einer Ärztegruppe der Wiener Jüdischen Gemeinde. Ich war gebeten worden, einen Vortrag über „Menschen im Widerstand. Trauma-Schicksale und Trauma-Verarbeitung" zu halten (Stoffels 1999). Nach mir sprach ein mir bis dato unbekannter Autor, ein Binjamin Wilkomirski. Gemeinsam mit dem Psychotherapeuten Elitsur Bernstein referierte er über das Thema „Die Identitätsproblematik bei überlebenden Kindern des Holocaust" und stellte die neue Therapieform der wiedergewonnenen Erinnerung vor. Mithilfe dieser Psychotherapie sei es möglich, früheste Kindheitserinnerungen, sogar aus der vorsprachlichen Phase, auch nach Jahrzehnten korrekt zu rekonstruieren. Die These lautete, dass die traumatische Erinnerung glasklar in der Seele das aufbewahre, was sich einst zugetragen habe. Als therapeutische Grundhaltung empfahlen Wilkomirski/Bernstein:

„Der Therapeut soll die vom Klienten vorgetragenen Erinnerungen als Hinweis auf seine vergangene ‚äußere Realität' akzeptieren und ihn in seiner Erinnerungsarbeit unterstützen … Dabei muss der Therapeut dem Klienten zur Ermutigung immer wieder bestätigen, dass seine Erinnerungen als Bestandteile einer historischen Realität angehört und aufgenommen werden" (Wilkomirski u. Bernstein 1999, S. 165).

Wilkomirski u. Bernstein betonten die Bedeutung von „Körpererinnerungen", mit denen auch früheste Lebensphasen erforscht werden könnten. Das psychotherapeutische Setting sollte nicht durch allzu strenge Regeln eingeengt werden:

„Oft hilft es ihnen (den Klienten) auch, wenn die Therapie im Freien stattfindet, etwa auf einem gemeinsamen Waldspaziergang, was natürlich die Bereitschaft erfordert, u. U. die 50-Minuten-Grenze einer Therapiesitzung zu sprengen" (Wilkomirski u. Bernstein 1999, S. 166).

Im Rathaus zu Wien stieß die von Wilkomirski u. Bernstein vorgestellte Psychotherapie, wie die vielen Nachfragen in der anschließenden Diskussion zeigten, auf großes Interesse. Am Abend fand im Akademietheater zu Wien ein Festakt statt. In Anwesenheit von hohen Repräsentanten von Staat und Stadt sowie von Simon Wiesenthal wurden von schwarz gekleideten Schauspielern zwei Texte vorgetragen. Sie stammten aus dem 1995 erschienenen Buch von Wilkomirski „Bruchstücke. Aus einer Kindheit 1939–1948". Es waren die Kapitel mit den grausamsten Szenen, die Geschichte von den Leichen und Ratten sowie die Geschichte von den erfrorenen Kinderhänden. Ich erinnere mich, wie das Publikum durch den Vortrag regelrecht paralysiert war, sodass die Veranstaltung Mühe hatte, zum nächsten Programmpunkt zu gelangen. Ich habe mir das Buch von Wilkomirski aber erst gekauft, als mich der Fall durch die Fälschungsvorwürfe von Daniel Ganzfried zu interessieren begann und als publik wurde, dass Wilkomirskis Kindheitserinnerungen während einer tiefenpsychologisch orientierten Psychotherapie aufgetaucht waren (Ganzfried 2002; Mächler 2000).

> Bei dem 1995 im Suhrkamp-Verlag publizierten Buch „Bruchstücke. Aus einer Kindheit 1939 bis 1948" handelt es sich um den Versuch des damals 57-jährigen, in Zürich lebenden Klarinettisten und Instrumentenbauers Wilkomirski, die eigene Kindheit zu rekonstruieren. Er wird in Riga in einer jüdischen Familie geboren, überlebt als Einziger seiner Familie die Verfolgungen und wird nach dem Krieg zu Schweizer Adoptiveltern gegeben, die kein Verständnis für die Probleme des Jungen aufbringen. Wilkomirski reist auf der Suche nach seiner Vergangenheit zu den Städten der Verfolgung, erkennt in Riga sein Geburtshaus wieder, findet im KZ Majdanek die Baracke, wo er lebte. Das Buch erregt den Leser durch die Brutalität des Beschriebenen: Ratten fressen sich aus toten Körpern ins Freie, zertrümmerte Kinderschädel verspritzen Gehirnmasse über schlammigem Schnee, sterbende Kinder nagen ihre schon erfrorenen Finger bis auf die Knochen ab. Das Buch erhält hohe jüdische Literaturpreise, wird in 12 Sprachen übersetzt, gehört fast schon zum Klassiker der Holocaust-Literatur und wird zum meistgekauften Buch in der Schweiz. Elfriede Jelinek lässt Wilkomirskis Texte neben Schriften von Elli Wiesel und Paul Celan bei den Salzburger Festspielen vortragen. Wolfgang Benz, Leiter des

Berliner Instituts für Antisemitismus-Forschung der FU, empfiehlt die Lektüre Willkomirskis. Jener habe „unglaubliche Anstrengungen unternommen, um seine Anfänge, seine Identität zu ergründen …". Seine Spurensuche „münde in eine Darstellung, die dem Leser nachvollziehbare Einsichten in die komplexe Tragödie des Holocaust vermittelt wie kaum ein anderes Dokument". Der Historiker versichert, dass Wilkomirskis Buch durch seine Authentizität beeindrucke, und anders als die Bücher der Anne Frank, bei deren Lektüre „dem Leser das eigentliche erspart bleibt", handelt das Buch von Wilkomirski unmittelbar vom Holocaust (Benz 1998). Als Benz dies schreibt, erscheint in der Schweizer „Weltwoche" ein Artikel, in dem nachgewiesen wird, dass Wilkomirski seine Erinnerungen an den Holocaust erfunden hat. Er ist weder in Riga geboren noch hat er einen jüdischen Hintergrund. Er ist das uneheliche Kind einer Schweizer Servierrin. Sie gab es in ein Kinderheim und dann zur Adoption frei. In Wirklichkeit heißt Binjamin Wilkomirski Bruno Doessekker (Ganzfried 1998).

Worum handelt es sich hier?

Wilkomirski/Doessekker hielt Vorträge, ging in Schulen, besprach drei Kassetten der Spielberg-Foundation und war im Auftrag des Holocaust-Museums Washington unterwegs, um Spenden einzuwerben. Allein drei Dokumentarfilme wurden über ihn gedreht. In unzähligen Buchrezensionen wurde das Werk gefeiert, z. B. auch in der Zeitschrift „Psyche" positiv besprochen: „Mit Binjamin Wilkomirskis ‚Bruchstücke – Aus einer Kindheit 1939–1948' liegt eines der wichtigsten Bücher vor, in welchen eine früheste Kindheit im Konzentrationslager erinnert wird … Das Hin- und Herspringen zwischen den Zeiten, zwischen der Zeit im Konzentrationslager und der Zeit in Krakau oder dann in der Schweiz, ist weniger gekonnter Kunstkniff des Erzählens, sondern repräsentiert die weiterwirkende Vergangenheit …" (Dirschauer 1998). Ich bin überzeugt, dass Wilkomirski/Doessekker seine erfundene Geschichte – zumindest zeitweise – selbst glaubt bzw. geglaubt hat. In anderen Zeiten hätte er sich vermutlich für einen Prinzen gehalten, für das Kind einer illegitimen Beziehung aus hohem Adelsgeschlecht. Aber weshalb, so fragen wir, wird heutzutage die erdichtete Identität als überlebendes Kind des Holocaust fantasiert? Warum trifft Doessekker gerade diese Wahl? Liegen denn im Opfer-Sein bestimmte Suggestionen, irgendwelche Gratifikationen? Warum erfand Doessekker, in seiner fantastischen Erinnerungsforschung zweifellos durch eine tiefenpsychologisch orientierte Behandlung gefördert, sich selbst als Opfer traumatischster Kindheitserlebnisse im KZ?

5.3 Das Phänomen der induzierten Erinnerung

Im Rahmen der Debatte um die Zuverlässigkeit und den Realitätsgehalt von traumatischen Erinnerungen, die unter einer Psychotherapie wieder aufgetaucht sind, haben sich zwei Lager gebildet, die schwere Vorwürfe gegeneinander erheben: Den einen wird vorgehalten, mit den Inzesttätern gemeinsame Sache zu machen, wenn an dem Realitätsgehalt der Erinnerungen gezweifelt wird und die Opfer zu Lügnern abgestempelt werden. Die anderen erheben den Vorwurf, dass bestimmte Psychotherapeuten ihren Patienten traumatische Erinnerungen suggerieren und sie zu Hexenjagden anstiften, wodurch nicht nur Familien zerstört wurden, sondern auch Unschuldige ins Gefängnis kamen. Inzwischen besteht kein Zweifel, dass es das Phänomen der induzierten Erinnerung (Pseudoerinnerung) gibt. Die amerikanische Gedächtnisforscherin Elizabeth Loftus hat mit zahlreichen Experimenten nachgewiesen, dass es sogar ausgesprochen leicht ist, bestimmte Erinnerungen zu implantieren, wenn ein entsprechender sozialer Erwartungsdruck hergestellt wird. Solche Experimente sind nicht unbedenklich. Loftus schildert den Fall eines Kollegen, der mit seinem jüngeren 14-jährigen Bruder ein Experiment anstellte:

> In Absprache mit der Mutter sollte der 14-Jährige sich bemühen, innerhalb von einigen Tagen fünf Begebenheiten seiner Kindheit zu erinnern, zu denen ihm einige Stichworte gegeben wurden. Er sollte an jedem Tag aufschreiben, welche neuen Tatsachen und Einzelheiten ihm einfielen. Wenn er keine Details mehr zu erinnern wüsste, sollte er hinschreiben „I don't remember". Von den fünf zu erinnernden Ereignissen war eines erfunden. Chris, so hieß der Junge, erinnerte sich auch an dieses Ereignis zunächst nicht, aber ihm wur-

de aufgetragen: Versuch dich in den nächsten Tagen zu erinnern, wie du damals, als du fünf Jahre alt warst, im Kaufhaus verloren gegangen bist und wie du heftig geschrien hast, als du von einem älteren Mann zurückgebracht wurdest." Und in der Tat: In den nächsten Tagen kamen Chris allmählich Einzelheiten seines Traumas vom Verlorengehen ins Gedächtnis, z. B. wie der ältere Mann aussah. Nach einigen Wochen wurde der Junge nochmals interviewt, und diesmal erinnerte er sich an noch mehr Einzelheiten, z. B. wie verzweifelt er damals war, dass der Mann ein blaues Flanellhemd trug, eine Brille hatte usw. Der Junge musste dann aufgeklärt werden, dass eine der fünf Begebenheiten erfunden war. Auf welche würde er tippen? Und Chris wählte eine reale Begebenheit aus. Als ihm gesagt wurde, dass die Geschichte vom Verlorengehen im Kaufhaus erfunden sei, konnte er dies kaum glauben. Problematisch war, dass er die Pseudoerinnerung nicht mehr aus seinem Kopf herausbekommen konnte (Loftus u. Pickrell 1995).

Ein besonders eindrucksvolles Beispiel der induzierten Erinnerung verdanken wir dem Entwicklungspsychologen Jean Piaget. Hier handelt es sich nicht um ein künstliches Experiment, sondern um eine wahre Begebenheit. Piaget schreibt:

„So erinnere ich mich selbst äußerst genau und lebendig, als Säugling in meinem Wagen angebunden, Opfer eines Entführungsversuchs gewesen zu sein: Ich sehe eine Reihe genaue Einzelheiten (Ort des Abenteuers, Kampf zwischen dem Kindermädchen und dem Kinderdieb, Heraneilen der Passanten und der Polizisten usw.) vor mir. In Wirklichkeit hat unser Kindermädchen, als ich 15 Jahre alt war, meinen Eltern mitgeteilt, dass die ganze Geschichte von ihr erfunden worden war und sie selbst u. a. die Kratzer auf meiner Stirn verursacht hatte. Ich muss also mit fünf oder sechs Jahren von diesem Entführungsversuch gehört haben, an den meine Eltern zu der Zeit noch glaubten, und auf Grund dieser Schilderung habe ich eine visuelle Erinnerung fabriziert, die noch heute andauert …" (Bräutigam 1994).

Die neurobiologische Gedächtnisforschung, auch in ihrer differenzierteren Gestalt, hat Vorstellungen vom Gedächtnis als einem Speicher, in dem Informationen gesammelt und kodiert sowie Bilder abgelagert werden, gefördert. Dieses Modell eines zerebralen Fotoalbums oder einer zerebralen Videokassette ist zwar von hoher Plausibilität. Wir kennen viele Spielfilme, in denen das Bild plötzlich verschwimmt und wir in einer Rückblende eine authentische Szene aus der Vergangenheit erleben, die uns Aufschluss gibt über bis dahin rätselhafte Zusammenhänge. Aber das menschliche Gedächtnis ist kein Computer. Loftus wird nicht müde zu betonen, dass Erinnerung und Gedächtnis ein Prozess sind, formbar, Gestaltung und Wandel unterworfen, Produkt einer Interaktion und immer Ausdruck einer bestimmten Einstellung zur Gegenwart. In jüngster Zeit hat C.B. Brenneis (1998) darauf hingewiesen, dass fantasiebegabte Menschen zentrale Aspekte des Abwehrmechanismus der Dissoziation „exakt zu imitieren" verstehen. Eine solche Fantasiebegabung sei nichts Ungewöhnliches. Er geht von einer Prävalenz von etwa 5 % in der Bevölkerung aus. Bei diesen Menschen treten die Regeln der Logik zu Gunsten einer „Trancelogik" zurück. Sie haben die Fähigkeit, Wahrnehmungen, die aus der Realität abgeleitet sind, mit solchen zu vermischen, die ihren Ursprung in der Imagination haben. Jetzt stehen außergewöhnlichen Ideen Tür und Tor offen. Ohne jede Skepsis wird über das Unwahrscheinliche (z.B. intrauterine Erlebnisse und Geburtserfahrungen), das höchst Dubiose (detaillierte Berichte über den ersten Geburtstag) und das Unglaubliche (z.B. multiple Verkörperungen) berichtet. Dieses unkritische Denken kann durch bestimmte fördernde Instruktionen, wie sie bei manchen Psychotherapieverfahren üblich sind (etwa die, sich zu entspannen und die Gedanken fließen zu lassen) induziert werden (Brenneis 1998).

In Anlehnung an C.B. Brenneis zeigt die folgende Übersicht (Tab. 5.1) vier Kriterien, die hilfreich sein können, um eine Erinnerung von einer Pseudoerinnerung zu unterscheiden. Es gibt aber keine in jeder Hinsicht zuverlässigen Richtlinien. Das Unwahrscheinliche, das Skepsis hervorruft, kann wahr sein, ebenso wie das Naheliegende sich als falsch herausstellen kann. Bei den angegebenen vier Kriterien handelt es sich um relativ weiche Kriterien.

Tabelle 5.1 Vier Kriterien zur Unterscheidung von Erinnerung und Pseudoerinnerung

1. Art und Weise der Wiedererinnerung: Skepsis, wenn sozialer Erwartungsdruck und entsprechende Suche vorausgehen.
2. Qualität der Wiedererinnerung: Skepsis, wenn diffuse Gefühle, Traumbilder und „Körpererinnerungen" vorherrschen mit nachfolgendem visuellem Detailreichtum.
3. Plausibilität des Vergessens: Skepsis, wenn z. B. der „verdrängte sexuelle Missbrauch" bis in die späte Kindheit und Adoleszenz reicht.
4. Plausibilität des Erinnerns: Skepsis, wenn z. B. Erinnerung vor dem 3. Lebensjahr angegeben wird.

5.4 Pseudologie und Pseudoidentität

Die alte Psychiatrie bezeichnete das spielerische Erfinden von zum Teil selbst geglaubten Geschichten und die schwindlerische Übernahme von neuen Rollen und Identitäten als Pseudologie oder als Ausdruck einer Pseudologia fantastica. In den neueren Klassifikationssystemen tauchen diese Begriffe nicht mehr auf. Hier finden wir lediglich den Hinweis auf das umstrittene Krankheitsbild der „multiplen Persönlichkeitsstörung". Bei der multiplen Persönlichkeitsstörung drängen sich mehrere Identitäten in einer Person. Die wechselnden Identitäten haben häufig unterschiedliche Namen und Charaktereigenschaften und können sich im Alter, im Geschlecht, in der Sprache und dem vorherrschenden Affekt unterscheiden. Ob es sich hierbei um ein eigenständiges Krankheitsbild handelt, ist, wie gesagt, umstritten. Möglicherweise handelt es sich um eine artifizielle, d. h. von außen, womöglich von Therapeuten induzierte Störung. Bezeichnend erscheint, dass am Beginn der Entdeckung dieser Störung offensichtlich eine Fälschungsgeschichte steht (Stoffels 1999). Der Begriff der Pseudologia fantastica stammt von Anton Delbrück, der sich 1891 mit diesem Thema an der Psychiatrischen Klinik der Universität Zürich am Burghölzli habilitierte. Die Arbeit hat den Titel „Die pathologische Lüge und die psychisch abnormen Schwindler. Eine Untersuchung über den allmählichen Übergang eines normalen psychologischen Vorganges in ein pathologisches Symptom". Die zahlreichen Krankengeschichten lesen sich wie Romane, und es ist unverkennbar, dass der Psychiater Delbrück selbst von seinem Thema fasziniert ist. Delbrück (1891) charakterisiert den Pseudologen als einen Menschen, der in Auftreten und Darstellungsweise meist sehr gewandt sei und der es verstünde, sich selbst und seine meist abenteuerlichsten Geschichten dramatisch in Szene zu setzen. Nach außen sicher und selbstbewusst, im Inneren eher anlehnungsbedürftig und leer, lebe er mit seinen Glanz- und Schauergeschichten von der Geltung, die er bei einem faszinierten Publikum erringt, das durch seine Beifalls- und Mitleidsbezeugungen ihn weiter stimuliert. Der Pseudologe steigere sich, oft von realen Ereignissen ausgehend, in eine Wunschwelt mit dem vagen Wissen um deren Irrealität, ohne sich jedoch näher Rechenschaft zu geben, sodass er seine Rolle auch weiter spiele, selbst wenn er sich damit schade. Werde er durch Gegenbeweise in die Enge getrieben, gebe er häufig, aber nicht immer die Unwahrheit zu, ohne unter irgendwelchen Schuld- oder Schamgefühlen zu leiden. Das unablässig Dranghafte des Pseudologisierens, das fortgesetzte Lügen wider besseres Wissen auch in ausweglosen Situationen, wo gerade die Unwahrheit aufgedeckt wurde, haben französische Psychiater später (1905) mit dem treffenden Begriff der „Mythomanie" umrissen.

Unter forensisch-psychiatrischem Aspekt ist die Abgrenzung der normalen Lüge im Sinne einer absichtlichen, bewussten, zweckgerichteten Unwahrheit von der triebhaften pathologischen Lüge von großer Relevanz. Differenzialdiagnostisch ist das triebhafte Pseudologisieren einerseits von der renomistischen Übertreibung abzugrenzen, bei der es sich um eine normale Lüge handelt, andererseits muss es vom Wahn und von organisch bedingten Konfabulationen unterschieden werden (Spoeri 1973). Die Eigenart der pathologischen Lüge sieht Delbrück in einem „Doppelbewusstsein", einer Mischung von Lüge und Selbstbetrug, vorübergehender selbst geglaubter Überzeugtheit und rückläufiger Erinnerungstäuschung.

5.5 Das Pseudologische und das Dichterische

44 Jahre nach Delbrücks Arbeit erscheint im Jahre 1935 eine zweite umfangreiche Untersuchung über die Pseudologie mit dem Titel „Zur Genealogie psychopathischer Schwindler und Lügner"

(von Baeyer 1935). Es handelt sich um eine Untersuchung aus dem Kaiser-Wilhelm-Institut für Genealogie und Demographie der von Ernst Rüdin geleiteten Deutschen Forschungsanstalt für Psychiatrie in München. Auch diese Untersuchung dient als Habilitationsschrift. Sie stammt von Walter Ritter von Baeyer, der 30 Jahre später in der Bundesrepublik gemeinsam mit H. Häfner und K. P. Kisker das führende und wegweisende Buch über seelische Folgen der Extremtraumatisierung „Psychiatrie der Verfolgten" geschrieben hat (von Baeyer et al. 1964). Der junge von Baeyer geht davon aus, dass psychopathische Persönlichkeiten Produkt der angeborenen und vererbten Anlage sind. Dies entsprach den damaligen psychiatrischen Auffassungen. Lässt sich, so war seine Fragestellung, bei den krankhaften Lügnern und Schwindlern ein erbbiologisch fassbares Merkmal gewinnen? Gelänge eine solche Merkmalsbestimmung, so stelle sich mithin die Frage, ob sich Ratschläge und Maßnahmen im Sinne einer genetischen Prävention entwickeln ließen. Trotz ihres klassifikatorischen und statistischen Ansatzes besteht fast die Hälfte der Untersuchung von Baeyers aus den typischen romanhaften Einzelfalldarstellungen. Auch von Baeyer ist es darum zu tun, den sog. echten Pseudologen vom unechten Pseudologen zu unterscheiden. Bei Letzterem sei ein Vorrang des „Eigentumsschwindels" auszumachen und zumeist liege ein hyperthymes Temperament vor. Dort, wo Betrügereien und Schwindeleien normal motiviert seien, also ein Streben nach bequemerem Leben, weniger Arbeit, nach Geld und nach Vergnügungen erkennbar sei, könne nicht vom Pseudologen gesprochen werden. Allerdings, so sagt von Baeyer, gäbe es im Laufe des Lebens häufiger Übergänge vom fantastischen zum späteren materiellen Schwindel. Im typischen Falle sei die pseudologische Neigung zum Lügen, Übertreiben, Erfinden bereits in der Kindheit nachweisbar.

Der pathologische Schwindler und Lügner zeichnet sich nach von Baeyer durch zwei Grundeigenschaften aus: erstens durch ein abnormes Geltungs- und Anerkennungsstreben, motiviert von dem unersättlichen Wunsch nach Selbstwerterhöhung, und zweitens durch eine ungewöhnlich starke Fantasietätigkeit, manchmal sehr originell, voll anschaulicher Einfälle und verbildlichter Gedanken, manchmal abgeleitet, von außen angeregt aus Romanen oder dem Kino. Der Pseudologe gibt sich nicht der wachträumerischen Versunkenheit, wie sie im normalen Entwicklungsgang des Jugendlichen nicht selten anzutreffen ist, still hin, sondern er zwingt seine Fantasie mit großer Verstellungskunst der Umwelt auf, spielt reale Rollen und verliert darüber womöglich seine wirkliche Lage aus den Augen. Da er sich autosuggestiv in die eingenommene Rolle ganz und gar hineinversetzen kann, ist es schwer, sich ein Bild von dem Ausmaß der Selbsttäuschung zu machen. Naturgemäß ist die Wahrheit, befragt man den Pseudologen selbst, schwer zu ermitteln. Abschließend sieht sich von Baeyer nach Auswertung seiner Untersuchungen von 67 Familien berechtigt, das Merkmal der „Ungebundenheit" in verschiedenen Abstufungen als abstrahierten Wesenszug des Pseudologen festzustellen. Für eugenische Nutzanwendungen reichen seine Bestimmungen jedoch nicht aus. Dann kommt es zu einer überraschenden Wende. Von Baeyer beschreibt den psychopathischen Lügner nicht mehr mit Termini, die das Defizitäre betonen. Mit seiner Fähigkeit, sich von einer konkreten Situation abzulösen und im Gewünschten und Vorgestellten zu leben, besäße der Pseudologe eine Freiheit und Beweglichkeit, die dem Durchschnittsmenschen nicht zukomme, der an die Fesseln des Realen gebunden sei. Auch sei zu fragen, ob der Wunsch des Pseudologen, mehr zu scheinen als er ist, sowie sein Geltungsbedürfnis nicht als Versuch der Kompensation seiner seelischen Beziehungsschwäche und seiner fehlenden Bindung an Werte eingeschätzt werden kann. Von Baeyer schreibt:

„Es muss aber damit gerechnet werden, dass der Zug der Ungebundenheit unter Umständen für sozial hochwertige Leistungen, etwa für künstlerische, förderlich sein kann und sich nicht selten auch in harmlosen, mit den Regeln des sozialen Zusammenlebens verträglichen Formen auswirkt. Diese Erkenntnis ist geeignet, hinsichtlich eugenischer Schlussfolgerungen zur Vorsicht zu mahnen" (von Baeyer 1935).

In der Tat hatte bereits Delbrück auf die frappante Verwandtschaft der pseudologischen Schwindeleien mit künstlerisch-dichterischem Tun hingewiesen. So verweist Delbrück auf Gottfried Kellers Roman „Der grüne Heinrich", in dem sich die Hauptfigur als Siebenjähriger in eine unglaubliche Lügengeschichte verstrickt. Diese Passage des Dichters, so Delbrück, sei nach seiner Kenntnis nicht erfunden, sondern authentisch, spiegle eine reale Begebenheit in der Kindheit Gottfried Kellers wider. Es fehlt auch nicht der Hinweis auf Johann

Wolfgang von Goethe, der in seiner Jugend von einer abenteuerlichen Fantasietätigkeit bedrängt wurde. Angefeuert von seinen Spielgefährten drohte er sich in fantastischen, aber als real ausgegebenen Rollen zu verlieren, sodass ihn ein großer Schrecken über den zunehmenden Verlust an Bindung zur Wirklichkeit befiel. Goethe spricht von seinen „Windbeuteleien und Luftgeschichten" (Goethe 1833, 1975).

Ähnliche Erlebnisse sind aus der Kindheit Heinrich Heines zu vermelden. Heine hatte einen entfernten Großonkel, Simon de Geldern, der den Orient bereist hatte und mit dem sich der 13-Jährige alsbald derart identifizierte, dass er in einen „wunderlichen Zustand" geriet. Im Rückblick schreibt er über diese Zeit: „Mein Leben glich damals einem großen Journal, wo die obere Abteilung die Gegenwart, den Tag mit seinen Tagesberichten und Tagesdebatten, enthielt, während in der unteren Abteilung die poetische Vergangenheit sich in fortlaufenden Nachtträumen wie eine Reihenfolge von Romanfeuilletons fantastisch kundgab. In diesen Träumen identifizierte ich mich gänzlich mit meinem Großonkel, und mit Grauen fühlte ich zugleich, dass ich ein anderer war und einer anderen Zeit angehörte" (zit. bei Wilkes u. Albrecht 1998). Der Vater Heines reagierte mit Humor, indem er schalkhaft sagte, er hoffe nicht, dass der Großoheim Wechsel offen habe, da sein Sohn sich ansonsten in der Pflicht sehe, diese zu begleichen.

Der Bekannteste und Berühmteste unter den Pseudologen ist der Schriftsteller Karl May (1842–1912). Mit seinen über 70 Büchern hat er ein Millionenpublikum von jungen und älteren Lesern mehrerer Generationen fasziniert. Nur wenige wissen, dass seine schriftstellerische Karriere eine pseudologische Vorgeschichte hatte, die durch historische Recherchen gut dokumentiert ist (Roxin 1978; Wollschläger 1976). Bemerkenswert ist, dass sich das dranghafte Pseudologisieren bei Karl May nach jahrelanger „Symptomfreiheit" in späteren Jahren erneut manifestierte. Karl May wuchs unter extrem entbehrungsreichen Verhältnissen auf. Seine großen Schwindeleien ereigneten sich zwischen seinem 20. und 28. Lebensjahr. Sie trugen ihm mehrjährige Gefängnisstrafen ein. Insgesamt sind acht Persönlichkeiten bekannt, unter denen er auftrat. Die erste Pseudoidentität war ein Dr. Heilig, später ein Seminarleiter Lohse, auch ein Polizeioberleutnant. Bezeichnend für sein fantastisches Talent, seine Schnelligkeit im Wechsel der Rollen, aber auch für seine Skrupellosigkeit ist eine Begebenheit im Juni 1896. Karl May kommt als Postbote aus Dresden in ein sächsisches Dorf zu einer Familie mit der Nachricht, ein bis dahin unbekannter reicher Onkel sei in den USA verstorben, habe allen sein Vermögen vermacht, man möge schnellstens nach Dresden zur Klärung der Dinge reisen. Vater und Sohn brechen auf. Jetzt erklärt der Postbote der Ehefrau, er sei in Wirklichkeit ein Geheimpolizist auf der Suche nach Falschgeld, habe eine Fälscherwerkstatt im Keller entdeckt und müsse alles Geld im Hause beschlagnahmen. Mit diesem Geld zieht er dann auf und davon. Karl May ist 32 Jahre alt, als er nach vierjähriger Haft unter sehr harten Bedingungen aus dem Zuchthaus Waldheim entlassen wird. Danach wird er nicht mehr straffällig. Er nimmt die Tätigkeit eines Redakteurs auf und es dauert nicht lange, bis er zum großen freien Schriftsteller avanciert. Er wird ein berühmter Mann, und man kann die Interpretation wagen, dass seine Schriftstellerei die pseudologischen Versuchungen gleichsam aufgesogen und neutralisiert hat. Aber in späteren Jahren, schon jenseits des 50. Lebensjahres, tritt er unerwartet vor die Öffentlichkeit mit dem Anspruch, alle von ihm geschilderten Abenteuer selbst erlebt zu haben: „Ja, ich habe das alles und noch viel mehr erlebt … Keine der Personen und keines der Ereignisse, welche ich beschreibe, ist erfunden". Aber die Vergangenheit holt Karl May ein. Die Presse enthüllt, dass er in seiner Jugend nicht Old Shatterhand oder Kara Ben Nemsi war, sondern über Jahre hin ein Strafgefangener. Karl May prozessiert 10 Jahre lang vor zahllosen Gerichten um seine Ehre. Sein letztes Werk ist ein 147 Druckseiten umfassender Berufungsschriftsatz an das Königliche Landgericht zu Berlin. Als 70-Jähriger nimmt er nochmals Ovationen von über 2000 Zuhörern im überfüllten Sophiensaal in Wien entgegen, bevor er acht Tage später an einem Herzschlag im März 1912 stirbt.

5.6 Pseudologie und Psychoanalyse

Psychoanalytische Studien zur Problematik der Pseudologia fantastica sind bemerkenswert rar, obwohl Sigmund Freud 1908 einen luziden Aufsatz mit dem Thema „Der Familienroman der Neurotiker" publizierte, in dem er sich mit der jeder Neurose und jeder höheren Begabung zugeeigneten „ganz besonderen Tätigkeit der Fantasie" befasst (Freud 1908, 1970). Nach Freud zeigt sich die Fantasietätigkeit vor allem im kindlichen Spiel und in Tagträumen. Dabei käme es im Zuge der Ablösung von den Elternfiguren fast regelhaft zu der Fantasie, möglicherweise Kind anderer, wahrscheinlich sozial höher stehender Eltern zu sein. Später würden gerne der Mutter Liebschaften angedichtet, wobei Freud auffiel, dass die Zahl der Liebesverhältnisse mit der Zahl der Konkurrenten in Gestalt älterer Geschwister nicht selten übereinstimmte. Der Ersatz beider Eltern oder auch nur des Vaters durch andere großartigere Personen sei die am häufigsten anzutreffende „Romanfantasie", der nicht von vornherein etwas Pathologisches anhafte.

In ihrer Biografie über Rudi Dutschke erzählt seine Frau, dass Rudi schon in Jugendjahren Schwierigkeiten mit seiner Identität als Deutscher hatte. Die Schande der Nazizeit lastete schwer auf ihm. Gretchen Dutschke schreibt: „Um sich davon distanzieren zu können, bildete er sich ein, dass er ein Jude sei, den die Dutschkes bei sich versteckt hätten" (Dutschke 1998, S. 121). Dies ist ein Beispiel dafür, wie die jugendlichen Romanfantasien und Tagträumerein in den Dienst unterschiedlicher emotionaler Bedürfnisse und Entlastungswünsche gestellt werden können.

Zuletzt hat sich im Jahre 1968 der Narzissmusforscher Heinz Henseler aus psychoanalytischer Sicht mit der Pseudologia-Problematik befasst. Er fragt, welchen Stellenwert in der Psychodynamik des Pseudologen die ihn treibenden Motive, z. B. die Lust am Lügen und der Wunsch nach Geltung, haben. Dabei rekurriert er im Wesentlichen auf Vorarbeiten von Helene Deutsch (1922), die die These vertreten hat, dass in der Pseudologie in entstellter Form ambivalent erlebte Ereignisse der Vorgeschichte erneut wiederholt und dargestellt werden. Mithin stellt die Pseudologie zugleich Verleugnung des Geschehenen und lustvolles Nacherleben eines biografischen Ereignisses dar. Das heißt, die Pseudologie knüpft an reale, zumeist entbehrungsreiche und belastende, zumindest peinliche Erlebnisse an. Anlass zur Ausbildung der Fantastereien geben dann jeweils assoziativ verwandte Gegenwartssituationen, die die Verdrängung der letztlich angstbesetzten Erinnerungen gefährden könnten. Mithin stellt die Pseudologie einen Kompromiss dar. Das Verdrängungsgebot wird aufrechterhalten bei gleichzeitigem Wiedererleben des Vergangenen in unerkannter Form. Auf diese Weise macht Henseler aus dem geltungssüchtigen Psychopathen einen neurotischen Menschen, dessen fantastische Lüge nichts anderes ist als der Versuch, mit einem unbewältigten, demütigenden Erlebnis fertig zu werden (Henseler 1968).

Das psychoanalytische Modell zur Erklärung des pseudologischen Phänomens entspricht dem Modell jeder neurotischen Symptombildung. Es leuchtet unmittelbar ein, sofern in den Fallgeschichten der Pseudologen häufig, wenngleich nicht immer, von sehr schwierigen, extrem ungünstigen und traumatischen frühkindlichen Sozialisationsbedingungen die Rede ist. Die Annahme ist berechtigt, dass eine schwere Störung der frühkindlichen und kindlichen Identitätsbildung Voraussetzung für die Ausbildung des pseudologischen Triebes ist, wobei die gravierenden Störungen auch die Überich-Entwicklung betreffen. Nichtsdestoweniger wird man auch hier auf die Unterscheidung zwischen dem Dasein und dem Sosein eines psychopathologischen Phänomens verweisen. In psychopathologischer Perspektive spielen im Sosein die biografischen Erfahrungen die entscheidende Rolle, wohingegen das Dasein gerade des pseudologischen Symptomkomplexes sehr viel schwieriger aus dem Lebenskontext ableitbar ist und eher dem mitgebrachten Erbe angelastet werden muss.

5.7 Seelisches Trauma als Faszinosum

Eine Sozialgeschichte der Pseudologia fantastica fehlt. Dabei wäre es von großem Reiz, der Frage nachzugehen, welche Rollen und Identitäten vom Pseudologen aufgesucht und gespielt werden, ob es im Laufe der Zeiten zu einem Gestaltwandel kommt, z. B. vom Adeligen zum Fabrikbesitzer oder eben zum Traumaopfer.

Warum wählte Bruno Doessekker, so fragten wir, die Identität als überlebendes Kind des Holocaust, als Opfer grausamster Kindheitserlebnisse? Ich zitiere Philip Gourevitch aus „The New Yorker": „Nachdem ich mehr als sechs Monate den Unfug studiert habe, dem Wilkomirskis Fantasien und Verdunklungen entsprungen sind, gilt meine Niedergeschlagenheit und große Sorge mehr der Kultur, die ihn zum Apostel der Erinnerung erhoben hat, als dem Mann selbst, für wen auch immer er sich halten mag" (Gourevitch 1999). Inzwischen mehren sich die Fälle im Alltag, die meist weniger komplex und rascher aufklärbar sind als der Fall Doessekker/Wilkomirski, bei denen Menschen der Suggestivwirkung des Traumaopfer-Daseins erliegen. In der Regel sind es Menschen in Not, die nach Überlebensstrategien greifen, von denen sie ahnen, dass sie im gegenwärtigen kulturellen Klima nicht hinterfragte Akzeptanz finden.

Ich erwähne vier Beispiele:

Eine Rollstuhlfahrerin wird von drei Skinheads überfallen, die ihr Gewalt antun und ein Hakenkreuz in die Wange ritzen. Das Foto mit dem Hakenkreuz auf der Wange geht um die Welt und löst Entsetzen aus. In Halle, wo der Vorfall geschah, demonstrieren 16 000 Menschen gegen die Gewalt gegen Behinderte. Nach wenigen Tagen stellt sich heraus, dass sich das Mädchen die Verletzungen selbst beigebracht hat.

Ein Mädchen begegnet auf der Straße zwei Jugendlichen, die sie anrempeln, sie sexuell belästigen und ihr bedeuten, sie wollten mit ihr schlafen. Das Mädchen weigert sich. Da übergießen die Jugendlichen das Mädchen mit Benzin, zünden es an und stoßen es einen Abhang hinunter. Nach drei Tagen kommt die korrigierende Nachricht: Das Mädchen hat sich selbst mit Benzin übergossen und versucht, sich anzuzünden.

Eine Frau beobachtet, wie Rechtsradikale in Springerstiefeln eine Frau in der S-Bahn belästigen. Sie ist die Einzige, die sich schützend vor diese Frau stellt. Aus Rache attackieren die Rechtsradikalen die Frau und verletzen sie derart, dass sie ins Krankenhaus kommt. Für die Frau wird ein Spendenkonto eingerichtet, der Innenminister überreicht Blumen, der Sicherheitsdienst in der S-Bahn wird personell aufgestockt. Erst nach Tagen stellt sich heraus, dass diese Frau die Geschichte in einer Notlage erfunden hat.

Eine Familie wird Opfer eines furchtbaren Verbrechens. Der kleine Sohn wird ermordet, in einem Schwimmbad ertränkt, ohne dass jemand zu Hilfe kommt. Das Verbrechen erregt über Tage die gesamte Republik. Das Kind war Sohn eines Ausländers. Die politischen Spitzenfunktionäre empfangen die Eltern, bis klar wird, dass der Mord ein Unglücksfall war, den die Eltern nicht akzeptieren können.

Diese Beispiele ließen sich um viele vermehren. Man zögert, sie aufzuzählen, um nicht dem Verdacht ausgesetzt zu sein, man wolle alltäglichen politischen Terror verharmlosen oder sexuelle Gewalt als stete Erfindung von Opfern deklarieren. Aber die Sogwirkung im Opfer-Sein ist ein Sachverhalt, der bisher wenig zur Kenntnis genommen worden ist. Hilfe und Unterstützung für die wirklichen Traumaopfer sind aber darauf angewiesen, dass eine Unterscheidung zwischen realem und erfundenem Trauma annäherungsweise gelingt.

Der französische Sozialphilosoph Pascal Bruckner hat kürzlich ein Buch mit dem Titel „Die Versuchung der Unschuld" geschrieben, das im Deutschen den Titel trägt „Ich leide (als Opfer), also bin ich". Darin analysiert er einen gesellschaftlichen Trend, den er „Viktimisierung" nennt, eine kollektive Strategie, in Gestalt eines selbst ernannten Märtyrers vor den Schwierigkeiten des Lebens zu flüchten. Bruckner sieht im Opfer-Sein eine Modeströmung, von der sich manche Menschen Vorteile erhoffen. Aus dem Opfer-Sein lassen sich Ansprüche ableiten auf Wiedergutmachung, auf Trost und Zuwendung. Mein Gegenüber ist mir ein Schuldner, und ich befinde mich jetzt in der Rolle des Nehmenden. Inzwischen habe sich eine entsprechende „Rechtsindustrie" entwickelt, und Opfer-Sein werde zur Berufung, zur Vollzeitbeschäftigung (Bruckner 1995).

Blicke ich auf mein Fach, auf Psychiatrie und Psychotherapie, so ist in der Tat zu konstatieren, dass in den letzten 20 Jahren die psychiatrische Traumalehre eine erstaunliche Entwicklung genommen hat. Das Traumathema hat eine Renaissance ohnegleichen erfahren. Die Zahl der Publikationen zum Thema seelisches Trauma, seine Folgen und seine Behandlung, ist in den letzten zwei Jahrzehnten deutlich angestiegen. In kürzester Zeit ist die Literatur unübersehbar geworden. Nach einer Medline-Recherche gab es 1980 ca. 70 Publikationen zum Thema seelisches Trauma; im Jahre 2000 sind es knapp 1000 wissenschaftliche Arbeiten. Die quantitative Aufblähung des Schrifttums einschließlich unzähliger Tagungen, Kongresse, Workshops, geht mit einer Inflation dessen einher, was als traumatisches Ereignis zu werten ist. Waren ursprünglich KZ-Haft, Folter, Vergewaltigung, Naturkatastrophen als traumatische Ereignisse definiert, so gelten inzwischen Einweisung ins Krankenhaus, plötzlicher Tod eines Verwandten, Verkehrsunfall, Pensionierung, Arbeitslosigkeit oder Umzug als Trauma. Es nimmt nicht wunder, dass der Begriff in die Alltagssprache übergegangen ist und zunehmend seine Prägnanz verliert. Die Inflation der traumatischen Ereignisse spiegelt sich wider in einer Inflation dessen, was das seelische Trauma bewirken soll. Es gibt inzwischen kaum eine psychiatrische Erkrankung, die nicht von irgendwelchen Forschern als traumabedingt angesehen oder verdächtigt wird, seien es depressive oder Angststörungen, seien es Suchterkrankungen, Essstörungen, Borderline-Störungen, sexuelle Störungen, überhaupt psychosomatische Leiden, aber auch Zwangsstörungen, hysterisch-dissoziative Störungen usw. Schon wird die sog. posttraumatische Stresserkrankung (PTSD) als eine neue Volkskrankheit ausgerufen, ähnlich wie Diabetes und Bluthochdruck. In der deutschen Bevölkerung gäbe es eine Prävalenz von 7 %. Ärzte werden aufgefordert, bei ihren Patienten nach verborgenen Traumata zu fahnden. Inzwischen arbeiten verschiedene Gruppierungen, u. a. das Deutsche Rote Kreuz, daran, ein eigenes Versorgungs- und Behandlungssystem zur Therapie posttraumatischer Störungen zu etablieren. Es wird bereits ein Streit erkennbar, wer solche Störungen behandeln darf, der Psychiater, der Psychosomatiker, der Psychoanalytiker oder der Psychologe, der Verhaltenstherapeut oder der Sozialpädagoge? Als im Oktober 1998 in Berlin eine Tagung zur posttraumatischen Stresserkrankung stattfand, stellten in den Pausen allein 22 Initiativen und Projektgruppen ihre Arbeit vor. Die – manchmal selbst ernannten – Traumaexperten arbeiten mit zahlreichen staatlichen und nichtstaatlichen Stellen zusammen, die diese Zusammenarbeit als eine Image-Werbung betrachten. Auch sie kümmern sich um bisher vergessene Opfer. Längst gibt es eine Internet-Vernetzung dieser Gruppen, die mit der Feuerwehr, der Flüchtlingshilfe, der Bundeswehr, der Polizei, Amnesty International, der Deutschen Bundesbahn, den Berliner Verkehrsbetrieben und verschiedenen Selbsthilfegruppen kooperieren. Auffallend ist, dass diese unterstützenswerten Initiativen, die von einer Versorgungslücke für Traumapatienten sprechen, selbst ein sehr schematisches Verständnis der sehr komplexen Problematik seelisch-traumatischer Prozesse und ihrer Wechselwirkung mit Umgebungsfaktoren haben. Aus diesem Grund sind in der nachfolgenden Übersicht (Tab. 5.2) sechs Punkte aufgelistet, die auf das Suggestivpotenzial im Traumaopfer-Sein verweisen.

Tabelle 5.2 Sechs Gründe für das Suggestivpotenzial im Traumaopfer-Sein

1. Reduktion der komplexen Wirklichkeit
2. Regressive Aufteilung der Welt in Gut und Böse, Opfer und Täter
3. Entlastung und Erleuchtung durch eine Universalursache
4. Aufmerksamkeit, Zuwendung, Trost, Mitleid, Entschädigung (Medien)
5. Gruppensolidarität und neue Identität („Traumaopfer")
6. Abwehr eigener Triebbedürfnisse und -wünsche durch Anklage nach außen (Kreuzzugsmentalität und Missionseifer)

Wir erfahren seelische Erleichterung, wenn wir die Welt nur in weißen und schwarzen Farben sehen, Grautöne meiden, nur die Unterscheidung von Freund und Feind kennen. Auch entlastet es uns, wenn wir endlich eine Ursache für die Beschwernisse des alltäglichen Lebens, für Ängste, Depressionen, gescheiterte Beziehungen oder Leistungsmängel gefunden haben. Als Traumaopfer haben wir Anspruch auf Trost. Der andere schuldet mir etwas. Ich brauche mich nicht sozial zu verhalten und habe die Erlaubnis, egoistisch zu sein. Im Opfer-Sein gewinne ich neue Freunde, die mich nicht infrage stellen, da sie auch projektive Tendenzen pflegen, das Feindliche nur außen suchen und mich davon befreien, mich mit eigenen schwierigen Bedürfnissen und Wünschen, mit aggressiven und sexuellen Trieben zu befassen. Ich habe eine neue Anschauung der Welt gefunden, die ich nicht mehr preisgeben möchte. Es ist eine Erfahrung der klinischen Praxis, dass Psychotherapie weitgehend zum Scheitern verurteilt ist, wenn der Patient in die Macht- und Einflusssphäre eines solchen kollektiven Traumaopfer-Kultes geraten ist. Ein Kollege meinte kürzlich, Psychotherapie sei dann schwieriger als die Befreiung des Opiatabhängigen von seinem Suchtmittel.

5.8 Schlussbemerkung

Ich will mit einer bemerkenswerten Fallvignette schließen, die der Züricher Psychiater Eugen Bleuler in seinem 1916 erstmals erschienen „Lehrbuch der Psychiatrie" erzählt. Sie macht mit wenigen Worten nochmals die Komplexität unseres Themas, seine Gebundenheit an die Zeit und die Schwierigkeit der Korrektur, deutlich. In dem Kapitel „Schwierige Persönlichkeiten" findet sich das nachfolgende Beispiel: „Ein Lehrling nannte sich ‚Dr. jur. et phil.', nachdem er vereinzelte Vorlesungen angehört hatte. Er verlangte ‚auf Grund seiner akademischen Ausbildung Vertrauen'. Mädchen gab er an, aus Idealismus im Kriege freiwilligen Dienst als Fliegeroffizier geleistet zu haben. Als ich ihn im klinischen Unterricht vorstellte, gab er zerknirscht an, er sei ein infamer Lügner, er sei ja nie Flieger und nie Offizier gewesen, habe nur bescheiden als Infanterist Dienst getan und erzählte von den Entbehrungen im Kampf im Schützengraben, bis die Zuhörer gerührt waren – in Wirklichkeit war er aber nie im Militärdienst und nie im Krieg gewesen" (Bleuler 1916).

Literatur

Baeyer W von. Zur Genealogie psychopathischer Schwindler und Lügner. Leipzig: Thieme; 1935.
Baeyer W von, Häfner H, Kisker KP. Psychiatrie der Verfolgten. Heidelberg Berlin New York: Springer; 1964.
Benz W. Ein deutscher Mythos. Die Zeit. 1998; 37: 45–6.
Bleuler E. Lehrbuch der Psychiatrie. 15. Aufl. Berlin Heidelberg New York: Springer; 1983.
Bräutigam W. Reaktionen – Neurosen – abnorme Persönlichkeiten. Stuttgart New York: Thieme; 1994: 26.
Brenneis CB. Gedächtnissysteme und der psychoanalytische Abruf von Trauma-Erinnerungen. Psyche. 1998; 52: 801–23.
Brown D von. et al. Memory, trauma treatment and law. New York: Norton Professional Books; 1998.
Bruckner P. La Tentation de l'innocence. Deutsch: Ich leide, also bin ich. Berlin: Aufbau Verlag; 1995.
Delbrück A. Die pathologische Lüge und die psychisch abnormen Schwindler. Eine Untersuchung über den allmählichen Übergang eines normalen psychologischen Vorgangs in ein pathologisches Symptom. Stuttgart: Habilitationsschrift; 1891.
Dirschauer J. Buchbesprechung Wilkomirski B., Bruchstücke. Aus einer Kindheit 1939–1948. Psyche. 1998; 52: 772–3.
Dutschke G. Rudi Dutschke. Wir hatten ein barbarisch schönes Leben. Eine Biographie. München: Kiepenheuer & Witsch; 1998.
Freud S. Der Familienroman der Neurotiker. Freud-Studienausgabe, Bd. IV. Frankfurt: Fischer; 1908/1970: 222–6.
Ganzfried D. Die geliehene Holocaust-Biographie. Weltwoche vom 27.08.1998: 46.
Ganzfried D. Fakten gegen Erinnerung. Weltwoche vom 03.09.1998: 45.
Ganzfried D. Alias Wilkomirski. Die Holocaust-Travestie. Berlin: Jüdische Verlagsanstalt; 2002.
Goethe JW von. Aus meinem Leben. Dichtung und Wahrheit (1811–1833). Frankfurt: Fischer; 1975: 56.
Gourevitch P. The Memory Thief. In: The New Yorker, Juni 1999, S. 48–68. Zit. nach Mächler S. Der Fall Wilkomirski. Zürich: Pendo; 2000.
Henseler H. Zur Psychodynamik der Pseudologie. Nervenarzt 1968; 39: 106–14.
Kirsch A. Trauma und Wirklichkeit. Wiederauftauchende Erinnerungen aus psychotherapeutischer Sicht. Stuttgart Berlin Köln: Kohlhammer; 2001.
Loftus EF, Pickrell JE. The formation of false memories. Psych Ann. 1995; 25: 720–5.
Mächler S. Der Fall Wilkomirski. Zürich: Pendo; 2000.
Merskey H. Ethical issues in the search for repressed memories. Am J Psychother. 1996; 50: 323–35.
Roxin C. Karl May, das Strafrecht und die Literatur. Jahrbuch der Karl-May-Gesellschaft. Husum: Hansa-Verlag; 1978: 9–36.
Spoeri Th. (1973): Pseudologie. In: Lexikon der Psychiatrie. Hrsg. von Ch. Müller. Springer, Heidelberg Berlin New York, S. 393–394
Stoffels H. Erinnerung, Fantasie, Realität im psychotherapeutischen Kontext. In: G. Kruse/S. Gunkel (Hrsg.) Trauma und Konflikt. Zugangswege einer traumaorientierten Psychotherapie. Hannover: Hannoversche Ärzte-Verlags-Union; 1999: 111–34.
Wilkes J, Albrecht R. Der junge Heine. Die Kasuistik einer Pseudologia fantastica. Nervenarzt. 1998; 69: 437–9.
Wilkomirski B. Bruchstücke. Aus einer Kindheit zwischen 1939–1948. Frankfurt: Suhrkamp; 1995.
Wilkomirski B, Bernstein E. Die Identitätsproblematik der überlebenden Kinder des Holocaust. Ein Konzept zur interdisziplinären Kooperation zwischen Therapeuten und Historikern. In: Friedmann A, Glück E, Vyssoko D, Hrsg. Überleben der Shoa – und danach. Spätfolgen der Verfolgung aus wissenschaftlicher Sicht. Wien: Picus; 1999: 160–72.
Wollschläger H. Karl May. Grundriss eines gebrochenen Lebens. Zürich: Diogenes; 1976.

6 Was tun bei artifiziellen Störungen?
Interdisziplinäre Problempatienten in der Diskussion

Annegret Eckhardt-Henn

6.1 Begriffsbestimmung

Unter der Bezeichnung artifizielle Störung (ICD-10: F68.1) werden Erkrankungen verstanden, bei denen es zur heimlichen künstlichen Erzeugung, Aggravation oder Vortäuschung körperlicher und/oder psychischer Krankheitssymptome kommt. Das führt in der Folge zu zahlreichen Krankenhausaufnahmen und häufig zu medizinischen, insbesondere auch operativen Maßnahmen bei den Patienten. In etwa 50 % der Fälle nimmt die Krankheit einen chronischen Verlauf und es treten körperliche Komplikationen (z. B. Gliedmaßenamputationen) auf. Zunächst scheint die Erkrankung der willentlichen Kontrolle des Patienten zu unterliegen. Im weiteren Verlauf wird aber deutlich, dass die Betroffenen unbewussten zwanghaften Impulsen unterworfen sind, die sie regelhaft nicht kontrollieren können. Die zugrunde liegende Motivation für die Selbstbeschädigung bleibt zunächst offen und muss gegenüber der Motivation, die der Simulation zugrunde liegt, abgegrenzt werden. Das Charakteristikum dieses Krankheitsbildes besteht darin, dass die Patienten ein körperliches Symptom, das dem Arzt als Anlass zur Therapie angeboten wird, selbst auf unterschiedlichste Weise hervorrufen und daher aus dem Rahmen der ärztlichen Grundannahme, dass sie passives Opfer der Krankheit sind und aktiv die Therapie unterstützen, herausfallen. Sie verhalten sich in gewisser Weise paradox, weil sie ihre Krankheit selbst aktiv hervorrufen und gleichzeitig die Therapie der Erkrankung behindern.

6.2 Epidemiologie

Gegenwärtig schwanken die Angaben zur Epidemiologie zwischen 0,05 und ca. 2,0 %. Es existieren keine verlässlichen Studien an großen Patientenkollektiven, Dunkelziffern müssen in beide Richtungen angenommen werden. Je nach klinischem Schweregrad und Krankheitsverlauf teilt man gegenwärtig leichte, mittelschwere und schwere Formen ein. Eine wissenschaftlich fundierte Klassifikation fehlt weiterhin. Das sog. Münchhausen-Syndrom (s. u.) und das Münchhausen-Stellvertreter-Syndrom (Münchhausen by proxy) werden heute als seltene Unterformen der artifiziellen Störungen verstanden.

6.3 Klinische Symptomatik

Artifizielle Störungen kommen in jedem medizinischen Fachgebiet vor. Zu den häufigsten artifiziellen Symptomen gehören Hauterkrankungen (z. B. Läsionen durch subkutane Injektion von Fremdkörpermaterialien oder verschmutzten Lösungen, Läsionen durch Aufbringen von Säuren oder Laugen, mechanische Verletzungen etc.), unklare Fieberzustände (z. B. durch Thermometermanipulationen oder Selbstinjektion infektiösen Materials), hämatologische und hämostasiologische Symptome (z. B. durch Einnahme von Cumarin-Präparaten, Selbstabnahme von Blut), Stoffwechselerkrankungen (z. B. durch heimliche Einnahme von Pharmaka, wie L-Thyroxin, oder aber Selbstinjektion von Insulin), chirurgische Symptome (z. B. Wundheilungsstörungen durch Manipulationen, Gelenkempyeme durch Einbringen verschmutzter Lösungen, rezidivierende Abszesse etc.), urologische Symptome (z. B. Vortäuschung von Hämaturie und Bakteriurie).

Bei den leichten Formen kommt es in der Regel zu einmaligen Episoden mit heimlicher Selbstverletzung. Die Störung tritt häufig im Rahmen von akuten Konfliktreaktionen oder Adoleszenzkrisen auf und ist in der Regel bei entsprechendem Therapieangebot gut zu behandeln. Bei den mittelschweren und schweren Formen kommt es zu einer deutlichen Progredienz der Symptomatik, d. h. der heimlichen Selbstverletzung. Die Symptome treten rezidivierend und schließlich chronisch auf. Es kommt zu zahllosen invasiven Behandlungsmaßnahmen und meistens zu körperlichen Komplikationen, wie z. B. Gliedmaßenamputationen bei chronischer selbstinduzierter Osteomyelitis.

6.4 Psychopathologie

Bei den leichten Formen handelt es sich in der Regel um akute Belastungs- oder Konfliktreaktionen vor dem Hintergrund leichterer psychopathologischer Störungen (z. B. depressive Störungen, Anpassungsstörungen oder dissoziative Störungen). Bei den mittelschweren und schweren Formen liegen in der Regel Persönlichkeitsstörungen, häufig vom emotional instabilen Typ, oder histrionische Persönlichkeitsstörungen vor, was die Differenzialdiagnostik vielfach schwierig macht. Zu einem hohen Prozentsatz leiden die Patienten außerdem an dissoziativen Bewusstseinsstörungen, wie rezidivierenden dissoziativen Amnesien oder schweren Depersonalisationszuständen, die mit der heimlichen Selbstbeschädigung im Zusammenhang stehen.

Diese dissoziativen Bewusstseinsstörungen erklären auch teilweise die Heimlichkeit der Störung und die Schwierigkeit der Diagnostik.

Die Arzt-Patienten-Beziehung ist durch eine spezifische pathologische Interaktion zwischen Arzt und Patient geprägt. Patienten mit artifiziellen Störungen gelingt es, in ihren behandelnden Ärzten unkontrollierte Fantasien und Emotionen auszulösen, die diese zu einer enormen Aktivität bzgl. ihrer diagnostischen und therapeutischen Bemühungen veranlassen. Häufig fällt eine Diskrepanz zwischen der Schwere der Befunde und der Invasivität und Häufigkeit medizinischer, inkl. operativer Maßnahmen auf. Es handelt sich um einen komplexen Beziehungskonflikt. Die Ärzte vermeiden lange Zeit, an eine artifizielle Störung zu denken, weil sie befürchten, dem Patienten Unrecht zu tun. Wenn dann der V. a. eine entsprechende Erkrankung aufkommt, kommt es häufig zu unkontrollierten aggressiven und detektivischen Maßnahmen. Nach wie vor besteht eine hohe Unkenntnis bzgl. dieses Krankheitsbildes, was zu Fehldiagnosen beiträgt. Häufig werden die Patienten vorschnell mit Simulanten gleichgesetzt und die schwere Psychopathologie, die dieser komplizierten Störung zugrunde liegt, wird nicht erkannt.

6.5 Ätiologie

Gegenwärtig ist davon auszugehen, dass Patienten mit schwereren Formen der artifiziellen Störung in ihrer Kindheit ein erhöhtes Maß an allgemeinen Belastungsfaktoren (niedriger ökonomischer Status, häufige Beziehungsabbrüche, Verlustsituationen, psychische Erkrankungen der Eltern, gehäuft Alkoholmissbrauch in den Familien, schwere wiederholte traumatisierende Erlebnisse, wie sexuelle und körperliche Misshandlungen und Deprivationssituationen) ausgesetzt waren. Meist handelt es sich um schwer gestörte Familiensysteme bei häufig sozial angepasster Fassade. Auf Grund dieser Traumatisierungen leiden die Patienten an Störungen ihres Selbst; häufig liegen Ich-strukturelle Störungen vor, die sich in Impulskontrollstörungen, Fragmentationszuständen (dissoziativen Zuständen, Depersonalisation), chronischen Gefühlen innerer Leere und Leblosigkeit, depressiven Zuständen sowie einem Vorherrschen spezifischer Abwehrmechanismen (Spaltung, Projektion, Idealisierung und Entwertung) äußern. Dissoziative Zustände sind gegenwärtig als ein komplexer psychophysiologischer Prozess anzusehen, bei dem es zu einer partiellen oder völligen Desintegration psychischer Funktionen, wie der Erinnerung an die Vergangenheit, des Identitätsbewusstseins, der unmittelbaren Empfindungen, der Wahrnehmung des Selbst und der Umgebung kommt. Gegenwärtig geht man davon aus, dass in der Genese dieser Störungen neben psychodynamischen Mechanismen auch neurobiologische Faktoren eine zentrale Rolle spielen. Hier sind z. B. Störungen der Erinnerungsfunktion und Störungen im Bereich der Neurotransmitter („Endorphinhypothese") zu nennen.

6.6 Differenzialdiagnostik

Differenzialdiagnostisch muss insbesondere die offene Selbstverletzung abgegrenzt werden. Hierbei handelt es sich um Selbstverletzungen, z. B. Schneiden mit Rasierklingen oder mechanische Verletzungen, die in der Regel im Rahmen von Impulskontrollstörungen, z. B. bei Persönlichkeitsstörungen vom emotional instabilen Typ/Borderline-Typ auftreten. Bei dieser Form der Selbstverletzung geht es nicht um die Provokation medizinischer oder operativer Maßnahmen und sie wird nicht verheimlicht. Abgegrenzt werden müssen andere Selbstverletzungen, wie die Acne excoriée, die Dermatitis factitia, die Perionychophagie oder die Trichotillomanie, die in der Regel im Rahmen zwanghafter Störungen auftreten, offene Selbstbeschädigungen unter besonderen sozialen Bedingungen, z. B. Metall schlucken bei männlichen Häftlingen, schwere Formen der Somatisierungsstörung, die im Verlauf eine ähnliche Dynamik der Arzt-Patienten-Beziehung mit entsprechenden körperlichen Komplikationen im Krankheitsverlauf zeigen sowie Selbstverletzungen im Rahmen von Essstörungen oder Suchterkrankungen bzw. psychotischen Erkrankungen.

6.7 Komorbidität

Patienten mit artifiziellen Störungen leiden zu einem hohen Prozentsatz an anderen psychischen Störungen, insbesondere Persönlichkeitsstörungen, Abhängigkeitserkrankungen, depressiven Störungen und Angststörungen, Essstörungen, nichtorganischen Schlafstörungen oder nichtorganischen sexuellen Funktionsstörungen. Im Verlauf der Erkrankung kommt es häufig zu einem Shift von der heimlichen zur offenen Selbstverletzung. Bei bestimmten komorbiden somatischen Erkrankungen können artifizielle Symptommanipulationen vorkommen. Hier ist besonders eine Untergruppe von Diabetespatienten zu nennen, die durch Manipulation der Insulinmedikation schwere hypoglykämische Zustände erzeugen können.

6.8 Suizidalität und letale Komplikationen

In etwa 10 bis 15 % kann die artifizielle Störung zu letalen Komplikationen führen. Auch unabhängig von der artifiziellen Symptomatik kommt es nach vereinzelten Studien bei etwa 30 % der Patienten zu Suizidversuchen.

6.9 Umgang mit den Patienten und Therapie

Bei der Diagnostik artifizieller Störungen sind immer *zwei Dimensionen* zu unterscheiden (vgl. AWMF-Leitlinien artifizielle Störungen, im Internet publiziert unter AWMF-online. AWMF-Leitlinien-Register Nr. 051/024). Zunächst muss eine ausreichende organmedizinische Diagnostik durchgeführt werden, da viele Patienten körperliche Symptome aktiv erzeugen und sich damit in bedrohliche Zustände bringen können, d. h., sie leiden an akuten, behandlungsbedürftigen organischen Erkrankungen. Bezüglich der psychopathologischen Diagnostik sollte immer eine ausführliche psychiatrisch-psychodynamische Diagnostik erfolgen, ggf. auch eine Fremdanamnese. Des Weiteren ist es wichtig, falls vorhanden, den behandelnden Allgemeinarzt und alle an der Behandlung der Patienten beteiligten Ärzte einzubeziehen. Bei anhaltender unklarer Genese klinischer Symptome ist immer an die Möglichkeit einer artifiziellen Störung zu denken. Wenn der V. a. eine entsprechende Störung besteht, sollten wiederholte invasive oder auch operative Eingriffe möglichst vermieden bzw. besonders kritisch überprüft werden.

6.9.1 Ansprache und Motivation zur fachpsychotherapeutischen Behandlung

Wenn der V. a. eine artifizielle Störung besteht, gilt grundsätzlich, dass eine Ansprache des Patienten auf diesen Verdacht mit großer Vorsicht erfolgen sollte. Diese Phase ist am schwierigsten und sollte i. d. R. in einem interdisziplinären Setting (Liaisonmodell) erfolgen. Es kann notwendig sein, den Patienten zunächst in der Behandlung der somatischen Station zu belassen, auch wenn die Diagnose einer artifiziellen Störung bereits sicher ist. Wichtig ist, den Kollegen zu verdeutlichen, dass es sich hier um eine schwerwiegende psychopathologische Störung (die u. a. oft mit einer dissoziativen Bewusstseinsstörung einhergeht) und nicht um eine Simulation handelt und dass die Motivationsphase bzw. die Phase des Aufbaus einer vertrauensvollen Beziehung zum Patienten, Geduld erfordert, aber bei dem üblichen chronifizierenden und komplikationsreichen Krankheitsverlauf der schweren artifiziellen Störung auch gerechtfertigt ist.

Die Wahl des Zeitpunkts der Ansprache des Patienten auf die heimliche Selbstbeschädigung hängt von verschiedenen Faktoren ab:
- dem aktuellen Handlungsdruck:
  Geht es um bedrohliche körperliche Symptome oder gar um drohende letale Komplikationen? Sind weitere Komplikationen zu erwarten?
- dem Umstand, ob nur ein einmaliges Gespräch oder ein längerer Kontakt möglich ist:
  Kommt der Patient aus der näheren Umgebung oder nicht? Ist er in stationärer Behandlung? Gibt es ein Liaisonmodell mit einer psychosomatischen Fachklinik? Gibt es die Möglichkeit einer ambulanten Weiterbehandlung?
- der Tragfähigkeit der Arzt-Patienten-Beziehung:
  Lässt sich eine vertrauensvolle Beziehung herstellen? Wie gut ist der behandelnde Arzt über die spezifische Problematik artifizieller Störungen informiert?
- dem sozialen Umfeld des Patienten (soziale Unterstützung):
  Ist der Patient in familiäre Strukturen eingebunden? Wie sehen diese aus? Gibt es ein gut funktionierendes soziales Umfeld (Freundschaften etc.)? Gibt es einen engagierten behandelnden Hausarzt? Ist der Patient in berufliche Bezüge eingebunden?
- Immer sollte versucht werden, eine vertrauensvolle Beziehung zum Patienten aufzubauen und ihn dann mit den typischen Charakteristika einer psychosomatischen Erkrankung zu konfrontieren. Dabei ist es nicht immer notwendig, zu Beginn die heimliche Selbstverletzung anzusprechen.

6.9.2 Ambulante Psychotherapie

Bei leichten Formen der artifiziellen Störungen ist in der Regel eine ambulante tiefenpsychologisch fundierte, psychoanalytische (Frequenz 2 Stunden, zunächst im Sitzen) oder auch eine verhaltenstherapeutische Behandlung indiziert und erfolgversprechend. Die heimliche Selbstbeschädigung kann hier nach meiner Erfahrung bei entsprechender (nicht anklagender) Haltung und dem gleichzeitigen Angebot einer Therapie schnell angesprochen werden, was in den meisten Fällen zu einer Entlastung des betroffenen Patienten führt.

6.9.3 Stationäre Psychotherapie

Bei schweren Formen der artifiziellen Störungen ist in der Regel zunächst eine stationäre Behandlung indiziert. Sinnvoll ist ein *Intervallsetting*, d. h. das Angebot mehrerer stationärer Aufenthalte, die in individuell zu vereinbarenden Abständen und mit einer auf die aktuelle Situation bezogenen, individuell zu vereinbarenden Dauer vollzogen werden sollten. Die Behandlung muss immer in enger Kooperation mit den ambulanten Therapeuten und dem Hausarzt bzw. anderen Fachärzten erfolgen. Eine weiterführende ambulante Therapie durch einen entsprechend erfahrenen Therapeuten sollte idealerweise (nicht immer möglich) gewährleistet sein. Die Behandlung sollte in enger Kooperation mit dem ambulanten Therapeuten und dem Hausarzt (falls vorhanden) erfolgen. Die weiterführende ambulante Therapie muss möglichst bereits während des stationären Aufenthaltes vorbereitet und gebahnt werden.

In vereinzelten Fällen – wenn eine akute Gefahr für den Patienten besteht und dieser nicht zu einer Behandlung motiviert ist – kann es notwendig werden, ihn unter juristischen Bedingungen in einer psychiatrischen Klinik unterzubringen.

6.9.4 Kooperation mit den somatischen Fachabteilungen

Zu beachten ist, dass es, selbst wenn der Patient zu einer Behandlung motiviert ist, auch während der stationären Behandlung häufig im Zusammenhang mit Belastungssituationen zu erneuten Selbstverletzungen kommen kann, die dann eine symptomatische medizinische Behandlung erforderlich machen. Eine enge Kooperation mit den somatischen Fachabteilungen ist daher i. d. R. unumgänglich. Ideal wäre ein konstanter Konsiliararzt (meist nicht realisierbar); es sollte *immer* eine Vorinformation der jeweiligen Kollegen und eine enge Rückkopplung mit ihnen erfolgen! Die Behandlung dieser Patienten ist daher nur in größeren Kliniken, in denen mehrere Fachabteilungen vorhanden sind, möglich. Die Therapie erfolgt zunächst vorzugsweise im höher frequenten Einzelsetting. Nach unserer Erfahrung sollte auch eine Gestaltungstherapie im Einzelsetting regelhaft stattfinden. Körpertherapeutische Verfahren (z. B. konzentrative Bewegungstherapie) kann nach sorgfältiger Indikation für die Patienten sehr hilfreich sein: Auf Entspannungsverfahren sollte zunächst verzichtet werden. Krankengymnastik kann bei Bedarf verordnet werden, dann aber eher intensiv.

6.9.5 Psychopharmakotherapie

Die Indikation für eine zusätzliche Pharmakotherapie wird nach dem Vorhandensein und der Ausprägung komorbider depressiver oder anderer Störungen gestellt. In Einzelfällen (vorzugsweise bei Übergang in offene Selbstverletzungen) kann eine Indikation für einen Morphinantagonisten, z. B. Naltrexon, erwogen werden.

6.9.6 Zielvorstellungen

Diese sind je nach Schweregrad unterschiedlich und müssen stufenweise formuliert werden:
- In manchen Fällen geht es zunächst um eine Symptomstabilisierung, d. h. um die Verhinderung einer weiteren Verschlimmerung (z. B. Verhinderung einer drohenden Gliedmaßenamputation, letaler Komplikationen) etc.;
- Rückbildung der Dissoziation als probater Abwehrfunktion, die oft spezifisch mit der Selbstverletzung verbunden ist;
- Sensibilisierung für die Zusammenhänge zwischen innerem Affektzustand und/oder innerer Konfliktsituation und Selbstverletzung („Funktion" der Selbstverletzung, z. B. als Spannungsregulierung, als Dissoziationsstopp, Nähe-Distanz-Regulierung, Umgang mit Ärger und Enttäuschung etc.);
- Übersetzung und Umwandlung der „Aktionssprache Selbstverletzung" in eine zwischenmenschliche „verbalisierende" Sprache;
- Reduzierung von therapiegefährdendem Verhalten;
- Reduzierung von „regressiven" Hospitalisierungstendenzen (sekundärer Krankheitsgewinn);
- Cave: Überforderung der Patienten und damit Gefahr der Zunahme der Selbstverletzung!
- Symptomrückbildung und Rückfallprophylaxe.

Cave: Die Strukturierung und Grenzsetzung sollte im Dienste des Patienten und nicht im Sinne pädagogischer „Strafmaßnahmen" und damit einer Überforderung des Betroffenen geschehen: Patienten mit schweren artifiziellen Störungen können nicht „von heute auf morgen" die Selbstverletzung aufgeben! Diese Patienten verführen ihre Therapeuten regelhaft entweder zu einem überfürsorglichen z. B. grenzüberschreitenden Verhalten oder zu einem aggressiven (pädagogische Zurückweisung etc.) Verhalten im Sinne eines (unbewussten) Gegenübertragungsagierens.

6.9.7 Psychodynamische Einzeltherapie

Die Einzeltherapie richtet sich nach den technischen Kriterien der übertragungsfokussierten Therapie (TFP). Besondere Probleme der artifiziellen Störung (z. B. die anfängliche Verheimlichung der Selbstverletzung, das Ausmaß der dissoziativen Bewusstseinsstörung) müssen dabei berücksichtigt werden. An dieser Stelle können nur *Prinzipien* der psychodynamischen Einzeltherapie sehr verkürzt dargestellt werden.
- Die Einzeltherapie sollte hoch frequent, aber anfänglich mit flexiblem Setting erfolgen, d. h., es kann sinnvoll sein, zunächst kürzere, z. B. 30-minütige, Einzelsitzungen durchzuführen, um die Patienten nicht zu überfordern.
- Zwischen den Sitzungen ist die (strukturierte) Erreichbarkeit des Therapeuten wichtig, z. B. begrenzte Kurzkontakte.
- Die Therapie setzt beim subjektiven Krankheitsverständnis und dem Selbstbild des Patienten als körperlich Krankem an. Anfänglich ist zunächst zu klären, wie „bewusstseinsnah" die Selbstverletzung ist (Grad der Dissoziation). Ar-

beit an den Zusammenhängen zwischen Selbstverletzung und innerer sowie äußerer Situation des Patienten (z. B.: „Da gab es die Probleme mit der Zimmernachbarin und jetzt sehen wir, dass Ihre Wunde wieder schlechter geworden ist!").

- Cave: Deutungen, die an den Triebimpulsen *direkt* ansetzen (etwa „Sie waren ärgerlich auf … und da mussten Sie sich wieder verletzen!!!") sind kontraindiziert! Stattdessen wird „von der Abwehr" her gedeutet (z. B.: „Sie fühlten sich da nicht genügend verstanden und das hat sie vielleicht enttäuscht, aber Gefühle wie Ärger sind sehr bedrohlich und vielleicht auch innerlich verboten. Sie fürchten, dass dann vielleicht alles kaputt gehen könnte, Sie alle verlieren könnten; weil Sie erleben mussten, dass Ärger immer zu sehr bedrohlichen Situationen in ihrem Leben geführt hat. Jetzt geht es aber ihrem Körper wieder schlechter. Es erscheint Ihnen weniger bedrohlich, Ihren Körper zu verletzen als einen Menschen, der Ihnen wichtig ist.")
- Widersprüchlichkeiten im Krankheitsverlauf (z. B. Verschlechterung der Wundverhältnisse ohne erkennbaren Gründen, HB-Abfall etc.) sollten vorsichtig und taktvoll – ohne Anklage oder Vorwurf – von Seiten des Therapeuten angesprochen werden („Eigentlich müssten wir hier herausbekommen, warum ihre körperlichen Symptome nicht heilen können."). „Angebote" sollten gemacht werden, die es dem Patienten ermöglicht, ohne Beschämung über die Selbstverletzung zu sprechen (z. B.: „Manchmal gibt es Zustände, wo man so in innerer Anspannung ist, z. B. auch im Schlaf, dass man etwas mit dem eigenen Körper macht, ohne es zu merken bzw. dass man es danach gar nicht mehr weiß: z. B. Nägelkauen, nachts mit den Zähnen knirschen, sich kratzen etc."). Wenn der Patient darauf eingehen kann, kann man einen Schritt weitergehen (Etwa: „Es gibt sogar Menschen, die sich in so einer verzweifelten Lage befinden, dass sie sich verletzen müssen, aber das ist den meisten Menschen peinlich, weil sie befürchten, dass sie von den anderen dann abgelehnt oder als verrückt etc. beurteilt werden, sodass sie sich lange Zeit nicht trauen, mit jemandem darüber zu sprechen.")
- Das Ziel dabei ist die „Aktionssprache" der Selbstverletzung in eine zwischenmenschliche verbale Kommunikation zu überführen, mit dem Patienten neue Kommunikationsformen zu entwickeln, d. h. die therapeutische Ich-Spaltung zu fördern – entsprechend dem Strukturniveau des Patienten; es geht dabei um die interaktionelle, aber auch um die intrapsychische Ebene.
- Im Prinzip das Gleiche gilt für das Ansprechen der Übertragung und der Gegenübertragung. Sie werden dann verbalisiert, wenn es für den Therapieprozess förderlich ist und das sollte dann gezielt geschehen. Selbstverletzendes Verhalten ist mit destruktivem Verhalten verbunden, was bedeutet, dass es auch in hohem Maße beziehungsgefährdend ist. Die therapeutischen Fähigkeiten der Behandler sind diesen destruktiven Prozessen ständig ausgesetzt. Der Therapeut (ebenso wie das Pflegeteam) fühlt sich immer wieder hintergangen, brüskiert oder enttäuscht. Es geht um die ständige Stabilisierung der Beziehung, d. h. um fokussierte Arbeit in der Übertragungs- und Gegenübertragungsbeziehung, aber nicht in der Form, wie es klassischer analytischer Technik entspricht, sondern eine stärkere Strukturierung, Grenzsetzung und damit auch stärkere Aktivität des Therapeuten sind erforderlich. Dies wird in der Übertragung und Gegenübertragung fokussiert bearbeitet. Dabei muss der Realitätsbezug immer wieder hergestellt werden (z. B.: „Sie erleben mich jetzt *wie* …, aber Sie wissen auch, dass ich nicht ihre Mutter *bin* und dass Sie nicht mehr das hilflose Kind *sind* …!" etc.).
- Jede erneute selbstverletzende Handlung *muss* in der Therapie thematisiert und bearbeitet werden, am Anfang aber zunächst in der oben beschriebenen Form.
- Das Ausmaß der Bearbeitung biografischer Themen (und Traumen) richtet sich nach dessen Erfordernis für die Veränderung im Hier und Jetzt. Es kann bei manchen Patienten großen Raum einnehmen, bei anderen nur geringen. Von therapeutischer Seite werden diese Inhalte dann formuliert, wenn sich hinter ihrem Verschweigen ein Therapiewiderstand zu verbergen scheint.
- Die Bearbeitung von traumatischen Erlebnissen muss vorsichtig und strukturiert erfolgen. Wenn z. B. eine Patientin kurz vor Stundenende oder vor dem Wochenende über ein traumatisches Erlebnis berichten will, muss der Th. strukturierend eingreifen um sie zu schützen (etwa: „Ich kann verstehen, dass Sie mit mir

über diese belastenden Erlebnisse sprechen möchten, aber ich habe Sorge, dass uns jetzt zu wenig Zeit bleibt …" oder „… dass das Wochenende vor der Tür steht und dann Erinnerungen und Gefühle in Ihnen hoch kommen, mit denen Sie sich dann von mir alleine gelassen fühlen, weshalb Sie sich dann wieder verletzen müssen, um damit klar zu kommen. Ich möchte Sie nicht kränken und ich weiß, wie viel Kraft Sie das kostet, dieses Thema mit mir zu besprechen, aber ich finde es wichtig, dass wir beide diese Gefahr ernst nehmen und lieber in der nächsten Stunde darüber sprechen sollten, wenn wir genug Zeit haben und nicht das Wochenende vor der Tür steht.")
- Wenn es um solche Themen in einer Stunde geht, kann es wichtig sein, am Ende der Stunde, darauf hinzuweisen, dass der Patient jetzt vielleicht in Gefahr ist, sich wieder zu verletzen, weil die „andere Seite" in ihm fürchtet, zu viel preis gegeben zu haben etc. und nochmals mit ihm zu besprechen, was er tun könnte (z. B. eine Schwester ansprechen, sich gezielt ablenken etc.).

6.9.8 Paar- und Familiengespräche

Diese haben einmal das Ziel, (in Absprache mit dem Patienten) die Angehörigen über die spezifische Problematik und die Gefahren der artifiziellen Störung aufzuklären und dem Patienten bei der Verbalisierung der Selbstverletzung gegenüber dem Partner/den Angehörigen zu helfen. Angst, Scham- und Schuldgefühle stehen hier im Zentrum. Des Weiteren kann es auch um die therapeutische Bearbeitung von Paar- und Familienkonflikten gehen, die mit dem selbstverletzenden Verhalten im Zusammenhang stehen und dieses aufrecht erhalten (Indexpatient).

Literatur

AWMF-online. Leitlinien Psychosomatik. AWMF-Leitlinien-Register Nr. 051/024.
Clarkin JF, Yeomans FE, Kernberg OF. Psychotherapie der Borderline Persönlichkeitsstörung. Manual zur Transference-Focused Therapy (TFP). Stuttgart: Schattauer; 2001.
Eckhardt A. Die Dynamik der Arzt-Patienten-Beziehung bei der vorgetäuschten Störung (heimlichen Artefaktkrankheit). Psychother Psychosom Med. Psychol. 1988; 38: 352–8.
Eckhardt A. Das Münchhausen-Syndrom. Formen der selbstmanipulierten Krankheit. München Wien Baltimore: Urban & Schwarzenberg; 1989.
Eckhardt A. Artifizielle Krankheiten (selbstmanipulierte Krankheiten) – Eine Übersicht. Nervenarzt. 1992; 63: 409–15.
Eckhardt A, Hoffmann SO. Depersonalisation und Selbstbeschädigung. Z Psychosom Med Psychoanalyse. 1993; 3, 284–306.
Eckhardt A. Factitious disorders in the field of neurology and psychiatry. Psychother Psychosom. 1994; 62: 56–62.
Eckhardt A. Im Krieg mit dem Körper – Autoaggression als Krankheit. Reinbek: Rowohlt; 1994.
Eckhardt A. Ansprache und Therapie bei heimlichen-offenen Selbstbeschädigungen. In: Saternus KS, Kernbach-Wighton G, Hrsg. Selbstbeschädigung. Forensische Bewertung und Therapiemöglichkeiten. Lübeck: Schmidt-Römhild; 1995: 129–38.
Eckhardt A, Willenberg H. Konfrontation und Therapiemotivation bei artifiziellen Störungen. In: Willenberg H, Hoffmann SO (Hrsg.): Handeln als Vermittlungsform psychosomatischer Krankheit und Faktor der Therapie. Karben: VAS; 1997.
Eckhardt A. Artifizielle Störungen. Dt Ärztebl. 1996; 93: 1622–6.
Eckhardt A, Klemm K, Winter-Klemm B. Heimliche Selbstbeschädigung – Problempatienten in der Septischen Chirurgie. Osteo Int. 1996; 4: 10–8.
Eckhardt A. Artifizielle Störungen. In: Domschke W, Hohenberger W, Meinertz T et al., Hrsg. Therapie-Handbuch. 4. Aufl. München Wien Baltimore: Urban & Schwarzenberg; 1997.
Eckhardt A. Offene und heimliche Selbstbeschädigung als Folge von Misshandlung und Missbrauch. In: Hoffmann SO, Egle UT, Joraschky P, Hrsg. Sexueller Missbrauch, Misshandlung, Vernachlässigung. 2. Aufl. Stuttgart New York: Schattauer; 2000: 293–304.
Eckhardt A. Die Dissoziation – Klinische Phänomenologie, Psychodynamik und Ätiologie. In: Seidler G, Hrsg. Die Hysterie. 2. Auflg. Giessen: Psychosozial Verlag; 2001: 71–101.
Eckhardt-Henn A. Psychoanalytische Aspekte der Autodestruktion. In. Wiesse J, Hrsg. Psychoanalyse und Körper. Bern: Huber; 1997.
Eckhardt-Henn A. Artifizielle Störungen: Gegenwärtiger Stand der Forschung – eine Übersicht. PPmP. 1999; 49: 75–89.
Eckhardt-Henn A. Artifizielle Störungen in der Chirurgie. In: Hontschik B, Von Uexküll Th, Hrsg. Psychosomatik und Chirurgie. Stuttgart New York: Schattauer; 1999.
Eckhardt-Henn A. Artifizielle Störungen und Münchhausen-Syndrom. In: Kernberg OF, Dulz B, Sachsse U, Hrsg. Handbuch der Borderline-Störungen. Stuttgart New York: Schattauer; 2000: 331–45.
Eckhardt-Henn A, Hoffmann SO, Hrsg. Dissoziative Störungen des Bewusstseins. Stuttgart: Schattauer; 2003.
Feldman MD, Eisendrath SJ. The spectrum of factitious disorders. Washington, DC: American Psychiatric Press; 1996: 40.

Willenberg H, Eckhardt A, Freyberger H, Sachsse U, Gast U. Selbstschädigende Handlungen – Klassifikation und Basisdokumentation. Psychotherapeut. 1997; 42: 211–7.

Willenberg H, Eckhardt A. Das Problem der Klassifikation artifizieller Störungen. In: Willenberg H, Hoffmann SO, Hrsg. Handeln als Vermittlungsweg psychosomatischer Krankheit und Faktor der Therapie. Karben: VAS; 1997.

7 Emotional instabile oder dissoziale Persönlichkeit?
Zur Differenzialdiagnose des „Münchhausen-Syndroms"

Kai Schmidt und Hans-Jörg Assion

7.1 Ein Vademecum für lustige Leute

Der berühmte Raconteur Karl Friedrich Hieronymus Freiherr von Münchhausen wurde am 26.3.1720 auf dem Gut seiner Familie in Bodenwerder geboren. Nach seiner Ausbildung als Page am Hof Prinz Antons von Braunschweig meldete er sich 1738 zum Militär und wurde in ein russisches Reiterregiment versetzt. Mit 30 Jahren wurde er Rittmeister und nahm an den Kriegen gegen die Türken teil. Im Jahr 1750 kehrte er auf das Familiengut zurück. Hier begeisterte er Freunde und Bekannte mit seinen Erzählungen über seine Kriegserlebnisse und Reisen und ließ eigens für diese Anlässe ein Gartenhaus bauen, das er selbst als „Grotte" bezeichnete und das später – sehr zu seinem Unglück – als „Lügengrotte" bekannt wurde. In den Jahren 1781 bis 1783 wurden seine Geschichten anonym in der Zeitschrift *Vademecum für lustige Leute* veröffentlicht. 1758 edierte sie Rudolph Erich Raspe (1737–1794) ebenfalls anonym unter dem Titel „Münchhausen's narratives of his marvellous travels and campaigns in Russia" (Raspe 1948) in England. Georg August Bürger (1747–1794) übersetzte die Geschichten zurück ins Deutsche und gab sie dann unter Hinzufügen weiterer Geschichten 1786 wiederum anonym als „Wunderbare Reisen zu Wasser und zu Lande, Feldzüge und lustige Abenteuer des Freyherrn von Münchhausen" heraus. Aus dieser Ausgabe stammen auch die bekannten Geschichten von der Reise auf der Kanonenkugel und wie der Baron sich an seinem Zopf selbst aus dem Sumpf zog. Sowohl Bürger als auch Raspe waren schillernde Persönlichkeiten. Der romantische Dichter Bürger gab ab 1778 den *Musenalmanach* heraus und erhängte sich 1794, weil er sich selbst als erfolglos erlebte. Der Naturwissenschaftler und Philologe Raspe wurde unter anderem durch die posthume Publikation der Werke Leibniz bekannt. Er musste mehrfach seinen Wohnort wechseln, da ihm Diebstahl und Betrug vorgeworfen wurden, und lebte in Hannover, Kassel, London, Venedig, Cornwall und Irland, wo er 1794 starb. Im Gegensatz zu Raspe und Bürger war der Freiherr von Münchhausen wenig erfreut über die Publikation seiner Geschichten, weil er sich in seiner Ehre als Offizier gekränkt fühlte. Durch die Scheidung von seiner wesentlich jüngeren zweiten Ehefrau 1795 verarmte er und starb am 22.2.1797 auf seinem Gut in Bodenwerder. Das Eponym „Münchhausen-Syndrom" wurde 1951 von Richard Asher (1912–1969) geschaffen. Asher, der als Arzt auf dem „Mental Observation Ward" des Middlesex Hospitals in London arbeitete, beschrieb drei Fälle von Münchhausen-Syndrom (Asher 1951): „Here is described a common syndrome which most doctors have seen, but about which little has been written. Like the famous Baron von Munchausen, the persons affected have always travelled widely; and their stories, like those attributed to him, are both dramatic and untruthful. Accordingly, the syndrome is respectfully dedicated to the baron, and named after him." So der einleitende Absatz des berühmten Artikels. Mittlerweile hat die Problematik des „Münchhausen-Syndroms" in der Diskussion über dissoziative Symptome hohe Aufmerksamkeit erfahren. Die klinische Abgrenzung zur bloßen Simulation und die Differenzialdiagnose zur dissozialen Persönlichkeitsstörung erscheinen uns interessant; handelt es sich doch jeweils um schwierige Personen, die Symptome vortäuschen könnten.

7.2 Eigene Fallvignette

Die einführende Fallschilderung zeigt exemplarisch die Charakteristika und Symptome, die ein Patient mit Münchhausen-Syndrom aufweisen kann. Zudem bieten die für diese Patientengruppe ungewöhnlich umfangreichen anamnestischen Informationen Ansatzpunkte, um unterschiedliche ätiologische Theorien und möglichen Differenzialdiagnosen zu erörtern, wie dies dann im Weiteren erfolgt.

> Der 24-jährige Mann kam gegen 23.00 Uhr ohne Begleitung und ohne ärztliche Einweisung, also notfallmäßig, zur stationären Aufnahme. Er berichtete, starke Angst vor einem Herzinfarkt zu haben, er leide unter ständigen Herzschmerzen und Beklemmungsgefühlen. Schon mehrfach sei aber bei ärztlichen Untersuchungen eine schwere Herzerkrankung ausgeschlossen worden. Er sei nun überzeugt, an einer „psychosomatischen Störung" zu leiden. Kaum auf der Station angekommen, verlangte er auch schon Lorazepam, nach zwei Tagen sogar unter zeitweiser Gewaltandrohung gegen das Pflegepersonal. Ein bereits vorhandener gesetzlicher Betreuer (für die Aufgabenkreise Gesundheitsführsorge, Bestimmung des Aufenthalts, Vermögensangelegenheiten, Behördenangelegenheiten und Anhalten sowie Öffnen der Post) teilte später mit, dass sich der Patient im vergangenen Jahr 272 Tage in verschiedenen Krankenhäusern aufgehalten habe. Er leide immer unter großer Angst, nicht ausreichend versorgt zu sein. Deshalb habe auch die ambulant behandelnde Nervenärztin bei ihm zweimal täglich einen ambulanten Pflegedienst verordnet, nicht zuletzt, um weitere stationäre Aufnahmen zu vermeiden. Nach Eröffnung und Erörterung dieser bereits bestehenden Vorgaben an möglichen Hilfen verließ der Patient unerwartet die Station.
> Sieben Monate später erschien er erneut zur stationären Aufnahme. Er klagte über fast die gleiche Symptomatik, deren Ursache er immer noch in einer Herzerkrankung sah, die trotz weiterer ärztlicher Untersuchungen noch nicht gefunden sei. Da er die Angst vor der Erkrankung nicht mehr ertrage, plane er nun, sich das Leben zu nehmen. Als dem Patienten am Folgetag vorgeschlagen wurde, in die für ihn zuständige (wohnortnahe) psychiatrische Abteilung verlegt zu werden, brach er die stationäre Behandlung wiederum kurzfristig ab. Weitere sieben Monate später wünschte er dann aufgenommen zu werden, weil er nach Konflikten innerhalb seines Bekanntenkreises unter bildhaften Vorstellungen leide, andere Menschen töten zu müssen. Außerdem habe er, wie er mehrfach versicherte, Kokain konsumiert und Klebstoff (Pattex) geschnüffelt. Als der Patient nach 10-tägiger Behandlung erneut deutlich alkoholisiert auf die Station kam, wurde er disziplinarisch entlassen.
> Schon drei Monate später wurde er nach konsiliarischer Vorstellung aus einer organmedizinischen Abteilung nochmals aufgenommen bzw. zu uns verlegt. Er hatte sich in diesem somatischen Krankenhaus vorgestellt mit der großen Sorge, Dekubiti an beiden Füße und am Gesäß zu haben. Er habe seit Tagen im Bett gelegen und seine Schuhe nicht ausgezogen. Außerdem beklagte er Übelkeit und Durchfall. Der körperliche Untersuchungsbefund sowie Labor, EKG und Röntgenaufnahmen des Thorax und Abdomens lieferten allerdings wieder keine pathologischen Befunde. Im Verlauf des stationären Aufenthaltes gab er dann noch an, sowohl unter coenästhetischen als auch unter akustischen Halluzinationen zu leiden, was jedoch wenig glaubhaft war. Außerdem beteuerte er mehrfach, von etlichen Substanzen seit Jahren abhängig zu sein, er sei inzwischen „bis in die Haarspitzen süchtig". Entzugssymptome waren jedoch bei uns weder während dieses noch eines früheren Aufenthaltes aufgetreten.
> Psychopathologisch war vielmehr bei allen stationären Aufnahmen eine etwas hyperkinetische, teilweise maneriert wirkende Psychomotorik aufgefallen. Die Stimmung war dabei oft dysphorisch gereizt mit eingeschränkter affektiver Resonanz. Die Denkinhalte waren in der Regel hypochondrisch, die Denkabläufe dabei weitschweifig. Der Patient war immer äußerst klagsam und erweckte jeweils den Eindruck großen Leidens. Entsprechende anamnestische Angaben waren allerdings nur sehr verallgemeinernd und lückenhaft zu erheben gewesen.
> Mithilfe von Informationen der Krankenversicherung über die Krankenhausaufenthalte der vergangenen vier Jahre und verschiedener schließlich angeforderter Entlassungsberichte

ließ sich die Krankengeschichte des Patienten zuletzt folgendermaßen rekonstruieren: Der Patient war ohne Geschwister zunächst bei seiner Mutter aufgewachsen. Kontakt zum Vater bestand wohl nie. Ab seinem 11. Lebensjahr wohnte er in einem Kinderheim, wo er sich wohlgefühlt habe. Nach der Grundschule wechselte er auf das Gymnasium, das er trotz guter Leistungen mit 12 Jahren wegen sozialer und kommunikativer Probleme mit den Mitschülern verließ. Fortan besuchte er wieder die Hauptschule. Ab dem 17. Lebensjahr lebte er dann erneut bei seiner Mutter und deren häufig wechselnden Partnern, mit denen er offensichtlich erhebliche Konflikte hatte. Der Patient deutete in diesem Zusammenhang Alkoholprobleme sowohl der Mutter als auch ihrer verschiedenen Männer an. Außerdem sei er von diesen auch noch sexuell belästigt worden; Genaueres ließ sich jedoch nicht explorieren. Nachdem die Mutter ihn im Weiteren ihrer Wohnung verwiesen hatte, wandte er sich an die Polizei, die ihm nur eine Obdachlosenunterkunft zuweisen konnte. Der Patient versuchte dann zunächst wieder Kontakt zu seinem früheren Kinderheim aufzunehmen; schließlich bezog er aber eine eigene Wohnung. Zu dieser Zeit (etwa um das zwanzigste Lebensjahr) begann der Patient damit, im Rahmen häufiger Krankenhausaufenthalte unter Vortäuschung zunächst nur körperlicher und dann auch psychischer Erkrankungen behandelt zu werden. In den letzten zwei Jahren kam es dabei insgesamt zu 36 vollstationären Aufenthalten, die nach den Angaben der Krankenkasse Gesamtkosten in Höhe von ca. € 46 000,– verursachten.

7.3 Allgemeine Syndromdefinition

Das „Münchhausen-Syndrom" wird in der 10. Revision der Internationalen Klassifikation der Krankheiten (ICD-10; Dilling et al. 1991) als sog. dazugehöriger Begriff den artifiziellen Störungen (F 68.1) zugeordnet, d. h., es bezeichnet wie diese ein „absichtliches Erzeugen oder Vortäuschen von körperlichen oder psychischen Symptomen oder Behinderungen". In Abgrenzung von der Simulation (Z 76.5) geht die ICD-10 davon aus, dass bei dieser Störungskategorie die eigentliche Motivation für das Verhalten bei Patienten mit Münchhausen-Syndrom aber unklar bleibt, wohingegen die bloße Simulation jeweils in aktuellen Belastungssituationen oder aus äußeren Gründen erfolgt. Als solche Gründe werden beispielhaft die Vermeidung von Strafverfolgung, das Erlangen illegaler Drogen, das Vermeiden von Militärdienst oder von gefahrvollen militärischen Einsätzen sowie der Versuch, finanzielle Vorteile durch das Kranksein oder bessere Lebensbedingungen (z. B. Wohnung) zu erlangen, angeführt. Das Münchhausen-Syndrom als eine besondere, aber nicht eigens ausgewiesene Unterform der artifiziellen Störung ist dann typischerweise gekennzeichnet durch eine Trias aus:

1. vorgetäuschter Erkrankung,
2. pathologischem Lügen (Pseudologia fantastica) und
3. Umherziehen von Ort zu Ort (meist von Krankenhaus zu Krankenhaus).

Es ist eine eher seltene Unterform und macht weniger als 10 % aller in einem Krankenhaus vorkommenden artifiziellen Störungen aus (Reich u. Gottfried 1983). Im Gegensatz zur übergeordneten Kategorie der artifiziellen Störungen weisen Patienten mit einem Münchhausen-Syndrom einige Besonderheiten auf. Sie sind meist männlich, oft vorbestraft und im Verhalten wenig angepasst. Unter allen Patienten mit einer artifiziellen Störung sind dagegen Frauen, die in Gesundheitsberufen arbeiten, besonders häufig. Reich (1983) berichtete, dass ein Drittel der Patienten Krankenschwestern waren bzw. zum Laborpersonal oder zur Krankenhausverwaltung gehörten. Diese Patienten sind auch meist ausgesprochen freundlich und zuvorkommend.

Eine Variante des Münchhausen-Syndroms ist das „Münchhausen-Syndrom by proxy", das in der ICD-10 unter Kindesmisshandlung (F 74.8) kodiert werden soll. Das Syndrom wurde erstmals 1977 von Meadow beschrieben. Sein Artikel „Munchausen syndrome by proxy – the hinterland of child abuse" (1977) beschrieb zwei Kinder, deren Erkrankung jeweils von den Müttern erzeugt worden war. Ein Kind starb nach mehrfacher Salzvergiftung. Das andere Kind war von der Mutter zur Simulation von Symptomen einer Nierenerkrankung angehalten worden. Diese Erkrankung wird durch vier Kriterien definiert (Meadow 2002):

1. Die Erkrankung des Kindes wird von einem Elternteil oder jemandem, der die Elternrolle innehat, simuliert.
2. Das Kind wird andauernd medizinischen Untersuchungs- und/oder Behandlungsmaßnahmen unterzogen.
3. Die Ursache für die Erkrankung des Kindes durch den Täter wird geleugnet.
4. Die akuten Symptome bessern, sich sobald das Kind vom Täter getrennt wird.

7.4 Diagnostische Einordnung des Falles

Eine vorgetäuschte, d. h. absichtlich erzeugte körperliche oder psychische Erkrankung ist eines der beiden Hauptkriterien für die Diagnose einer artifiziellen Störung. Dabei ist auffällig, dass der oben beschriebene Patient zumindest bei den Aufnahmen in der psychiatrischen Klinik durchaus zugab, mehrfach ohne pathologisches Ergebnis körperlich untersucht worden zu sein. Er behauptete jedoch weiterhin, von seiner Erkrankung überzeugt zu sein. Er bitte deshalb aus Angst um Aufnahme. Erst bei der letzten stationären Aufnahme, der eine konsiliarische Vorstellung aus einer somatischen Krankenhausabteilung vorausgegangen war, wurde klar, dass der Patient dort versucht hatte, die Symptome einer somatischen Erkrankung, speziell Schwäche, Übelkeit, Diarrhoe und Bettlägerigkeit, vorzutäuschen. Vermutlich schien ihm nach vielfachem Verweis aus somatischen Kliniken die Aufnahme in einem psychiatrischen Krankenhaus nun als letzte Möglichkeit, sich überhaupt wieder in stationäre Behandlung begeben zu können. Die (bedingt durch die Vorgeschichte) vom gesetzlichen Betreuer eingerichtete ambulante psychiatrische Pflege als alternatives Angebot wurde vom Patienten dagegen nicht angenommen, was zeigt, dass ein Krankenhausaufenthalt offensichtlich das Hauptziel des Patienten war. Der Patient hatte sich in dem Jahr vor dem ersten Aufenthalt in unserer psychiatrischen Klinik bereits 272 Tage in verschiedenen anderen Krankenhäusern befunden, was das typische Umherwandern eindeutig belegt und die Diagnose eines Münchhausen-Syndroms schon wahrscheinlich macht. Die u. a. von Turner u. Reid (2002) geforderte Pseudologia fantastica zeigte sich hier zudem in einem Crescendo psychopathologischer Symptome, die der Patient im Laufe seiner Aufnahmen beklagte bzw. bot. Lamentierte er zunächst noch über die Angst, an einer Herzerkrankung zu leiden, versuchte er beim zweiten Aufenthalt eine Abhängigkeitserkrankung herauszustellen, die er bei seiner letzten Aufnahme noch bunter ausgestaltete. Zusätzlich begann er, von Halluzinationen diverser Qualität zu berichteten. Der Patient wies zudem einige weitere Charakteristika auf, die auf Patienten mit Münchhausen-Syndrom passen würden. So hatte er nicht nur das typische Geschlecht, sondern möglicherweise auch illegale Drogen konsumiert. Eine weiterführende kriminelle Vergangenheit ließ sich zwar nicht explorieren, allerdings war der Patient auf der Station jeweils nur sehr wenig kooperativ und auch nicht gezielt auskunftsbereit. Zudem wirkte er häufig fordernd und aggressiv, was nach konkreter Gewaltandrohung gegen das Pflegepersonal auch zur Entlassung führte. Eine zweite disziplinarische Entlassung erfolgte dann, weil der Patient betrunken aus einem Tagesurlaub zurückgekehrt war.

7.5 Ätiologische Überlegungen zum Krankheitsbild

Die spezifische Ursache des Syndroms ist weitgehend ungeklärt. Systematische Untersuchungen zur Klärung einer Ätiologie liegen nicht vor. Die gegenwärtigen Theorien beziehen sich deshalb jeweils nur auf eine große Anzahl publizierter Fallbeschreibungen. Obwohl die Störung sich meist erst zwischen dem 20. und 40. Lebensjahr manifestiert, erscheinen dabei entwicklungspsychologische Erklärungsmodelle von einiger Bedeutung. Jonas u. Pope (1985) konnten in einer retrospektiven Analyse zeigen, dass die ersten Symptome solcher artifiziellen Störungen sehr lange vor der eigentlichen Erstdiagnose auftraten, sodass für einen Großteil dieser Störungsbilder ein Beginn im frühen adoleszenten Alter zu vermuten ist. Anhaltspunkte für entsprechende Modelle bieten auch enge biografische Zusammenhänge zwischen unterschiedlichen artifiziellen Störungen, insbesondere zwischen Münchhausen-Syndrom und Münchhausen-Syndrom by proxy. Viele Fallbeispiele zeigen, dass Patienten mit Münchhausen-Syndrom oft bereits selbst Opfer eines Münchhausen-Syndroms by proxy waren oder aber von ihren frühen Erziehungspersonen das Krankheitsverhalten entweder modellhaft erlernten bzw. dazu motiviert wurden, die Krankenrolle einzunehmen. Rosenberg (1987) fand in einer Literaturübersicht, dass 25 % der Eltern, die bei ihren Kindern ein Münchhausen-Syndrom by proxy vortäuschten, auch selbst schon an Symptomen einer artifiziellen Störung gelitten hatten. Dieses Ergebnis deutet auf enge entwicklungspsychologische Zusammenhänge zwischen den klinisch verwandten Syndromen hin.

Libow (2002) identifiziert in ihrer Metaanalyse publizierter Fälle vier Mechanismen, die erklären könnten, wie Kinder das Vortäuschen von Erkrankungen lernen:
1. Frühe *Verstärkung der Krankenrolle* durch vermehrte Aufmerksamkeit und Zuwendung seitens der Eltern.
2. *Amplifikation*: Das Kind lernt früh, körperlich unangenehme Sensationen übertrieben wahrzunehmen und gegenüber ungewohnten Empfindungen besonders aufmerksam zu sein bzw. diese als krankhaft wahrzunehmen.
3. *Somatisierender Elternteil:* Die Kinder erlernen die somatische Präsentation des emotionalen Stresses der Eltern.
4. *Symptom-Coaching:* der langsame Prozess vom betrügerischen Einverständnis, vom naiven Kind mit passiver Akzeptanz, hin zur aktiven Teilnahme oder Selbstverletzung.

Patienten, bei denen keine By-Proxy-Geschichte nachweisbar ist, haben dagegen oft in ihrer Kindheit Erfahrungen mit klinischen oder anderen versorgenden Institutionen, wie Heimen oder Internaten, gemacht. Sie beschreiben ihre Eltern oft als abweisend und kalt und waren während der Kindheit in hohem Maße körperlichen und seelischen Misshandlungen sowie Deprivationserfahrungen ausgesetzt (Fiedler 2001, S. 372).

Bezeichnend ist für den hier beschriebenen Fall auch, dass der Patient ohne Kontakt zu seinem Vater aufwuchs und es offensichtlich Konflikte mit den wechselnden Partnern der Mutter gab. Alkoholmissbrauch und sexuelle Angebote lassen hier Gewalt- und Missbrauchserfahrungen vermuten, beschreiben zumindest kein besonders behütendes, Geborgenheit vermittelndes Elternhaus. Störungsbedingt ließ sich unser Patient nicht tiefer explorieren. Vor dem Hintergrund des positiv verlaufenen Heimaufenthalts und der erneuten Hinwendung zum Kinderheim im Alter von ca. 20 Jahren, als er in einer Obdachlosenunterkunft lebte, erschien es uns plausibel, dass der Patient versorgende Institutionen mit positiven Wertungen wie angenehm, wichtig, erleichternd und überlebensnotwendig verband.

Differenzialätiologisch kommt für unseren Patienten allerdings auch ein dissoziativer Mechanismus in Betracht. Problematisch erscheint dabei zunächst, dass das Verhalten des Patienten offenkundig kontrolliert und zweckgerichtet war; zumindest wenn sich die Betrachtung auf den unmittelbaren Zweck, nämlich eine stationäre Krankenhausbehandlung zu erlangen, beschränkte. Dieser Umstand ist jedoch konform mit der Hypothese, dass bei artifiziellen Störungen – im Gegensatz zur Konversionsstörung – lediglich die Bewusstheit für die Motivationslage, nicht aber für die Handlung selbst verloren geht (Fiedler 2001, S. 379). Als möglicher weiterer Diagnosebaustein kommt hier der Drogenmissbrauch infrage. Dabei sollte zunächst jedoch festgehalten werden, dass der Patient zwar einerseits illegale Drogen genommen hatte und auf der Station auch heftig Benzodiazepine einforderte sowie mindestens einmal angetrunken auf die Station zurückkam, andererseits eine schwere Abhängigkeitserkrankung sicher nicht vorlag, sondern vielmehr im Kontext der Gesamtdarstellung vorgetäuscht wurde. Suchtprobleme sind bei Patienten mit Münchhausen-Syndrom im Sinne einer Komorbidität nicht selten anzutreffen (Eckhardt 1989).

7.6 Wichtige Differenzialdiagnosen

Neben dem schon erwähnten Substanzmissbrauch bzw. einer Substanzabhängigkeit und der dissoziativen bzw. Konversionsstörung werden als Differenzialdiagnosen zum Münchhausen-Syndrom vor allem verschiedene Persönlichkeitsstörungen angeführt. Fiedler (2001) nennt hier die histrionische, die antisoziale und die Borderline-Störung, die zusammen mit der narzisstischen Persönlichkeitsstörung den dramatischen Persönlichkeits-Cluster B des DSM-IV (Saß et al. 1996) bilden. Die allgemeinen Kriterien für die Diagnose einer Persönlichkeitsstörung in der ICD-10 (Dilling et al. 1991) und im DSM-IV sind sich bekanntlich sehr ähnlich. Alle Zustandsbilder sollten sich nicht als Manifestation bzw. Folge einer anderen psychischen Störung oder anderer Krankheiten erklären lassen. Persönlichkeitsstörungen stellen in diesem Sinne eine Ausschlussdiagnose dar. Vor weiteren differenzialdiagnostischen Erwägungen muss im Übrigen festgehalten werden, dass sowohl die Querschnitts- als auch Längsschnittsbetrachtung des beschriebenen Patienten alle sechs grundsätzlichen Leitvorstellungen der ICD-10-Persönlichkeitsstörung erfüllt:

1. Deutliche Unausgeglichenheit in den Einstellungen und im Verhalten in mehreren Funktionsbereichen wie Affektivität, Antrieb, Impulskontrolle, Wahrnehmen und Denken sowie in Beziehungen zu anderen.
2. Das abnorme Verhaltensmuster ist andauernd und nicht auf Episoden psychischer Krankheiten begrenzt.
3. Das abnorme Verhaltensmuster ist tief greifend und in vielen persönlichen und sozialen Situationen eindeutig unpassend.
4. Die Störungen beginnen immer in der Kindheit oder Jugend und manifestieren sich auf Dauer im Erwachsenenalter.
5. Die Störung führt zu deutlichem subjektiven Leiden, manchmal erst im späteren Verlauf.
6. Die Störung ist meistens mit deutlichen Einschränkungen der beruflichen und sozialen Leistungsfähigkeit verbunden.

Von den angeführten spezifischen Persönlichkeitsstörungen kommt die histrionische Persönlichkeitsstörung u. E. vor allem deshalb in Betracht, weil das Verhalten des Patienten bei uns zunächst den Eindruck erweckte, er wolle sich in den Mittelpunkt der Aufmerksamkeit des gesamten Krankenhauspersonals stellen. Speziell erfüllte sein Erscheinungsbild auch vier der sieben in der ICD-10 genannten Kriterien. So zeigte der Patient ein dramatisierendes, theatralisches Verhalten, nahm wenig Bezug auf andere, schien leicht kränkbar und verhielt sich andauernd manipulativ, um sein Bedürfnis nach Versorgung zu befriedigen. Das DSM-IV (Saß et al. 1996), das als wichtigste diagnostische Kriterien eine tief greifende und übertriebene Emotionalität und ein übermäßiges Streben nach Aufmerksamkeit ansieht und verlangt, dass mindestens fünf der angeführten acht Kriterien erfüllt werden, lässt hingegen die Diagnose einer histrionischen Persönlichkeitsstörung nicht zu. So fasste der Patient Beziehungen sicherlich nicht enger auf, als sie tatsächlich waren, er hielt an seiner jeweiligen Version der Erkrankung fest und war wenig suggestibel. Sein Sprachstil war nicht wenig detailliert und übertrieben impressionistisch und seine Interaktion war nicht durch ein unangemessen sexuell verführerisches oder provokantes Verhalten charakterisiert. Erst wenn die Krankengeschichte des Patienten umfassend gewürdigt wird, wird u. E. klarer, dass das Ziel seines Verhaltens keinesfalls die bloße Aufmerksamkeit anderer (um deren Aufmerksamkeit selbst willen) war, wie das bei histrionischen Persönlichkeiten der Fall ist, sondern vielmehr die allumfassende und andauernde Versorgung aller körperlichen und physischen Bedürfnisse. Dieses Phänomen ließ sich erstmalig während des Heimaufenthaltes identifizieren und entwickelte sich u. E. mit zunehmenden Krankenhausaufenthalten so weit, dass selbst ein gesetzlicher Betreuer und ein Pflegedienst nicht mehr ausreichten, die subjektiv erlebte Obhut eines Krankenhauses zu ersetzen. Dahinter sollte ein unbewusstes Motiv angenommen werden. Die Aufmerksamkeit, die sein Verhalten erregte, war somit nur ein Nebenprodukt, allenfalls hatte sie somit mittelbare Funktion in einem komplexen Störungsbild.

Wie schon oben angeführt, unterscheiden sich Patienten mit Münchhausen-Syndrom von anderen Patienten mit artifiziellen Störungen nicht nur durch typisches Krankenhauswandern, sondern sie werden im Verhalten auch als ausgesprochen unkooperativ, schwierig bis aufdringlich und oft aufsässig beschrieben (Carney u. Brown 1983; Fiedler 2001; Turner u. Reid 2002; Wimberley 1981). Dies legt auch die Differenzialdiagnose einer dissozialen bzw. antisozialen Persönlichkeitsstörung nahe. Nicht zuletzt die Entwicklung des beschriebenen Patienten ließe die Diagnose einer dissozialen Persönlichkeitsstörung zu. So wuchs der Patient z. B. ohne Vater und mit wechselnden Männerbekanntschaften der Mutter auf. Wegen sozialer Probleme musste er das Gymnasium verlassen. Er lebte vom 11. bis zum 17. Lebensjahr in einem Heim, das ihm offenbar eine größere Geborgenheit vermittelte als eine Versorgung durch die Mutter. Dass es dem Patienten insofern schwer fiel, adäquate soziale Werte zu verinnerlichen und ein angemessenes Sozialverhalten zu erlernen, scheint vor diesem Hintergrund plausibel. Auch die deskriptiven Kriterien für eine dissoziale bzw. antisoziale Persönlichkeitsstörung nach der ICD-10 bzw. dem DSM-IV würden hier in ausreichendem Maße erfüllt sein. Die häufigen Krankenhausaufnahmen erregten sogar beim Kostenträger den Verdacht, dass ein Betrugsdelikt vorläge, und zwar in dem Sinne, dass der Patient sich auf Kosten der Solidargemeinschaft Versorgungsmittel kaltschnäuzig erschwindele. Hinzu kam, dass der Patient seine „Krankheitsgeschichten" im Sinne von Rationalisierungen einsetzte, um die vermeintliche Tat zu begründen. Die Frustrationstoleranz war dabei außerdem gering, er war reizbar und wurde leicht aggressiv. Schon Wimberly (1981) beschrieb einen engen Zusammenhang zwischen Münchhausen-Syndrom und antisozialer Persönlichkeitsstörung. Sogar bei den betroffenen Müttern einer By-Proxy-Problematik kann diese Diagnose eine gewisse Rolle spielen (Libow 2002; Meadow 2002).

Dennoch muss betont werden, dass hier im Hinblick auf die weitere Therapieplanung dem sekundären Krankheitsgewinn bzw. einer anderen Motivation für das Verhalten besondere Beachtung gelten sollte, nicht zuletzt, um differenzialdiagnostisch eine bloße Simulation, die ebenfalls mit einer antisozialen Persönlichkeitsstörung vergesellschaftet sein kann, besser abzugrenzen (Gorman 1982). In den differenzialdiagnostischen Leitlinien zur Abgrenzung der antisozialen Persönlichkeitsstörung von der histrionischen und Borderline-Persönlichkeitsstörung im DSM-IV wird angeführt, dass das Verhalten von Patienten mit letzteren Störungen auf Zuwendung aus sei, wohingegen Patienten mit antisozialen Persönlichkeitsstörungen nach Profit, Macht oder materiellem Nutzen strebten (Saß et al. 1996, S. 734). Selbst wenn das Münchhausen-Syndrom nicht ausdrücklich in diesen Leitlinien genannt wird, so erscheint zumindest für unseren Fall sehr wahrscheinlich, dass die eigentliche Motivation in einem pathologischen Bedürfnis nach so umfassender und andauernder medizinischer Betreuung zu suchen ist, wie sie in der Regel nur auf einer Krankenhausstation zu finden ist. Sowohl Borderlineals auch antisoziale Persönlichkeitsstörung und Münchhausen-Syndrom haben nicht zuletzt manipulatives Verhalten als gemeinsames Merkmal. Im Rahmen einer Borderline-Störung können außerdem neben der offenen Selbstschädigung auch artifizielle Störungen zum fluktuierenden Symptombild dazugehören (Gattaz et al. 1990). Auch hier schaut das DSM-IV auf die Motivationslage, zumindest um die Borderline-Störung von der antisozialen Persönlichkeitsstörung abzugrenzen (Saß et al. 1996, S. 738). Zugleich sollen Patienten mit Borderline-Störungen manipulieren, um Zuwendung zu erhalten, was die Abgrenzung zum Münchhausen-Syndrom wieder schwierig erscheinen lässt. In der Tat ordnen insbesondere psychoanalytisch orientierte Autoren das Münchhausen-Syndrom der Borderline-Störung direkt zu, wodurch zahlreiche psychodynamische Aspekte der Störung erst ihre angemessene Berücksichtigung finden (Fiedler 2001, S. 378). Was unseren Fall anbetrifft, so erinnerte die labile Beziehungsaufnahme zu anderen zwar an eine Borderline-Störung, wichtiger scheint uns jedoch, darauf hinzuweisen, dass der Patient gerade kein selbstverletzendes Verhalten zeigte, sondern genau wie beim Freiherr von Münchhausen „weit gereist" war und „Geschichten erzählte", die genauso dramatisch wie unwahr waren.

7.7 Zusammenfassung

Artifizielle Störungen bilden eine eher heterogene Gruppe von Erscheinungen. Eine diagnostisch dazugehörige Unterkategorie ist das „Münchhausen-Syndrom", das besonders durch das sog. Krankenhauswandern der Patienten charakterisiert erscheint (Wise 1990). Anhand des hier beschriebenen Falls ließ sich gut darstellen, wie schwierig die Abgrenzung dieser Störung von anderen, insbesondere von der antisozialen und der emotional instabilen Persönlichkeitsstörung ist. Von Vorteil erwies sich dabei, dass schon relativ ausführliche Informationen zur bisherigen Krankengeschichte des Patienten vorhanden waren. Mithilfe dieser Detailkenntnisse ließ sich zeigen, das die Behandlungsmotivation des Patienten sich offensichtlich wesentlich darin begründete, wiederholte stationäre Versorgungen zu erlangen. Biografische Daten machten die Entwicklung und den Erhalt dieses Bedürfnisses verständlich, auch wenn der Patient zu dieser offensichtlich komplexen Motivationslage keinen Zugang hatte. Auf diese Weise ließ sich aber der gestörte Umgang mit der Krankenrolle eindeutig von der antisozialen Persönlichkeitsstörung abgrenzen. Überschneidungen mit der Borderline-Persönlichkeitsstörung ließen sich dagegen nicht sicher auflösen, was u. E. mit der nosologischen Verwandtheit der Syndrome zu tun haben mag. Nicht zuletzt zeigen Patienten mit artifiziellen Störungen oft Symptome einer Reihe anderer Störungen der Persönlichkeit und ihrer Beziehungen.

Literatur

Asher R. Munchausen's syndrome. Lancet. 1951; 1: 339–41.

Carney MW, Brown JP. Clinical features and motives among 42 artifactual illness patients. Br J Med Psychol. 1983; 56: 57–66.

Dilling H, Mombour W, Schmidt MH, Hrsg. Internationale Klassifikation psychischer Störungen. ICD-10 Kap. V (F). Klinisch diagnostische Leitlinien. Bern Göttingen Toronto: Huber; 1991.

Eckhardt A. Das Münchhausen-Syndrom. Formen der selbstmanipulierten Krankheit. München: Urban & Schwarzenberg; 1989.

Fiedler P. Dissoziative Störungen und Konversion. Trauma und Traumbehandlung. 2., vollst. überarb. u. erw. Aufl. Weinheim: Beltz; 2001.

Gattaz WF, Dressing H, Hewer W. Münchhausen syndrome: psychopathology and management. Psychopathology. 1990; 23: 33–9.

Gorman WF. Defining malingering. J Forensic Sci. 1982; 27: 401–7.

Jonas JM, Pope HG. The dissimulating disorders: a single diagnostic entity? Compr Psychiatry. 1985; 26: 58–62.

Libow JA. Beyond collusion: active illness falsification. Child Abuse and Neglect. 2002; 26: 525–36.

Meadow R. Different interpretations of Munchausen syndrome by proxy. Child Abuse and Neglect. 2002; 26: 501–8.

Meadow R. Munchausen syndrome by proxy. The hinterland of child abuse. Lancet. 1977; 2: 343–5.

Raspe RE. Singular travels, campaigns and adventures of Baron Munchausen. London: Cresset Press; 1948.

Reich P, Gottfried LA. Factitious disorders in a teaching hospital. Ann Intern Med. 1983; 99: 240–7.

Rosenberg D. Web of deceit: a literature review of Munchausen syndrome by proxy. Child Abuse und Neglect. 1987; 11: 547–63.

Saß H, Wittchen H-U, Zaudig M, Hrsg. Diagnostisches und Statistisches Manual Psychischer Störungen DSM-IV. Übersetzt nach der 4. Aufl. des Diagnostic and Statistical Manual of Mental Disorders der American Psychiatric Association. Göttingen Bern Toronto Seattle: Hogrefe; 1996.

Turner J, Reid S. Munchausen's syndrome. Lancet. 2002; 359: 346–9.

Wimberley T. The making of a Munchausen. Br J Med Psychol. 1981; 54: 121–9.

Wise MG. Commentary on „The ethics of surreptitious diagnostics". J Clin Ethics. 1990; 1: 121–2.

8 Was sind CFS, MCS und FM?
Stellenwert und Gemeinsamkeiten dreier „Modekrankheiten"

Herbert Csef

8.1 CFS, MCS und FM – Chiffren moderner Leiden

Die Akronyme CFS, MCS und FM bedeuten in mehrfacher Hinsicht eine große Herausforderung für zahlreiche Fachgebiete der modernen Medizin. Das Akronym CFS steht für „Chronic Fatigue Syndrom" (chronisches Müdigkeitssyndrom), MCS für die Umweltkrankheit „Multiple Chemische Sensitivität" und FM für Fibromyalgie. Die besondere Herausforderung dieser drei Krankheitsbilder liegt darin, dass Ätiologie und Pathogenese der Syndrome ungeklärt sind und dass es bislang keine rational begründeten und klinisch überprüften Therapieansätze für diese Syndrome gibt. Die wissenschaftliche Diskussion dieser modernen Krankheitsbilder ist ebenso kontrovers wie die Handlungsanweisungen für die therapeutische Praxis. Die betroffen Patienten, ihre Selbsthilfegruppen, die Laienpresse und alternative Heilmethoden haben oft andere Erklärungsmodelle und Therapieerwartungen als sie in den einzelnen Fachgebieten der Schulmedizin vertreten werden. Aber auch innerhalb der Schulmedizin besteht eine höchst kontroverse Diskussion. Mit dem Krankheitsbild des CFS beispielsweise beschäftigen sich Internisten, Allgemeinmediziner, Virologen, Immunologen, Rheumatologen, Endokrinologen, Toxikologen, Umweltmediziner, Neurologen, Psychiater, Hirnforscher, Psychosomatiker oder Psychotherapeuten. Sie liefern sehr unterschiedliche Erklärungsmodelle oder Krankheitskonzepte zum CFS. Ein Psychiater wird das CFS anders einordnen als ein Umweltmediziner oder Virologe. Der Psychiater wird auf die hohe Prävalenz psychischer Störungen hinweisen und das Somatisierungskonzept betonen. Der Virologe wird die Relevanz viraler Infektionen und die Reaktion des Immunsystems hierauf hervorheben. Der Umweltmediziner wiederum wird bevorzugt exogene Noxen (Umweltgifte, Schadstoffe) bei der Entstehung und Aufrechterhaltung des Krankheitsbildes in Betracht ziehen. Der Patient mit CFS, der eine Reihe von Experten oder Facharztgruppen bereits konsultiert hat, wird sich für das Krankheitskonzept entscheiden, das eine höchste subjektive Präferenz hat oder er wird in einer gewissen Konfusion von einem zum nächsten Experten pendeln, verschiedene Therapieansätze ausprobieren und möglicherweise in Enttäuschung, Hilflosigkeit, Resignation und Enttäuschungswut zurückbleiben.

Mit seinem vielzitierten Buch „Moderne Leiden. Zur Geschichte der psychosomatischen Krankheiten." (1994) hat Edward Shorter offensichtlich einen Nerv der zeitgenössischen Medizin getroffen. Er nennt Krankheitsbilder, für die Somatisierungsprozesse besonders charakteristisch sind:

1. das Chronic Fatigue Syndrom (CFS) bzw. das chronische Müdigkeitssyndrom,
2. die „Umweltkrankheit" MCS (Multiple chemical Sensitivities),
3. die Fibromyalgie (FM).

Solche Krankheitsbilder zeichnen sich dadurch aus, dass sie an Häufigkeit enorm zunehmen, da sie in den Medien und der Laienpresse sehr lebhaft diskutiert werden und Schulmedizin sowie Alternativmedizin gegensätzliche Auffassungen zur Entstehung und Behandlung dieser Krankheitsbilder haben. Insofern führen die genannten „Modekrankheiten" direkt ins Zentrum der höchst aktuellen kontroversen Diskussion zwischen wissenschaftlicher Medizin und alternativen Heilmethoden. Namhafte Internisten wie Buchborn (1988), Eisenberg et al. (1993), Marx (1995, 1997) und Köbberling (1997) haben hierzu kritische Stellungnahmen vorgelegt und die immense Praxisrelevanz dieses Themas hervorgehoben.

Ätiologie und Pathogenese dieser Syndrome sind nicht geklärt, sodass bei einer Vielfalt von Hypothesen ein wissenschaftlicher Konsens fehlt. Da die Möglichkeit einer diagnostischen Objektivierung nicht gegeben ist, prägt die Ausschlussdiagnostik das diagnostische Prozedere (Csef 1998a). Mittlerweile liegen Forschungsergebnisse vor, die die Vermutung von Shorter (1994) positiv bestätigen, dass es sich bei den genannten Syndromen überwiegend um Somatisierungssyndrome und damit um zeittypische psychosomatische Erkrankungen handelt (Bornschein et al. 2002; Csef 2000a, 2001; Ebel u. Müller-Küppers 2001). Neuere Untersuchungen aus der Inneren Medizin beschreiben wesentliche Gemeinsamkeiten von CFS, FM und MCS (Aaron et al. 2000; Buchwald u. Garrity 1994; Heyll et al. 1997; Hoffmann et al. 1996). Diese Gemeinsamkeiten sollen im folgenden Beitrag vor dem Hintergrund des psychosomatischen Somatisierungskonzeptes diskutiert werden.

8.2 Epidemiologische Studien

Neuere empirische Studien zur Prävalenz der häufigsten Symptome belegen Shorters Aussage, dass Müdigkeit (Erschöpfung) und Schmerzsymptome in der zeitgenössischen Symptompräsentation im Vordergrund stehen. Kroenke u. Mangelsdorff (1989) untersuchten 1000 Patienten einer medizinischen Poliklinik danach, welches die häufigsten Symptome waren und bei wie vielen Patienten sich im Verlauf von 3 Jahren eine organische Ursache finden ließ. Insgesamt waren Schmerzsymptome mit Abstand am häufigsten. Unter den acht häufigsten Symptomen hatten vier Schmerzcharakter. Das zweithäufigste Symptom war Müdigkeit. Bemerkenswert ist, dass bei den Schmerzsymptomen nur in 1–5 % der Fälle eine organische Ursache gefunden werden konnte. Das zweithäufigste Symptom – Müdigkeit – hat eine besondere Renaissance und Neubewertung erfahren. Früher wurden, besonders in psychiatrischen Fachkreisen, Müdigkeit und Erschöpfung den depressiven Syndromen zugeordnet. Dies kommt im Terminus „Erschöpfungsdepression" deutlich zum Ausdruck. Aufschlussreiche Schlussfolgerungen lassen sich aus der WHO-Studie zur Prävalenz psychischer Erkrankungen in der Allgemeinpraxis ableiten (Üstin u. Satorius 1995). An dieser Untersuchung beteiligten sich insgesamt 14 Staaten. Zwei deutsche Studienzentren in Berlin und Mainz mit einer Stichprobe von jeweils n = 400 waren beteiligt. In Berlin hatten 25,2 % und in Mainz 30,6 % der untersuchten Patienten der Allgemeinpraxen psychische Störungen. Erstaunlich hoch ist die Prävalenzrate für Neurasthenie mit 7,4 % in Berlin und 7,7 % in Mainz. Im Vergleich dazu lagen die Prävalenzraten für Dysthymie, Panikstörung oder Somatisierungsstörung bei etwa 1–2 %. Hinsichtlich der hohen Prävalenzraten für die Neurasthenie ist erwähnenswert, dass die ICD-10-Kriterien für die Neurasthenie weitgehend mit den für das chronische Müdigkeitssyndrom formulierten klinischen Merkmalen übereinstimmen.

Verlässliche bevölkerungsrepräsentative Prävalenzstudien zu den einzelnen Syndromen MCS, CFS und FM liegen verständlicherweise nicht vor, da bereits auf der Ebene der Diagnosekriterien der fehlende Konsens eine valide Falldefinition erheblich erschwert. Im MCS-Ratgeber von Cernaj (1995) wird auf Grund von Befragungen und Schätzungen in den USA davon ausgegangen, dass 15 % der Bevölkerung in einer mehr oder weniger ausgeprägten Form von MCS leiden. Auf Deutschland hochgerechnet würden dies etwa 12 Millionen sein! Diese „inflationär" aufgeblähten Zahlen entbehren jeglicher wissenschaftlicher Grundlage. Der Leiter des Bereiches Umweltmedizin des Robert-Koch-Instituts in Berlin, D. Eis, nennt eine Prävalenz ärztlicher MCS-Diagnosen zwischen 0,2 % und 6 %, also auch hier liegt eine große Streuung vor (Eis 2000). Die Prävalenz ärztlicher MCS-Diagnosen wird von Eis (2002) mit 0,2–6 % angegeben. Das chronische Erschöpfungssyndrom CSF soll in Deutschland bei etwa 300 000 Menschen vorliegen (Grabar 2002).

8.3 Versorgungsstrukturen

Aus der Perspektive der Krankenversorgung scheint bedeutsam, dass Patienten, die unter den Symptomen der oben genannten Syndrome leiden, meist eine Odyssee bei vielen Fachärzten hinter sich haben. Da die Schulmedizin jedoch weder ein konsensfähiges Ätiologiemodell noch spezifische Therapieansätze bislang zur Verfügung stellen kann, wandern viele dieser Patienten zu Heilpraktikern und Außenseitermethoden. Es ist anzunehmen, dass in diesem Bereich der modernen Somatisierungssyndrome Heilpraktiker und Vertreter der Alternativmedizin die „Hauptkonkurrenz" für Psychiater, Psychosomatiker und Psychotherapeuten darstellen. Ob dies dem Wohl der Patienten dient, scheint mehr als fraglich. Die psychosomatische Forschung und die psychotherapeutische Praxis haben zu den somatoformen Störungen überzeugende Konzepte entwickelt. Rief u. Hiller (1992) sowie Rudolf u. Henningsen (1998) haben diese in ausführlichen Monografien dargestellt.

Die Akzeptanz eines psychosomatischen Erklärungsmodells ist bei Patienten mit CSF, MCS und FM recht gering. In ihrer subjektiven Krankheitstheorie gehen MCS-Patienten stark von exogenen Faktoren (Umweltbelastung) aus, Fibromyalgiepatienten hingegen verstehen ihr Leiden meist als organisch bedingte rheumatologische Erkrankung. Da die betroffenen Patienten sich körperlich krank fühlen und ein somatisches Krankheitskonzept bevorzugen, erfordert es meist einen längeren Aufklärungs- und Motivationsprozess, bis die Patienten den Einfluss psychischer Faktoren akzeptieren. Nur dann werden sie auch psychotherapeutische Hilfe in Anspruch nehmen oder einer psychopharmakologischen Behandlung zustimmen. Im Schrifttum der CFS- oder MCS-Selbsthilfegruppen und in der Ratgeberliteratur, die sich an Betroffene wendet, findet sich eine deutliche Ablehnung psychosomatischer Erklärungsmodelle und eine ausgeprägte Psychiatriefeindlichkeit. Wiederholt werden Patienten vor der Gefahr einer Psychiatrisierung gewarnt. In dieser Hinsicht ist Edward Shorter (1994) zuzustimmen, der dieses Dilemma in der Krankenversorgung sehr treffend beschrieben hat:

„Überflüssig zu sagen, dass Psychiater in der Subkultur der Erschöpfungskranken Persona non grata sind. Das kleine Fähnlein von Psychiatern, das sich 1988 in London zu einer Tagung über das Erschöpfungssyndrom einfand, musste sich im Laufe der Konferenz von einem ärztlichen Sympathisanten der Bewegung als „pittoreskes und rundherum befremdliches Relikt der prähistorischen Medizin und „Bande von Verrückten" titulieren lassen. Hinter dieser Aversion gegen die Psychiatrie steckt die Furcht, die Symptome, die man hat, als „Einbildungen" abgetan zu sehen – eine Furcht, die für das Gros der Patienten mit fixem Krankheitskonzept bezeichnend ist und die erklärt, warum Erschöpfungskranke selig sind, wenn die Blutuntersuchung bei ihnen gelegentlich abnorme Werte an den Tag bringt" (Shorter 1994, S. 528).

8.4 Chronic Fatigue Syndrom (CFS)

8.4.1 Wissenschaftsgeschichte

Die Wissenschaftsgeschichte der „neuen Erkrankung CFS" beginnt in den 60er-Jahren in den USA. In den Jahren 1957 und 1959 erschienen im „New England Journal of Medicine" drei Publikationen über eine „Epidemische Neuromyasthenie", die Gemeinsamkeiten mit den Epidemien der Kinderlähmung „Poliomyelitis" aufweisen sollte (Henderson u. Shelokov 1959; Poskanzer et al. 1957; Shelokov et al. 1957). Allerdings war damals bereits kritischen Gesundheitsexperten aufgefallen, dass bei diesen Epidemien die klassischen Poliomyelitissymptome, wie z. B. schlaffe Lähmungen, weitgehend fehlten und stattdessen sensorische Störungen ganz im Vordergrund standen. 1964 wurde von Michael Epstein und J. M. Barr erstmals das Virus isoliert, das den Erreger der infektiösen Mononukleose („Pfeiffer'sches Drüsenfieber", „Studentenfieber") hervorruft. Die Mononukleose wurde zur Epstein-Barr-Virus-Infektion (EBV-Infektion). Im Jahre 1984 kam es zu einer bis heute noch ungeklärten Epidemie in Lake Tahoe, die als Leitsymptom eine ungeheure Schlappheit und Mattigkeit hatte und auf EBV-Infektionen zurückgeführt wurde (Jones et al. 1985). Später wurde das Herpesvirus Typ 6 (HHV6) für diese Epidemie verantwortlich gemacht und entsprechend „Lake-Tahoe-Virus" genannt (Krueger 1988). In den folgenden Jahren war das ätiologische und pathogenetische Konzept der Erschöpfungssyndromepidemie Gegenstand heftiger wissenschaftlicher Kontroversen, sodass sich die Centers for Disease Control der US-Regierung genötigt sahen, Stellung zu beziehen. Die Arbeitsgruppe der Bundesgesundheitsbehörde um Gary Holmes betonte, dass keine statistisch aussagekräftige Korrelation zwischen den Epidemien mit chronischer Erschöpfung und hämatologischen Befunden einer chronischen EBV-Infektion bestünde (Holmes

1988). Folglich wurde vorgeschlagen, in Zukunft für dieses Krankheitsbild nicht mehr den Begriff Epstein-Barr-Virus-Infektion zu verwenden und stattdessen von Chronic Fatigue Syndrom (CFS) zu sprechen. Die Arbeitsgruppe veröffentlichte eine erste Arbeitsdefinition für dieses CFS-Syndrom. Die International Chronic Fatigue Syndrome Study Group (Fukuda et al. 1994) aktualisierte diese 1994 auf den aktuellen Forschungsstand und schlug die in Tab. 8.1 genannten Diagnosekriterien vor.

Die internationalen Konsensus-Konferenzen und die von ihnen erarbeiteten Diagnosekriterien markieren letztlich die Geburtsstunde des neuen Syndroms CFS. Dies stimulierte die Forschungsaktivitäten erheblich, sodass CFS eine Fundgrube für Wissenschaftler verschiedenster Fachgebiete geworden ist. Die zahlreichen Synonyme, die in den vergangenen Jahrzehnten für das Krankheitsbild CFS verwendet wurden, verweisen auf seine schillernde Wissenschaftsgeschichte (Tab. 8.2).

8.4.2 Chronic Fatigue Syndrome und Neurasthenie

War das epidemische Erschöpfungssyndrom in den ersten Jahrzehnten Domäne der Internisten und Virologen, so betraten zunehmend Psychiater und Psychosomatiker das Forschungsfeld. Die Psychiatrieprofessorin Donna Greenberg (1990) von der Harvard-University vertritt die Auffassung, dass das Erschöpfungssyndrom die Neurasthenie der 80er-Jahre darstelle. Dieses Syndrom setze sich überwiegend aus Patienten mit depressiven Störungen, Angst und Persönlichkeitsstörungen zusammen, die von weit verbreiteten unspezifischen Symptomen wie Heuschnupfen oder Infektionen der oberen Luftwege begleitet würden. Auch Sack u. Henningsen (1998) betonen die Gemeinsamkeiten von CFS und Neurasthenie. In der Tat ist es beeindruckend, wenn man alleine auf der phänomenologisch-deskriptiven Ebene die ICD-10-Kriterien über die Neurasthenie mit den Kriterien der Arbeitsdefinition für das CFS-Syndrom vergleicht (Tab. 8.3).

Tabelle 8.1 Die Diagnosekriterien des CFS (nach Fukuda et al. 1994)

1. Hauptkriterien: persistierende Müdigkeit oder leichte Ermüdbarkeit
   - Mindestens 6 Monate andauernd
   - Neu aufgetreten
   - Nicht durch eine andere Erkrankung erklärbar
   - Nicht Folge einer chronischen Belastungssituation
   - Durch Bettruhe nicht deutlich zu beheben
   - Deutliche Reduktion der Leistungsfähigkeit

2. Nebenkriterien: (mindestens 4 Nebenkriterien müssen vorhanden sein)
   - Halsschmerzen
   - Schmerzhafte zervikale oder axilläre Lymphknoten
   - Muskelschmerzen
   - Arthralgien
   - Neu aufgetretene Kopfschmerzen
   - Konzentrations- und Gedächtnisstörungen
   - Fehlende Erholung durch den Schlaf
   - Verlängerte, mehr als 24 Stunden dauernde Müdigkeit nach früher tolerierten Beanspruchungen

Tabelle 8.2 Synonyme des CFS

1. Englischsprachige
   - Royal Free Disease
   - Lake Tahoe Disease
   - ME = Myalgic Encephalomyelitis

2. Deutschsprachige
   - Chronisches Müdigkeitssyndrom
   - Postvirales Müdigkeitssyndrom
   - Neuromyasthenie
   - Benigne epidemische myalgische Enzephalomyelitis
   - Chronisches Epstein-Barr-Virus-Syndrom
   - Neurasthenie

Tabelle 8.3 Vergleich der Diagnosekriterien für Neurasthenie und CFS

Neurasthenie F 48.0 (ICD-10)	CFS, CDC-Kriterien
Müdigkeit	+
Körperliche Schwäche	+
Konzentrationsstörungen	+
Muskelschmerzen	+
Kopfschmerzen	+
Schwindel	–
Reizbarkeit	+
Dyspepsie	–
Schlafstörungen	+
Depressionen	+
Angst	+

8.4.3 Hypothesen zur Ätiologie und Pathogenese

Das CFS weckt auch weiterhin hohes wissenschaftliches Interesse. Mittlerweile existiert eine eigene Fachzeitschrift hierüber – das „Journal of Chronic Fatigue Syndrom". Unter den infektiologischen Theorien wurde das CFS weiterhin überwiegend als postvirales Syndrom aufgefasst. Neben der EBV- und der HHV-6-Infektion wurden auch Enteroviren (insbesondere Coxsackieviren) als Ursache diskutiert sowie bei Vertretern der Alternativmedizin eine Verbindung mit einer intestinalen Candida-albicans-Besiedelung. Da unter Gastroenterologen weitgehend Konsens darüber besteht, dass eine intestinale Pilzbesiedelung mit Candida albicans für immunkompetente Personen nicht pathogen ist (Eckardt u. Rösch 1995; Scheurlen 1996; Wedding et al 1995), konnte diese Hypothese in der Schulmedizin wenig Anklang finden. Die zweite internistische Säule bei der Suche nach Ätiologie und Pathogenese des CFS stellen immunologische Untersuchungen dar. Defekte der humoralen Immunität im Sinne eines Antikörpermangels oder Immunglobulinsubklassendefekte und Defekte der zellulären Abwehr (natürliche Killerzellen) wurden diskutiert (Kavelaars et al. 2000). Es besteht eine häufige Komorbidität mit inhalativen, nutritiven oder Arzneimittelallergien. Ewig (1993) fasste die immunpathologischen Befunde dahingehend zusammen, „dass zumindest eine Untergruppe der Patienten Befunde aufweist, die mit einem leichten Immundefekt oder einer Immundysregulation bzw. chronischen immunologischen Aktivierungen vereinbar sind". In einer Gewichtung aller bislang innerhalb der Inneren Medizin, Virologie, Infektiologie und Immunologie erhobenen Befunde kamen Schmitz et al. (1994) zu der Auffassung, dass das CFS überwiegend als „vorläufige Arbeitsdefinition" imponiert: „Die Arbeitsdefinition bedeutet nicht, dass es sich beim CFS um ein klar definiertes Krankheitsbild handelt. Ein wissenschaftlich überzeugendes pathogenetisches Konzept gibt es bisher nicht ... Ohne das CFS als psychiatrisches oder psychosomatisches Syndrom einordnen zu wollen, erscheint die Rolle der Psychiatrie bisher unterbewertet. Hier besteht möglicherweise die Gefahr von Fehldiagnosen eigentlich psychiatrischer oder psychosomatischer Krankheitsbilder und damit die Gefahr einer somatischen Stigmatisierung der Patienten ... Die gegenwärtige Therapieunsicherheit sollte auf keinen Fall zu Anwendungen von dubiosen unkontrollierten Therapieansätzen führen. Im Gegenteil belegt sie die dringende Notwendigkeit zu weiteren gut kontrollierten klinischen Studien. Eine psychiatrische/psychosomatische Beteiligung an diesen Studien ist dringend nötig" (Schmitz et al. 1994).

8.4.4 Prävalenz psychischer Störungen

Erste psychiatrische Untersuchungen zur Prävalenz psychischer Störungen beim CFS weisen auf eine enge Beziehung von CFS zur Neurasthenie und den somatoformen Störungen hin (Nix 1990; Renfro et al. 1989; Sack u. Henningsen 1998).

Für Psychosomatiker und Psychotherapeuten stellt sich die Frage, ob die Klassifikation als Neurasthenie oder als Somatisierungsstörung zutreffender ist (Heuft u. Schüßler 1993; Hoffmann 1994; Lemke 1996). Die diagnostische Kategorie „F 48.0 Neurasthenie (Erschöpfungssyndrom)" ist in ICD-10 enthalten, jedoch nicht in DSM IV, sodass in der letzteren Klassifikation die große Gruppe der somatoformen Störungen infrage kommt (Csef 2000b; Evengard et al. 1999). In der Gesamtdiskussion hat es durchaus einen Hinweischarakter, dass in der WHO-Klassifikation ICD-10 nach einer langjährigen Konsensbildung schließlich das Erschöpfungssyndrom unter dem Begriff Neurasthenie in die Kategorie F4 der psychischen Störungen klassifiziert wurde. Damit wird letztlich ausgedrückt, dass dieses Syndrom für eine psychische Störung gehalten wird (Lemke 1996).

8.5 Fibromyalgie (FM)

8.5.1 Definition und Klinik

Die Fibromyalgie ist im wissenschaftlichen Diskurs der letzten 40 Jahre schon immer mit dem Chronic Fatigue Syndrom (CFS) verknüpft gewesen. In den ersten Publikationen über das CFS wurde bereits der Terminus „Encephalomyelitis benigna myalgica" verwendet. Aus diesem wurde schließlich die populäre Bezeichnung „myalgische Enzephalomyelitis", die unter dem Kürzel „ME" durch die Medien geisterte. Medizinhistorisch ist interessant, dass CFS und Fibromyalgie weitgehend die gleichen klinischen Symptome beschreiben, dass jedoch in Großbritannien und in den USA sehr unterschiedliche Akzentuierungen und Namensgebungen bevorzugt wurden. Im CFS wurde der Schwerpunkt auf das Symptom Müdigkeit und Erschöpfung akzentuiert, während bei der Fibromyalgie die Muskelschmerzen in den Vordergrund gestellt werden. Bei den klinischen Symptomschilderungen weisen jedoch beide „Syndrome" sehr große Gemeinsamkeiten auf. So bleibt zu fragen, ob es sich hierbei nicht um verschiedene kulturell bedingte Akzentuierungen und Krankheitskonzepte handelt, wie sie Payer (1989) in ihrer Monografie „Andere Länder, andere Leiden" beschrieben hat. Auch bei der Fibromyalgie spiegeln die zahlreichen Synonyme die kontroverse wissenschaftliche Diskussion (Tab. 8.4).

Mittlerweile ist die Fibromyalgie als Krankheitsbild in die Lehrbücher der psychosomatischen Medizin eingegangen und beansprucht dort jeweils ein eigenes Kapitel. Im Lehrbuch „Psychosomatische Medizin" von Uexküll (Herrmann et al. 1996) finden wir folgende Definition: „Das Fibromyalgiesyndrom ist ein chronisches Schmerzsyndrom, das durch diffuse muskoloskeletalle Schmerzhaftigkeit, Morgensteifigkeit, Müdigkeit, Schlafstörungen und affektive Störungen charakterisiert ist." Der Schmerz ist meist schwer zu lokalisieren, die Patienten sagen nicht selten: „Es tut mir überall weh!". Bemerkenswert erscheint, dass die Schmerzen häufig während Freizeit, Ablenkung und Urlaub deutlich abnehmen oder sogar ganz verschwinden. Um die diagnostischen Kriterien des Fibromyalgiesyndroms einheitlicher zu fassen, formulierte ein Multicenter Criteria Komitee 18 charakteristische Triggerpunkte, von denen für die Diagnosestellung 11 gegeben sein sollen (Wolfe et al. 1990). Neben den fast regelhaft vorkommenden Schlafstörungen und affektiven Störungen zeigen die Patienten eine Fülle von typischen psychosomatischen Symptomen wie z. B. funktionelle Magen-Darm- und Herzbeschwerden (Buskila 2000; Leibing u. Schüßler 2001).

8.5.2 Fibromyalgie und rheumatoide Arthritis (RA)

Das Fibromyalgiesyndrom ist mittlerweile so verbreitet, dass in rheumatologischen Fachkliniken bereits 10–20% aller Patienten diese Diagnose erhalten (Wolfe 1989). Aufschlussreich erscheinen vergleichende Studien, die die Prävalenz psychischer Störungen bei rheumatoider Arthritis und dem Fibromyalgiesyndrom vergleichen (Tab. 8.5).

Depressive Störungen und Angststörungen erwiesen sich hierbei als die häufigsten psychischen Störungen. Innerhalb des rheumatischen Formenkreises hat in gewisser Weise die Fibromyalgie als psychosomatische Krankheit die rheumatoide Arthritis „verdrängt" (Leibing et al. 1999). Während bei der Fibromyalgie zunehmend die psychischen Entstehungsbedingungen akzeptiert sind (Keel 1995) wird die rheumatoide Arthritis (chronische Polyarthritis) zunehmend als Autoimmunerkrankung erkannt. Somit ist eine der „klassischen psychosomatischen Krankheiten" als somatische Erkrankung identifiziert worden, für die sich der Psychosomatiker weiterhin interessiert, allerdings

Tabelle 8.4 Synonyme der Fibromyalgie

1. Englischsprachige
   - Royal free epidemic
   - Encephalitis benigna myalgica
   - Myalgic Encephalomyelitis (ME)
   - Arthritic Neurosis
   - Stiff Shoulder
2. Deutschsprachige
   - Fibrositis
   - Weichteilrheumatismus
   - Extraartikulärer Rheumatismus
   - Myalgie

Tabelle 8.5 Prävalenz psychischer Störungen bei rheumatoider Arthritis und Fibromyalgie

Autor	RA (%)	Fibromyalgie (%)
Wolfe et al. 1984	11–16	31–37
Ahles et al. 1990	7	31
Rüger u. Schüßler 1994	28,6	62,2

unter dem Aspekt des chronischen Verlaufs und der Krankheitsverarbeitung, nicht jedoch hinsichtlich psychischer Entstehungsbedingungen. Umgekehrt erscheint die Fibromyalgie zunehmend als psychosomatische Krankheit, die eine „letzte Endstrecke von außerordentlich unterschiedlichen vorangehenden Entwicklungen im biologischen, psychologischen und sozialen Bereich" darstellt (Rüger u. Schüßler 1994).

8.6 „Umweltkrankheiten" und die Bedeutung von Ängsten

8.6.1 Umweltkrankheiten und Umweltangst – notwendige Differenzierungen

Hinter Umweltängsten, „Umweltkrankheiten" und Vergiftungsängsten verbergen sich nicht selten psychische Störungen. In diesen Fällen liegt meist keine reale Intoxikation vor. Die Umweltangst ist dann oft Ausdruck einer psychischen Störung (Apfel u. Csef 1995). Der umgekehrte Weg der Symptombildung ist ebenfalls häufig: Umweltgifte wirken auf die Psyche und das Zentralnervensystem. Die toxische Hirnschädigung führt zu psychopathologischen Symptomen. Das Phänomen der Neurotoxizität zahlreicher natürlicher und synthetisierter Stoffe konfrontiert auch Neurologen mit umweltmedizinischen Fragestellungen. Umweltbedingte Polyneuropathien sind keine Seltenheit und die Zahl der neuropathischen Umweltnoxen ist groß. Die wichtigsten neurotoxisch wirksamen Substanzen sind Lösungsmittel, Pestizide, Holzschutzmittel, einige Schwermetalle, PCB und Dioxine.

Prinzipiell können die bei „Umweltkrankheiten" geklagten Symptome folgende zwei Entstehungsbedingungen aufweisen (Csef 1998b):
1. Ein wissenschaftlich anerkanntes „Umweltsyndrom" führt zu psychischen Störungen (z. B. Persönlichkeitsveränderungen oder Gedächtnisstörungen bei Neurotoxizität).
2. Primär psychische Störungen werden irrtümlich auf Umweltgifte zurückgeführt, d. h. hinter der Maske einer vermuteten Umweltkrankheit verbergen sich psychische Störungen.

Da beide Wege der Symptombildung möglich sind, ist größte Sorgfalt bei der Diagnosestellung und bei differenzialdiagnostischen Erwägungen zu fordern. Es wäre geradezu fatal, würden neurotoxische Effekte übersehen und der Patient bekäme stattdessen das Etikett „psychisch krank". Der umgekehrte Fall einer Fehldiagnose ist nicht minder folgenschwer: Zahlreiche Patienten mit psychischen Störungen suchen in Umweltambulanzen, Hygiene-Instituten, toxikologischen Instituten oder Inneren Kliniken nach Hilfe und sind überzeugt, Umweltgifte seien Ursache ihrer Beschwerden. In diesen Fällen wird die psychische Störung verleugnet und die Annahme einer „schleichenden Vergiftung" vorgezogen.

8.6.2 Umweltangst im Spiegel demoskopischer Studien

Die Dimension der Umweltangst zeigt sich am deutlichsten im Spiegel demoskopischer Untersuchungen. Auf die Frage des Emmid-Instituts „Wovor haben Sie manchmal Angst?" antworteten im Jahre 1981 nur 5 % mit der Angst vor Umweltverschmutzung. In den Jahren 1975 und 1978 waren es noch weniger als 0,5 %. Im Vergleich dazu waren Ängste vor Krankheit in einer Häufigkeit von 17–19 % genannt worden (Leinemann 1982). Größeres Umweltbewusstsein hatten offensichtlich schon in den frühen 80er-Jahren Ärzte. Im Jahre 1984 führte die Infratest-Gesundheitsforschung bei niedergelassenen Allgemeinmedizinern und Internisten (n = 260) eine Repräsentativbefragung durch. Dabei gaben 46 % der Ärzte an, dass sie von Patienten häufig auf das Thema Umweltverschmutzung und Umweltzerstörung angesprochen werden (Platz 6 in der Rangordnung der am häufigsten genannten Problembereiche, Platz 1 und 2 bezogen sich auf Arbeitslosigkeit). Wurden die Ärzte befragt, weswegen sie sich persönlich am meisten Sorgen machen würden, so erschienen Umweltverschmutzung und Umweltzerstörung mit 54 % an der 3. Rangstelle (Becker 1984).

In den Folgejahren führten einige Umweltkatastrophen zu einem deutlichen Anstieg der Umweltangst: Der Super-GAU der Reaktorkatastrophe von Tschernobyl vom 25.04.1986 wurde hier zu einem besonders markanten Mahnmal. In einer Schweizer Studie (Zöller 1988) gaben 79 % der 482 befragten Bürger an, dass sie Angst vor Umweltzerstörung haben. Diese Angstform nahm dabei die 2. Rangstelle ein und lag noch vor Kriegsangst (64%) oder der Angst vor Krankheiten (75%). Am Besorgnis erregendsten sind jedoch die Umweltängste von Kindern und Jugendlichen (Biermann u. Biermann 1988; Petri 1990; Richter 1992). Im Jahre 1984 gab der Kultusminister des Landes Niedersachsen eine Studie zu Ängsten bei Jugendlichen in Auftrag. Diese repräsentative Untersuchung, die an 5307 Jugendlichen im Alter von 14–21 Jahren durchgeführt wurde, ergab, dass 77% der Jugendlichen Ängste vor der Umweltzerstörung angaben und dass dies die häufigste Angstform war. Die IG-Metall veranstaltete 1989 einen Schreibwettbewerb für Kinder zwischen 9 und 14 Jahren zum Thema „Meine Zukunft". 550 Briefe gingen bei der Redaktion ein. Die Hauptthemen waren Umweltverschmutzung und Umweltzerstörung (Richter 1992). Im gleichen Jahr wurde von der Zeitschrift „Eltern" eine Umfrage an 2430 Schülerinnen und Schülern zwischen 8 und 18 Jahren durchgeführt. Auf die Frage: „Was ist dein größter und wichtigster Weihnachtswunsch in diesem Jahr?" antworteten bemerkenswerterweise die meisten Kinder und Jugendlichen: „besserer Umweltschutz" (Rusch 1989). In einer neueren deutschen Studie (Berlin, n = 180) zur Risikoverarbeitung aus dem Jahre 1990 gaben 62% der befragten Personen an, dass Umweltbelastungen bei ihnen Angst und Bedrohungsgefühle auslösen würden (Ruff 1990). Die Ergebnisse der oben zitierten demoskopischen Untersuchungen reflektieren in erster Linie das Risikobewusstsein und den Angstpegel der Normalbevölkerung. Sie offenbaren charakteristische Ängste in der modernen „Risikogesellschaft" (Beck 1986). Im Folgenden stehen klinische Fragestellungen im Vordergrund. Es wird von der immer größer werdenden Zahl von Patienten ausgegangen, die ihre Körpersymptome auf Umweltgifte zurückführen und deshalb bei Ärzten Hilfe suchen.

Tabelle 8.6 Psychische Störungen, bei denen das Leitsymptom „Umweltangst" oder „Angst vor Umweltgiften" vorkommen kann (ICD-10-Klassifikation)

1. Angststörungen (F 40/41)
2. Somatoforme Störungen (F 45)
3. Hypochondrie (F 45.2)
4. Wahnhafte Störungen z. B. Vergiftungswahn (F 22)
5. Affektive Störungen (F 3)
6. Persönlichkeitsstörungen (F 60–63)

Neben den Angststörungen sind es besonders somatoforme Störungen, die sich hinter der Maske einer fraglichen „Umweltkrankheit" verbergen können. Entsprechend der ICD-10-Klassifikation liegen bei den somatoformen Störungen Körpersymptome vor, die nicht auf eine organische Ursache zurückgeführt werden können (Csef 1994, 1995). Einige empirische Untersuchungen lieferten erste testpsychologische Befunde, dass „Umweltkranke" ohne nachweisbare Intoxikation eine deutlich erhöhte Somatisierungstendenz haben und damit für die Manifestation des Krankheitsbildes „somatoforme Störung" besonders anfällig sind (Göthe et al. 1995; Kraus et al. 1995). Hypochondrie, Vergiftungswahn, depressive Syndrome und Persönlichkeitsstörungen sind weitere psychische Erkrankungen, die das Leitsymptom „Angst vor Umweltgiften" aufweisen können.

8.7 Multiple chemische Sensitivität (MCS)

8.7.1 Definition und Klinik

Das Syndrom der „Multiplen Chemischen Sensibilität" (MCS) ist eine „neuartige umweltmedizinische Symptomkonstellation" (Altenkirch 1995), die vor etwa 40 Jahren in den USA von Randolph (1954) beschrieben wurde. Bis heute ist sie in der Schulmedizin als eigenständige Erkrankung nicht anerkannt (Bornschein et al. 2002; Nasterlack et al. 2002). Neuere medizinische Diskussionen des MCS-Syndroms machen die sehr kontroversen Positionen deutlich (Altenkirch 1995; Bock u. Birbaumer 1998; Wolf 1996). Mittlerweile liegt ein

8.6.3 Umweltangst und psychische Störungen

Das Leitsymptom „Umweltangst" oder „Angst vor Umweltgiften" kann also auf eine noch nicht diagnostizierte Angststörung hinweisen. Es gibt jedoch noch eine Reihe anderer psychischer Störungen, in denen Umweltängste vorkommen können (Tab. 8.6).

deutschsprachiges Handbuch „Chemikalienunverträglichkeit MCS" (Maschewsky 1996) vor, das mit 496 Literaturstellen aus überwiegend wissenschaftlichen Fachjournalen um die Anerkennung von MCS als eigenständige Erkrankung ringt. Ausführliche Patientenratgeber (Cernaj 1995) verfolgen dieselbe Zielrichtung.

Der Beschwerdekomplex MCS umfasst typischerweise Symptome mehrerer Organsysteme, die sich wie folgt zusammenfassen lassen (Eis 2002):

1. Symptome des Zentralnervensystems wie Kopfschmerzen, Müdigkeit, allgemeine Schwäche, Störungen der Merkfähigkeit und Konzentration, Schlafstörungen, Schwindel, Ohnmacht,
2. „Reizsymptome" wie z. B. Reizungen der Schleimhäute des Auges („Augenbrennen"), Reizhusten,
3. Verdauungsbeschwerden wie z. B. Völlegefühl, Blähungen, Durchfälle, krampfartige Bauchschmerzen.

Bei den Umweltsyndromen ist die diagnostische Herausforderung besonders groß, weil es eben zahlreiche exogen bedingte Krankheiten gibt, die eindeutig auf Gifte oder Schadstoffe der Umwelt zurückzuführen sind. Unter der zunehmenden Zahl jener Patienten, die bei Ärzten, umweltmedizinischen Ambulanzen oder Beratungsstellen Hilfe suchen und ihre Beschwerden als umweltbedingt darstellen, befindet sich ein erheblicher Teil von Kranken, bei denen laborchemische Untersuchungen, Biomonitoring oder Schadstoffmessungen in Wohnung und Arbeitsplatz keine nachweisbaren Belastungen ergeben (Beyer u. Eis 1994; Kraus et al. 1995; Letzel et al. 1994; Neuhann et al. 1994). Bei ihnen liegt dann die Verdachtsdiagnose einer psychischen Störung nahe (Csef 2001; Henningsen u. Sack 2002). Die deutschsprachigen Bezeichnungen für die Umweltkrankheit MCS (Multiple chemical Sensitivity) – wie Umweltphobie, Toxikophobie, Chemophobie oder umweltbezogene Angstkrankheiten (Csef 1996) – legen nahe, dass eine besonders enge Verknüpfung von Angststörungen und „Umweltkrankheiten ohne Schadstoffnachweis" besteht. Anlässlich der vehementen Amalgam-Diskussion wurde von Häfner (1994) der Begriff „Amalgam-Phobie" eingeführt. Die Vielzahl der verwendeten Begriffe legt nahe, dass auf der Syndromebene enge Verbindungen zu verschiedenen psychischen Störungen bestehen. Die Begriffe „Umwelthypochondrie" oder „Ökochonder" verweisen auf die Bezüge zur Hypochondrie. Im Blickwinkel des vorliegenden Beitrages, der besonders moderne Somatisierungsstörungen fokussiert, scheint der englischsprachige Begriff „20th Century Disease" besonders aufschlussreich. Er apostrophiert, dass es sich um eine sehr zeittypische Erkrankung unseres Jahrhunderts handelt. Einen Überblick über die gängigsten Begriffe gibt Tab. 8.7.

8.7.2 MCS und IEI (Idiopathic environmental Intolerances)

Eine WHO-Expertengruppe schlug 1996 vor, den Begriff MCS nicht mehr zu verwenden und diesen durch den Begriff IEI (Idiopathic environmental Intolerances) zu ersetzen. Dieser neue Begriff wird ebenfalls als Arbeitsdefinition aufgefasst, der jedoch deutlich andere Akzente setzt (Csef 1998b; Eis 2002). Der Begriff „idiopathisch" verweist darauf, dass die Umweltkrankheit IEI in ihrer Ätiologie und Pathogenese ungeklärt ist. Die weitere Deskription als „umweltbezogen" macht deutlich, dass der Patient subjektiv seine Beschwerden auf Einflüsse aus der Umwelt zurückführt. Die ausgeprägte Subjektivität wird dadurch verstärkt, dass die Mehrzahl der anderen Menschen diese Um-

Tabelle 8.7 Bezeichnungen der „Umweltkrankheiten"

1. Englischsprachige
   - Environmental Illness
   - Environmentally induced Disease
   - Chemical Hypersensitivity Syndrome
   - Multiple chemical Sensitivities
   - Cerebral Allergy
   - Chemically induced Immune Dysregulation
   - 20th Century Disease
   - Total Allergy Syndrome
   - Ecologic Illness
   - Food and chemical Sensitivities

2. Deutschsprachige
   - Umweltkrankheit
   - Multiple chemische Sensibilität
   - MCS-Syndrom
   - Ökosyndrom
   - Klinisches Ökologiesyndrom
   - Ökochondrie
   - Umweltphobie
   - Toxikophobie
   - Chemophobie
   - Toxikopiebedingte Erkrankung

weltfaktoren ohne Beschwerden toleriert. In der WHO-Definition sind neu aufgenommene Ausschlusskriterien hilfreich: Das unspezifische Umweltsyndrom IEI darf nicht durch eine bekannte medizinische oder psychiatrische/psychologische Störungen erklärbar sein. Das Spektrum der von dem Patienten geschilderten Krankheitssymptome ist bei MCS und IEI identisch.

8.8 Syndromale Gemeinsamkeiten von CFS, FM und MCS

Am Leitfaden der Wissenschaftsgeschichte wurde bereits oben ausführlich dargestellt, dass CFS und FM eine gemeinsame Entwicklung im wissenschaftlichen Diskurs haben.

Viele Forscher halten sogar CFS und FM für die gleiche Krankheit (Überblick bei Shorter 1994). Zweifellos bestehen zahlreiche Gemeinsamkeiten auf der Symptomebene und im Interaktionsverhalten. Wissenschaftliche Konsensus-Konferenzen zur Etablierung international einheitlicher Diagnosekriterien haben für das CFS (Fukuda et al. 1994) und für die FM (Wolfe et al. 1990) plausible diagnostische Differenzierungen vorgenommen, die derzeit für die weitere wissenschaftliche Forschung richtungsweisend sind. Die Gemeinsamkeiten von CFS und FM wurden innerhalb der hier vorgestellten Somatisierungssyndrome am häufigsten untersucht (Csef 1997; Hoffmann et al. 1996). Buchwald u. Garrity (1994) untersuchten systematisch die Gemeinsamkeiten von CFS, FM und MCS auf der Symptomebene und kamen zu den in Tab. 8.8 aufgeführten Ergebnissen.

In der statistischen Auswertung ergab sich, dass 70% der FM-Patienten und 30% der MCS-Patienten die CFS-Kriterien erfüllen. Die Analyse der Autoren zeigt, dass die Überlappung der Syndrome CFS und FM besonders groß ist und dass es unter dem Aspekt der Krankenversorgung sinnvoll ist, die deutlichen Gemeinsamkeiten der hier vorgestellten Somatisierungs-Syndrome CFS, FM und MCS zu beachten (Aaron et al. 2000; Csef 2000a).

Tabelle 8.8 Prävalenz körperlicher und psychischer Symptome Von CFS, FM und MCS im Vergleich (Buchwald u. Garrity 1994)

Symptome	CFS	FM	MCS
Müdigkeit	100	93	90
Akuter Beginn	70	57	40
Fieber	33	33	10
Halsschmerzen	37	50	37
Kopfschmerzen	83	67	63
Schmerzhafte Lymphknoten	27	67	27
Arthralgien	70	93	73
Myalgien	77	97	63
Muskelschwäche	67	80	67
Heiserkeit	17	27	40
Brennen Mund/Nase	3	10	22
Atemnot	23	37	47
Schlafstörungen	53	77	60
Gedächtnisstörungen	63	77	90
Verwirrtheit	64	73	90
Reizbarkeit	50	57	67
Depressionen	50	33	67

8.9 Psychosoziale Gemeinsamkeiten der modernen Somatisierungssyndrome

Es wäre gewiss eine wissenschaftlich fragwürdige Simplifizierung, wenn man CFS, FM und MCS als Somatisierungsstörungen im Sinne der ICD-10-Klassifikation auffassen würde. Die klinische Wirklichkeit ist viel komplexer. Wichtige Fragen zu diesen Krankheitsbildern sind noch offen. Von den an der Forschung beteiligten medizinischen Fachgebieten sind noch richtungsweisende Ergebnisse zu erwarten. Für einen konstruktiven Dialog der beteiligten Disziplinen ist das Postulat des Nobelpreisträgers Konrad Lorenz und des Wissenschaftstheoretikers Sir Karl Popper (1985) sinnvoll:

„Die Zukunft ist offen!" Offen bleibt deshalb auch die Frage, wie in den nächsten Jahren die genannten Syndrome nach den Ergebnissen der wissenschaftlichen Forschung eingeordnet werden und ob sich mehr Konsens hinsichtlich Ätiologie, Pathogenese und Therapieansätzen finden lässt. Der Ruf nach mehr psychosomatischer Forschung bei den vehement diskutierten Krankheiten ist laut und deutlich. In einer psychosomatischen Perspektive dürfte eine Fokussierung auf den Prozess der Somatisierung weiteres Licht in das Dunkel bringen. Die grundlegenden Erkenntnisse, die bereits zu den „somatoformen Störungen" vorliegen, sind dabei hilfreich (Csef 1994, 1995; Kriebel et al. 1996; Rief u. Hiller 1992; Rudolf u. Henningsen 1998). Solange noch derart viele offene Fragen sind und der wissenschaftliche Diskurs bei weitem nicht abgeschlossen ist, lassen sich für die oben dargestellten „Modekrankheiten" auf einer überwiegend deskriptiven Ebene folgende Gemeinsamkeiten festhalten:

1. fehlender wissenschaftlicher Konsens über Ätiologie und Pathogenese,
2. sehr divergente Auffassungen von Schulmedizin und Alternativmedizin,
3. keine spezifische Therapie, die in randomisierten kontrollierten Therapiestudien nachgewiesen worden wäre,
4. große Beliebtheit dieser Diagnosen bei den Patienten,
5. lebhafte Diskussion in Laienpresse und Massenmedien,
6. große Inanspruchnahme von Heilpraktikern und Außenseitermethoden,
7. Skepsis der Schulmedizin hinsichtlich Therapieansätzen ohne Wirksamkeitsnachweis in kontrollierten Studien.

Die Zurückhaltung der Schulmedizin bei diesen genannten Krankheitsbildern erscheint mehr als berechtigt, solange
1. die Krankheitsbilder nicht objektiv nachweisbar sind,
2. kein wissenschaftlicher Konsens über Ätiologie und Pathogenese besteht,
3. keine kontrollierten Therapiestudien über spezifische Therapieansätze vorliegen.

Genau diese drei entscheidenden Kriterien sind jedoch beim Chronic Fatigue Syndrom, „Umweltkrankheiten" ohne Schadstoffnachweis und der Fibromyalgie nicht gegeben. Empirische Untersuchungen zur Prävalenz psychischer Störungen bei den genannten Krankheitsbildern ergaben für somatoforme Störungen, Angststörungen und Depressionen hohe Prävalenzraten (Apfel u. Csef 1995; Csef 1996a, 1996b; Kraus et al. 1995; Renfro et al. 1989). Aus psychosomatischer Sicht liegt das Hauptproblem dieser Erkrankungen in der Chronifizierung (Friedberg et al. 2000; Rangel et al. 2000). Sollte die künftige wissenschaftliche Forschung die drei oben genannten Kriterien nicht eindeutig bestätigen können, liegt der Verdacht sehr nahe, dass psychisch Kranken via Definition einer „neuen Krankheit" und entsprechender Diagnosezuschreibung eine Krankheit eingeredet wird, die wissenschaftlich nicht haltbar ist und für die es auch keine spezifische Therapie gibt. Dann ist zu befürchten, dass genau jene psychisch Kranken chronisch krank und zu Opfern von Scharlatanen werden, von denen es im Bereich der Außenseitermethoden und am grauen Psychomarkt genügend gibt (Köbberling 1997; Marx 1995, 1997).

Literatur

Aaron LA, Burke MM, Buchwald D. Overlapping conditions among patients with chronic fatigue syndrome, fibromyalgia, and temporomandibular disorder. Arch Intern Med. 2000; 160: 221–7.

Afari N, Schmaling KB, Herrell R, Hartmann S, Goldberg J, Buchwald DS. Coping strategies in twins with chronic fatigue and chronic fatigue Syndrome. J Psychosom Res. 2000; 48: 547–54.

Altenkirch H. Multiple chemical sensitivity (MCS) syndrome. Gesundh Wes. 1995; 57: 661–6.

Apfel B, Csef H. Angst vor Umweltgiften – berechtigte Realangst oder psychische Störung? Psychother Psychosom Med Psychol. 1995; 45: 90–6.

Beck U. Risikogesellschaft. Auf dem Weg in eine andere Moderne. Frankfurt: Suhrkamp; 1986.

Becker H. Sorgen und Probleme der Bürger und der Ärzte. Dtsch Ärztebl. 1984; 13: 1007–11, 1102–4.

Beyer A, Eis D. Umweltmedizinische Ambulanzen und Beratungsstellen in Deutschland – konzeptionelle Ansätze, Organisationsstrukturen, Ausstattung und Arbeitsschwerpunkte. Gesundh Wes. 1994; 56: 143–51.

Biermann R, Biermann G. Die Angst unserer Kinder im Atomzeitalter. Frankfurt: Fischer; 1988.

Bock KW, Birbaumer N. Multiple chemical sensitivity. Schädigung durch Chemikalien oder Nozeboeffekt. Dtsch Ärztebl. 1998; 95: 75–8.

Bornschein S, Hausteiner C, Förstl H, Zilker T. Psychiatrische Aspekte der Multiple Chemical Sensitivity (MCS). Versicherungsmedizin. 2002; 54: 163–7.

Buchborn E. Ärztliche und wissenschaftliche Erfahrung als komplementäre Richtmaße der Therapie. Internist. 1988; 29: 459–62.

Buchwald D, Garrity D. Comparison of patients with chronic fatigue syndrome, fibromyalgia, and multiple chemical sensitivities. Arch Intern Med. 1994; 154: 2049–53.

Buskila D. Fibromyalgia, chronic fatigue syndrome, and myofascial pain syndrome. Curr Opin Rheumatol. 2000; 12: 113–23.

Cernaj I. Umweltgifte. Krank ohne Grund? MCS – die Multiple chemische Sensibilität eine neue Krankheit und ihre Ursachen. München: Südwest; 1995.

Csef H. Psychosomatik der somatoformen Störungen. Med Klinik. 1994; 89: 494–9.

Csef H. Somatoforme Störungen in der Inneren Medizin. Internist. 1995; 36: 625–36.

Csef H. Umweltbezogene Angstkrankheiten. Arbeitsmedizin aktuell. 1996a; 39: 267–79.

Csef H. Umweltangst und psychische Störungen. TW Neurol Psychiatrie. 1996b; 10: 925–9.

Csef H. Psychoneuroimmunologie des Chronic-Fatigue-Syndroms (CFS) und der Fibromyalgie (FM). Neurol Psychiatrie. 1997; 11: 649–58.

Csef H. Differenzialdiagnosen der chronischen Müdigkeit. Z Allgemeinmedizin. 1998a; 74: 674–678.

Csef H. Die unspezifischen Umweltsyndrome MCS, IEI und SBS. Klinische Bilder und Therapieansätze. Fortschr Med. 1998b; 116: 18–24.

Csef H. Angst im Jahre 2000. Moderne zeittypische Ängste und existenzielle Grundängste. Daseinsanalyse. 1998c;15 (Sonderausgabe Abschlussheft): 68–80.

Csef H. Chronic-Fatigue-Syndrom, Fibromyalgie und MCS im Kontext somatoformer Störungen. Psycho. 2000a; 26: 26–31.

Csef H. Chronische Müdigkeit. Internist. 2000b; 41: 1495–505.

Csef H. Somatisierungssyndrome in der Umweltmedizin. In: Kampfhammer HP, Gündel H, Hrsg. Diagnostik und Therapie der Somatisierungsstörungen. Stuttgart New York: Thieme; 2001: 223–34.

Ebel H, Müller-Küppers M. Chronische Müdigkeit. In: Kampfhammer HP, Gündel H, Hrsg. Psychotherapie der Somatisierungsstörungen. Stuttgart New York: Thieme; 2001: 159–69.

Eckardt VF, Rösch W. Pilze im Darm. Krankheitserreger oder Kommensale? Dtsch Ärztebl. 1995; 36: 1731–2.

Eikmann T. Die Bedeutung umweltmedizinischer Aspekte in der modernen Medizin. Versicherungsmedizin. 2002; 54: 161–2.

Eis D. Multiple Chemikalien-Sensitivität (MCS) und ähnliche Symptomkomplexe. In: Beyer A, Eis D, Hrsg. Praktische Umweltmedizin. Berlin Heidelberg New York Tokyo: Springer; 2002: 1–38.

Eisenberg DM, Kessler RC, Forster C, Norlock FE, Calkins DR, Delbanco TL. Unconventional medicine in the United States. N Engl J Med. 1993; 328: 246–82.

Evengard B, Schacterle RS, Komparoff AL. Chronic fatigue syndrome: new insights and old ignorance. J Intern Med. 1999; 246: 455–69.

Ewig S. Das chronische Müdigkeitssyndrom. Dtsch Med Wschr. 1993; 118: 1373–80.

Fiedler N, Lange G, Tiersky L et al. Stressors, personality traits, and coping of Gulf War veterans with chronic fatigue. J Psychosom Res. 2000; 48: 525–35.

Friedberg F, Dechene L, Marjorie J, McKenzie II, Fontanetta R. Symptom patterns in long-duration chronic fatigue syndrome. J Psychosom Res. 2000; 48: 59–68.

Fukuda K, Straus SE, Hickie I, Sharpe MC, Dobbins JG, Komaroff A and the International Chronic Fatigue Syndrome Study Group. The Chronic Fatigue Syndrome: a comprehensive approach to its Definition and Study. Ann Intern Med. 1994; 121: 953–9.

Göthe CJ, Molin C, Nilsson CG. The environmental somatization syndrome. Psychosomatics. 1995; 36: 1–11.

Grabar E. Chronisches Erschöpfungssyndrom. Wenn das Leben nur noch eine Last ist. Dtsch Ärztebl. 2002; 99: 421–422

Greenberg DB. Neurasthenia in the 1980s: chronic mononucleosis, chronic fatigue syndrome, and anxiety and depressive disorders. Psychosomatics. 1990; 31: 129–37.

Häfner H. Iatrogene Amalgam-Phobie. Dtsch Ärztebl. 1994; 91: A507–12.

Henderson DA, Shelokov A. Epidemic neuromyasthenia – clinical syndrome. N Engl J Med. 1959; 260: 757–64.

Henningsen P, Sack M. Diagnostik und Therapie umweltbezogener Körperbeschwerden – eine Übersicht der empirischen Literatur. Z Psychosom Med Psychoanalyse. 1998; 44: 251–67.

Herrmann JM, Geigges W, Schonecke OW. Fibromyalgie. In: Uexküll Th von, Hrsg. Psychosomatische Medizin. 5. Aufl. München Wien Baltimore: Urban & Schwarzenberg; 1996: 731–6.

Heuft G, Schüßler G. Die Klassifikation der somatoformen Störungen in der ICD-10. Ergebnisse der Forschungskriterienstudie. In: Schneider W, Freyberger HJ, Muhs D, Schüßler G, Hrsg. Diagnostik und Klassifikation nach ICD-10. Kap. V. Göttingen Zürich: Vandenhoeck u. Ruprecht; 1993: 171–84.

Heyll U, Wachauf P, Senger V, Diewitz M. Definitionen des „Chronic Fatigue Syndrome" (CFS). Med Klin. 1997; 92: 221–7.

Hofmann A, Linder R, Kröger B, Schnabel A, Krüger GRF. Fibromyalgie-Syndrom und Chronic-Fatigue-Syndrom. Geimeinsamkeiten und Unterschiede. Dtsch Med Wschr. 1996; 121: 1165–8.

Hoffmann SO. Somatisierung und die Somatisierungsstörung. Dtsch Ärztebl. 1994; 91: 90–2.

Hoffmann SO, Hochapfel G. Neurosenlehre Psychotherapeutische und Psychosomatische Medizin. 5. Aufl. Stuttgart New York Tokyo: Schattauer; 1995.

Hoffmann SO. Der Konversionsmechanismus. Vorschlag zur operationalen Definition eines für die Psychosomatische Medizin grundliegenden Konzepte. Psychotherapeut. 1996; 41: 88–94.

Holmes G, Caplan J, Gantz N et al. Chronic fatigue syndrome. A working case definition. Ann Intern Med. 1988; 108: 387.

Jones JF, Ray CG, Minnich LL, Hicks MJ, Kibler R, Lucas DO. Evidence for active Epstein-Barr virus infection in patients with persistent, unexplaind illnesses. Elevated anti-early antigen antibodies. Ann Intern Med. 1985; 102: 1–7

Kavelaars A. Kuis W. Knook L. Sinnema G. Heijnen CJ. Disturbed neuroendocrine-immune interactions in chronic fatigue. J Clin Endocrinol Metabol. 2000; 85: 692–6.

Keel P. Fibromyalgie. Integratives Krankheits- und Behandlungskonzept bei chronischen Rückenschmerzen. Schmerzstudien Band 10. Stuttgart: Gustav Fischer; 1995.

Keenan PA. Brain MRI abnormalities exist in chronic fatigue syndrome. J Neurol Sci. 1999; 171: 1–2.

Köbberling J. Der Wissenschaft verpflichtet. Med Klin. 1997; 92: 181–9.

Kraus T, Anders M, Weber A, Hermer P, Zschiesche W. Zur Häufigkeit umweltbezogener Somatisierungsstörungen. Arbeitsmed Sozialmed Umweltmed. 1995; 30: 147–50.

Kriebel R, Paar GH, Stäcker K-H. Somatisierung. Psychotherapeut. 1996; 41: 201–14.

Kroenke K, Mangelsdorff D. Common symptoms in ambulatory care: incidence. evaluation, therapy, and outcome. Am J Med. 1989; 86: 262–5.

Krueger, GRF. Das „Lake-Tahoe-Virus". Dt. Ärztebl. 1988; 85: B-1032-5.

Leibing E, Rüger U, Schüßler G. Biografische Risiko-Faktoren und psychische Störungen bei Patienten mit Fibromyalgie-Syndrom. Z Psychosom Med Psychoanalyse. 1999; 45: 142–56.

Leibing E, Schüßler G. Fibromyalgie-Syndrom. In: Kampfhammer HP, Gündel H, Hrsg. Psychotherapie der Somatisierungsstörungen. Stuttgart New York: Thieme; 2001:171–86.

Leinemann J. Die Angst der Deutschen. Beobachtungen zur Bewusstseinslage der Nation. Hamburg: Rowohlt; 1982.

Lemke MR. Das chronische Erschöpfungssyndrom-psychiatrische Aspekte. Fortschr Neurol Psychiatr. 1996; 64: 132–41.

Letzel S, Weber A, Drexler H, Kraus T, WrbitzkyR. Rationelle Diagnostik in der klinischen Umweltmedizin. Arbeitsmed Sozialmed Umweltmed. 1994; 29: 517–25.

Maschewsky W. Handbuch Chemikalien-Unverträglichkeit (MCS). Hamburg: MEDI; 1996.

Marx HH. Wissenschaftliche Medizin oder alternative Heilmethoden – eine Grundsatzfrage. Med Klin. 1995; 90: 107–12.

Marx HH. Das Dilemma von Wirksamkeit und Wirtschaftlichkeit bei alternativen Heilmethoden. Gesundheitswesen. 1997; 59: 297–301.

Nasterlack M, Kraus T, Wrbitzky R. Multiple chemical sensitivity. Dtsch Ärztebl. 2002; 99: 2116–21.

Neerinckx E, Van Houdenhove B, Lysens R, Vertommen H, Onghena P. Attributions in chronic fatigue syndrome and fibromyalgia syndrome in tertiary care. J Rheumatol. 2000; 27: 1051–5.

Neuhann F, Henne A, Kleinsteuber B, Prätor K, Schlipköter H-W. Auswertung der Inanspruchnahme einer umweltmedizinischen Beratungsstelle. Zbl Hvg. 1994; 195: 342–456.

Nix WA. Das Chronic-Fatigue-Syndrom – Ein neues Krankheitsbild? Nervenarzt. 1990; 61: 390–6.

Pankow W, Feddersen CO, Wichert P von. Differenzialtherapie des chronischen Müdigkeitssyndroms. Internist. 1995; 36: 1156–61.

Payer L. Andere Länder, andere Leiden, Ärzte und Patienten in England, Frankreich, den USA und hier zu Lande. Frankfurt New York: Campus; 1989.

Petri H. Kinderängste in unserer Zeit. Bestandsaufnahme und psychoanalytische Gedanken zur vergifteten Kindheit. In: Rohde-Dachser C, Hrsg. Zerstörter Spiegel. Psychoanalytische Zeitdiagnosen. Göttingen: Vandenhoeck & Ruprecht; 1990: 87–106.

Popper KR, Lorenz K. Die Zukunft ist offen. München: Piper; 1985.

Poskanzer DC, Henderson DA, Kunkle EC et al. Epidemic neuromyasthenia. An putbreak in Punta Gorda, Florida. N Engl J Med. 1957; 257: 356–64.

Randolph T. Allergic-type reactions to industrial solvents and liquid fuels; mosquito abatment fogs and mists; motor exhausts; indoor utility gas and oil fumes; chemical additives of foods and drugs; and synthetic drugs and cosmetics. J Lab Clin Med. 1954; 44: 910.

Rangel L, Garralda ME, Levin M, Roberts H. The course of severe chronic fatigue syndrome in childhood. J R Soc Med. 2000; 93: 129–32.

Renfro L, Feder HM, Lange TJ, Manu P, Matthews DA. Yeast connection among 100 patients with chronic fatigue. Am J Med. 1989; 86: 165–8.

Richter HE. Umgang mit Angst. Hamburg: Hoffmann & Campe; 1992.

Rief W, Hiller W. Somatoforme Störungen. Körperliche Symptome ohne organische Ursache. Bern Göttingen Toronto Seattle: Huber; 1992.

Rudolf KG. Psychotherapeutische Medizin. Stuttgart: Enke; 1993.

Rudolf G, Henningsen P. Somatoforme Störungen. Stuttgart: Schattauer; 1998.

Rüger U, Schüßler G. Psychosomatische Aspekte und Ergebnisse zur Rheumatischen Arthritis und Fibromyalgie. Z Psychosom Med. 1994; 40: 288–304.

Ruff FM. Ökologische Krise und Risikobewusstsein. Zur psychischen Verarbeitung von Umweltbelastungen. Wiesbaden: Deutscher Universitätsverlag; 1990.

Rusch R. So soll die Welt nicht werden. Kinder schreiben über die Zukunft. Kevelaer: Anrich; 1989.

Sack M, Henningsen P. Neurasthenie und Chronic Fatigue Syndrome – eine Übersicht zur empirischen Literatur. Z Psychosom Med Psychoanalyse. 1998; 44: 319–37.

Scheurlen M. Pathogenität von Pilzen im Darm – Stand der Diskussion. Fortschr Med. 1996; 26: 319–21.

Schmitz S, Tesch H, Bohlen H, Engert A, Diehl V. Das chronische Müdigkeitssyndrom („Chronic Fatigue Syndrome", CFS). Med Klin. 1994; 89: 154–9.

Shelokov A et al. Epidemic neuromyasthenia. An outbreak of poliomyelitislike illness in student nurses. N Engl J Med. 1957; 257: 345–55.

Shorter E. Moderne Leiden. Zur Geschichte der psychosomatischen Krankheiten. Reinbek: Rowohlt; 1994.

Üstin TB, Sartorius N. Mental illness in general health care. An international study. Chichester: Wiley & Sons; 1995.

Wedding U, Geiß HK, Theilmann L, Stremmel W. Candida-Besiedelung und Befall des Gastrointestinaltrakts. Dtsch Ärztebl. 1995; 49: 2449–54.

White C, Schweitzer R. The role of personality in the development and perpetuation of chronic fatigue syndrome. J Psychosom Res. 2000; 48: 515–24.

Wolf C. Multiple Chemical Sensitivity (MCS). Die so genannte chemische Vielfachempfindlichkeit. Versicherungsmedizin. 1996; 48: 175–8.

Wolfe F. Fibromyalgia: The clinical syndrome. Rheum Dis Clin N Amer. 1989; 15: 1–18.

Wolfe F, Smythe HA, Yunus MB et al. The American College of Rheumatology 1990 criteria for the classification of fibromyalgia: report of the multicenter criteria committee. Arthr Rheum. 1990; 33: 160–72.

Zöller B. Die Angst vor der Angst. Der informierte Arzt. 1988; 9: 41–5.

9 Was tun bei Aufmerksamkeits- und Konzentrationsstörungen?
Physiologische Schwankungsbreite versus Behandlungsindikation

Marc-Andreas Edel

9.1 Einführung

Aufmerksamkeits- und Konzentrationsprobleme zählen zu den am häufigsten geäußerten Klagen. Dies gilt sowohl für die klinisch- oder konsiliarisch-psychiatrische Situation wie auch für den – nicht nur nervenärztlichen – Praxisalltag. Da sich hinter Klagen über kognitive Einschränkungen vielfältige und teils ernste psychische bzw. körperliche Störungen verbergen können, müssen die geäußerten Beschwerden oder anamnestischen Hinweise ernst genommen werden und es sollte zumindest eine eingehende Exploration und körperliche Untersuchung erfolgen. Falls sich eine Aufmerksamkeits- oder Konzentrationsstörung nicht (ausreichend) durch physiologische bzw. normale Bedingungen erklären lässt, ist eine differenzierte weitere Diagnostik erforderlich.

9.2 Neuropsychologische und neurobiologische Grundlagen

„Aufmerksamkeit" beinhaltet einerseits Wachheit oder Vigilanz als neurobiologische, quantitativ zu erfassende Grundvoraussetzung (mit Optima) für neuropsychologische Vorgänge; andererseits bezieht sich der Begriff auf die im Wachzustand permanent stattfindenden Selektions- und Fokussierungsprozesse, durch die bestimmte Wahrnehmungsinhalte – erinnerungs-, emotions- und motivationsgeleitet – als neu bzw. wichtig erkannt werden (gerichtete oder selektive Aufmerksamkeit).

Das Erlernen neuer bzw. wichtiger Inhalte und die Planung bestimmter Aktivitäten setzen – neben der Wachheit (als Grundbereitschaft) und der Fähigkeit zur Aufmerksamkeitsfokussierung – ein interferenzstabiles (d.h. ausreichend intensives), konsistentes und kontinuierliches Aufrechterhalten der Aufmerksamkeit i.S.v. Daueraufmerksamkeit bzw. Konzentration voraus (Abb. 9.1).

Es mag trivial erscheinen, dass uns Objekte oder Vorgänge umso bewusster (und somit lernbarer) werden, je mehr oder intensiver wir unsere Aufmerksamkeit willentlich auf sie richten (der deutsche Neurowissenschaftler Gerhard Roth [1996] spricht in diesem Zusammenhang von „Aufmerksamkeitsbewusstsein"). In einer Gesellschaft mit medialer Reizüberflutung sowie permanentem Spaß-, Sensations- und Informationsanspruch scheint dies jedoch keineswegs selbstverständlich zu sein. Tatsächlich sind wir jedoch umso „unkonzentrierter" und verarbeiten Reize umso unbewusster, je ausgeprägter wir unsere Aufmerksamkeit auf mehrere Stimuli verteilen wollen, müssen oder uns (durch „Reizüberflutung") dazu bringen lassen. Mittlerweile ist es (fast) selbstverständlich geworden, mehrere Dinge gleichzeitig zu erledigen; beispielsweise beim Autofahren das Lenkrad, die Gangschaltung usw. zu

Abb. 9.1 Aufeinander aufbauende Aufmerksamkeitsfunktionen.

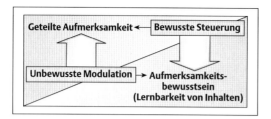

Abb. 9.2 Reziprozität und Beeinflussung von geteilter Aufmerksamkeit und Aufmerksamkeitsbewusstsein.

betätigen, auf den Verkehr zu achten, Radio zu hören, in der Ablage zu kramen und uns nebenbei zu unterhalten (Spitzer 2002). Das Problem der Reziprozität von Aufmerksamkeitsbewusstsein (als Voraussetzung für eine Lernbarkeit von Inhalten) einerseits und „geteilter Aufmerksamkeit" andererseits findet sich sowohl auf der gesellschaftlichen als auch auf der individuellen Ebene. Es kann in Form einer Interessenskollision, einerseits „alles mitnehmen" und andererseits diese Informationen auch behalten zu wollen (und zum Teil auch zu müssen), reichlich Konfliktstoff bergen.

Während die geteilte Aufmerksamkeit überwiegend durch unbewusste Prozesse und Erfahrungen moduliert wird, erfolgt die Aufmerksamkeitsfokussierung vor allem im Rahmen bewusster Steuerungsprozesse (Abb. 9.2).

Komplexe kognitive Leistungen wie Lern- und Planungsvorgänge erfordern nicht nur intakte Aufmerksamkeitsfunktionen, sondern auch kontinuierliche und interaktive Motivations-, Hierarchisierungs-, Bewertungs-, Abgleich-, Imaginations- und Speicherprozesse. Deren neurobiologische Korrelate (in Form einer Steigerung regionaler und Reduktion andernorts lokalisierter Nervenzellaktivität) können bereits zu einem erheblichen Teil mittels funktioneller Bildgebung (Positronenemissions- und funktionelle Magnetresonanztomografie) sichtbar gemacht werden.

Solche Untersuchungen zeigten, dass Aufmerksamkeit ein „knappes Gut" ist; es konnten nämlich reziproke Hemmungen zwischen verschiedenen Sinnesmodalitäten sowie zwischen kognitiven und emotionalen Vorgängen nachgewiesen werden. In einer Studie mit Probanden mit posttraumatischer Belastungsstörung kam es beim Erleben starker Emotionen zu einer Deaktivierung des Broca-Zentrums: Vor Entsetzen hatte es den Untersuchten buchstäblich die Sprache verschlagen.

Auch bei anderen emotionalen Zuständen wie Traurigkeit (und erst recht Depressivität) wird die Erregung in Arealen, die komplexe kognitive Leistungen wie Aufmerksamkeit und Planung steuern, signifikant reduziert. Umgekehrt führt die Bearbeitung emotional neutraler Denkaufgaben zu einem deutlichen Rückgang des Energieverbrauchs in emotionsverarbeitenden Regionen, z. B. der Amygdala.

Viele Befunde sprechen dafür, dass das wiederholte Erleben von Angst einen Denkstil produziert, der zwar das rasche Ausführen einfacher Routinen erleichtert, das lockere Assoziieren jedoch erschwert (Spitzer 2002). Eine positive Grundstimmung hingegen führt zu besseren Aufmerksamkeitsleistungen, eine optimistische Einstellung zu realistischeren Einschätzungen als eine pessimistische Haltung (Aspinwall u. Taylor 1992; Erk u. Walter 2000). Abbildung 9.3 gibt einen schematischen Überblick über die mit Aufmerksamkeitsfunktionen in Beziehung stehenden Vorgänge und die entsprechenden Hirnregionen.

In neurobiologischer Hinsicht sind Aufmerksamkeitsfunktionen, insbesondere die Vigilanz, erstens vom aufsteigenden retikulären aktivierenden System (ARAS), zweitens vom mit dem limbischen System (Amygdala, Septum, Hypothalamus, ventrales Tegmentum und Gyrus cinguli) in Wechselwirkung stehenden serotonergen Raphe-Kern-System im medianen Mittelhirn und drittens vom noradrenergen Locus-coeruleus-System in der lateralen Formatio reticularis abhängig. Durch das ARAS-System wird der Neokortex wach gehalten, die anderen beiden Systeme regeln die Vorsortierung sämtlicher Wahrnehmungsinhalte auf deren Neuigkeitsgehalt und Wichtigkeit. Selektive Auf-

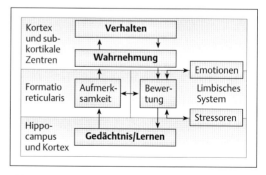

Abb. 9.3 Beziehung zwischen Verhalten, Wahrnehmung, Bewertung, Gedächtnis, Aufmerksamkeit und Wahrnehmung (nach Roth 1996).

merksamkeit, Daueraufmerksamkeit und Konzentration (als Voraussetzungen für Lernvorgänge) werden erst wirksam, wenn Wahrnehmungsinhalte durch die genannten drei Systeme als hinreichend neu und wichtig angekündigt und durch das limbische System als bedeutsam (z. B. „besser als erwartet") bewertet werden. Letzteres geschieht durch das dopaminerge Belohnungs- oder Anreizsystem mit seinen beiden Subsystemen, dem mesokortikalen und dem mesolimbischen System. Das mesokortikale System besteht aus Nervenfasern, die der Area A 10 im ventralen Tegmentum entspringen und zum frontalen Kortex ziehen, wo Dopamin freigesetzt wird. Das mesolimbische System hat seinen Ursprung ebenfalls in der Area A 10; über seine Fasern wird jedoch der Nucleus accumbens aktiviert, der seinerseits eine kortikale Ausschüttung von endogenen Opioiden bewirkt (s. auch Roth 1996; Spitzer 1996, 2002; Tabelle 9.1).

Die Abhängigkeit von Aufmerksamkeitsfunktionen von verschiedenen Mechanismen der Neurotransmission und Neuromodulation und ihre Relevanz für komplexere neuro- und verhaltenspsychologische Vorgänge untermauern ihre zentrale Bedeutung auch für pathologische Prozesse und deren Behandlung. So sind beispielsweise bei Depressionen Grundfunktionen der Aufmerksamkeit gestört, und es liegt nahe, mit serotonergen und noradrenergen Medikamenten zu behandeln. Schizophrene Psychosen und die Aufmerksamkeitsdefizit-/Hyperaktivitätsstörung zeichnen sich auf der Transmitterebene vor allem durch eine dopaminerge Dysfunktion aus, was mit ausgeprägten kognitiven und motivationalen Auffälligkeiten einhergehen kann. Therapeutisch werden dementsprechend vor allem Dopaminantagonisten und -agonisten eingesetzt.

Die vermehrte Assoziationsneigung bzw. verringerte Speicherfähigkeit von Lerninhalten bei der Alzheimer-Demenz wird mit dem Untergang vor allem cholinerger Neuronen in Verbindung gebracht und die Erkrankung entsprechend mit Cholinesterasehemmern therapiert. Im Rahmen einer Substanzabhängigkeit kann es zu einer (mit psychovegetativen Entzugserscheinungen einhergehenden) Disinhibition GABAerger Prozesse bzw. einer Imbalance GABAerger und glutamaterger Mechanismen sowie – durch chronische Überstimulation – zu einer Erschöpfung dopaminerger und opioiderger Funktionen mit entsprechendem Craving und Motivationsverlust kommen. Pharmakotherapeutisch werden deshalb im Suchtbereich (auch zur Aufmerksamkeitsverbesserung) vorwiegend Agonisten, Antagonisten und Modulatoren der NMDA- (Glutamat), GABA-, Dopamin- und Opioidrezeptoren eingesetzt.

9.3 Aufmerksamkeitsbeeinträchtigungen: normal oder gestört?

Bereits angesichts der oben genannten neurobiologischen und neuropsychologischen Aspekte im Hinblick auf Aufmerksamkeits- und andere kognitive Prozesse zeichnet sich ab, welch vielfältigen Einflüssen diese Vorgänge unterliegen können. Tabelle 9.2 bietet einen Überblick bezüglich möglicher physiologischer bzw. pathologischer Einflussfaktoren.

Tabelle 9.1 Übersicht über Aufmerksamkeits- und kognitive Funktionen sowie entsprechende Hirnregionen und Neurotransmitter

Kognitive Funktion	Hirnregion	Neurotransmitter
Wachheit/Vigilanz	Mediale und laterale Formatio reticularis im Hirnstamm	Serotonin und Noradrenalin
Aufmerksamkeitsfokussierung und -steuerung (selektive Aufmerksamkeit, Daueraufmerksamkeit und Konzentration), Motivation	Hirnstamm, limbisches System und frontaler Kortex	Dopamin und endogene Opioide
Motivation/Gedächtnis/Lernen	Limbisches System, Stammganglien und Kortex	Dopamin, Acetylcholin Glutamat

Tabelle 9.2 Kognitive Funktionen und mögliche physiologische und pathologische Einflussfaktoren

Kognitive Funktion	Physiologische Einflussfaktoren	Pathologische Einflussfaktoren
Wachheit/Vigilanz	Schlaf-Wach-Rhythmus, Emotionen (Angst, Verstimmungen, Freude), Temperament, Hunger, „Stress"	Schlafstörungen, psychische und physische Traumata und Erkrankungen, Schmerz und Dysästhesien, psychotrope Substanzen
Aufmerksamkeitsfokussierung und -steuerung (selektive Aufmerksamkeit, Daueraufmerksamkeit und Konzentration)	s. o., Körperwahrnehmung, Selbstbild, Persönlichkeitsmerkmale, interferierende Erinnerungen, Emotionen, Kognitionen und Wahrnehmungen	s.o., angeborene Aufmerksamkeitsstörungen
Motivation/Gedächtnis/Lernen	s. o.	s.o., Aggravation, Simulation, Kränkungen, sekundärer Krankheitsgewinn

Es wird deutlich, dass das Störungsausmaß meist umso umschriebener und Störfaktoren oder Störungsursachen meist umso komplexer sind, je differenzierter die beeinflusste kognitive Leistung ist. Zum Beispiel lassen sich Veränderungen oder Störungen der Wachheit normalerweise viel leichter aufklären als eine Konzentrationsproblematik im Rahmen einer Lern- oder sogar Arbeitsstörung, da die Vigilanzstörung eher körperliche Ursachen und meist globale kognitive Auswirkungen hat, während für eine Beeinträchtigung differenzierterer kognitiver Funktionen überwiegend komplexe, oft psychodynamische (kontextgebundene oder konflikthafte) Ursachen in einem aufwändigen diagnostischen Prozess zu suchen sind. In Tabelle 9.3 sind diese Zusammenhänge dargestellt.

Selbst bei überzeugenden Hinweisen auf eine sog. neurotische Arbeitsstörung (Hohage 1995; Stevens u. Foerster 1995) – als Extremform konfliktbedingter Hemmung komplexer kognitiver Vorgänge – sollte nicht unberücksichtigt bleiben, dass zusätzlich basalere Aufmerksamkeitsfunktionen durch biologische Ursachen gestört sein können. Vor spezifischeren diagnostischen Schritten bei einer Aufmerksamkeitsstörung sollten erstens der Grad der Beeinträchtigung eingeschätzt und zweitens eine – dem Rat Suchenden gegenüber nicht zu äußernde – Arbeitsdiagnose festgesetzt werden. Keinesfalls sollte der Betroffene durch zu besorgtes Verhalten, voreilig geäußerte Überlegungen oder unangemessene diagnostische Schritte verunsichert oder sogar auf seine Beschwerden fixiert werden.

Die Ermittlung des Ausmaßes der Beeinträchtigung ergibt sich aus einer sorgfältig erhobenen Eigen- und Fremdanamnese hinsichtlich aktueller seelischer und körperlicher Probleme, der psychiatrischen Vorgeschichte sowie der biografischen Entwicklung. Die Anamnese wird durch eine pychiatrische Befunderhebung (einschließlich „Mini Mental Status Test" [MMST]) und eine eingehende körperliche Untersuchung ergänzt. Durch dieses Vorgehen kann zunächst eine Vigilanzstörung, z.B. im Rahmen einer Intoxikation oder eines anderen hirnorganischen Prozesses, meist sicher diagnostiziert oder ausgeschlossen werden. Finden sich keine Hinweise auf eine relevante physische oder psychische Störung, kann bereits ab diesem Zeitpunkt vorsichtig versucht werden, den Patienten zu beruhigen. Meist handelt es sich in diesen Fällen um (mit psychoedukativen und/oder pharmakologischen Mitteln) leicht behandelbare Aufmerksamkeitsprobleme im Rahmen einer reaktiven Verstimmung, bei gerichteten Ängsten, Konflikten, in Stress- bzw. Überforderungssituationen oder bei Schlaf- oder Schmerzstörungen. Während bei unklaren Vigilanzstörungen sofortiges Handeln angezeigt ist, kommt eine (spätere) Komorbiditäts-, Aufmerksamkeits- und Persönlichkeitsdiagnostik immer dann infrage, wenn sich bereits in der diagnostischen Orientierungsphase deutliche Hinweise auf eine psychische Störung (einschließlich demenzieller Prozesse und der Aufmerksamkeitsdefizit-/Hyperaktivitätsstörung) ergeben oder eine erhebliche Diskrepanz

Tabelle 9.3 Störungsursache, Störungsausmaß und diagnostischer Aufwand in Abhängigkeit von der Differenziertheit der betreffenden kognitiven Funktion

Beeinträchtigte kognitive Funktion	Störungsursache	Störungsausmaß	Diagnostischer Aufwand
Wachheit/Vigilanz	Meist monokausal (eher körperlich)	Meist global	Niedrig
Aufmerksamkeit/Konzentration	Meist mehrfaktoriell (z.B. Stressoren plus Emotionen)	Meist mehrere Lebensbereiche betreffend	Mittel
Motivation/Gedächtnis/Lernen	Meist komplex (verdeckt, eher psychogenetisch)	Meist umschrieben (kontextgebunden)	Hoch

Tabelle 9.4 Diagnostisches und weiteres Vorgehen bei kognitiven Problemen oder Störungen

Kognitive Problematik oder Störung	Diagnostisches und weiteres Vorgehen
Vigilanzstörung	Weitere Diagnostik, Überwachung, ggf. neurologische oder internistische Behandlung
Leichte Aufmerksamkeitsstörung durch leichte bzw. „normale" Belastungsfaktoren	Beruhigung des Patienten, psychoedukatives Vorgehen (Schlaf- oder Schmerztagebücher, Entspannungsübungen, Problemlösestrategien etc.)
Deutliche Aufmerksamkeitsstörung mit erkennbarer psychosozialer Beeinträchtigung	Organdiagnostik, Klärung psychiatrischer Komorbidität, spezielle Aufmerksamkeitsdiagnostik, Persönlichkeitsdiagnostik
Deutliche Diskrepanz zwischen Beschwerden und klinischer Einschätzung der Aufmerksamkeitsfunktionen (v.a. Aggravation oder Simulation)	Klärung psychiatrischer Komorbidität, spezielle Aufmerksamkeitsdiagnostik, eingehende Persönlichkeitsdiagnostik und tiefenpsychologische Interviews

zwischen geklagten Beschwerden und klinischer Einschätzung der Aufmerksamkeitsfunktionen, d. h. der Verdacht auf Aggravation oder Simulation, besteht (Tabelle 9.4).

9.4 Diagnostik

9.4.1 Prozedere und Differenzialdiagnostik

Bei anhaltenden Klagen über Aufmerksamkeitsschwierigkeiten sollte – nach Durchführung organdiagnostischer Maßnahmen (Labor, Drogen-Screening, EEG, ggf. Schichtbildverfahren) – zunächst eine eingehende Diagnostik hinsichtlich psychiatrischer Achse-I-Störungen und -komorbidität (z.B. mittels strukturierten klinischen Interviews für DSM-IV [SKID] oder mithilfe internationaler Diagnose-Checklisten [IDCL] für ICD-10 oder DSM-IV) erfolgen. Prinzipiell kann fast jede psychiatrische Störung zu einer Aufmerksamkeitsstörung führen oder diese beeinflussen. Am häufigsten klagen Patienten mit depressiven Syndromen (ICD-10: F3), neurotischen, Belastungs- und somatoformen Störungen (ICD-10: F4) sowie Aufmerksamkeitsdefizit-/Hyperaktivitätsstörungen (ICD-10: F90) über Aufmerksamkeits- und Konzentrationsschwierigkeiten, während Patienten mit kognitiven Einbußen im Rahmen einer beginnenden Demenz, einer schizophrenen Psychose oder chronischen Suchterkrankung eher Bagatellisierungstendenzen zeigen.

Lässt sich die Aufmerksamkeitsproblematik nicht oder nicht ausreichend durch eine offensichtliche psychische Störung bzw. Komorbidität erklären, sollte – nach klinischer Einschätzung oder Testung des Intelligenzniveaus – eine spezielle Aufmerksamkeitsdiagnostik im Hinblick auf eine leichte kognitive Beeinträchtigung, eine demenzielle Entwicklung oder eine Aufmerksamkeitsdefizit-/Hyperaktivitätsstörung durchgeführt werden (s. 9.4.2). Kristallisiert sich letztere Störung heraus, ist eine zusätzliche Persönlichkeitsdiagnostik (z. B. mittels SKID-II-Interview) angebracht, da eigenen Untersuchungen zufolge bei ADH-Störungen die Komorbidität mit (insbesondere Cluster-C-)Persönlichkeitsstörungen sehr hoch und für eine Behandlung relevant ist (s. Tabelle 9.**4**).

Aggravations- oder Simulationstendenzen im Rahmen einer neurotischen oder Persönlichkeitsstörung sollten nicht von einer speziellen Aufmerksamkeitsdiagnostik abhalten, da bestimmte Achse-I- und Achse-II-Störungen häufig mit Aufmerksamkeitsstörungen, speziell ADH-Störungen, einhergehen (Krause u. Krause 2003).

Eine differenziertere Persönlichkeitsdiagnostik, zum Beispiel mithilfe des „Minnesota Multiphasic Personality Inventory 2" (MMPI-2), des „Persönlichkeitsstil- und -störungs-Inventars" (PSSI) oder des „Freiburger Persönlichkeitsinventars" (FPI-R) sowie tiefenpsychologische Explorationen können sich anschließen.

9.4.2 MCI, Demenzen und ADHS

Die Erkennung und Behandlung einer leichten kognitiven Beeinträchtigung (Mild cognitive Impairment, MCI-Syndrom) ist für die weitere Prognose deswegen relevant, weil entsprechende, in der Regel nur subjektiv geklagte Leistungseinbußen Vorläufer einer Alzheimer-Demenz oder anderer schwerer Störungsformen sein können (Lockhart u. Lestage 2003; Saykin u. Wishart 2003). Im deutschen Sprachraum verbreitete Test- und Interviewverfahren hinsichtlich leichter kognitiver Störungen (im höheren Lebensalter) und bei V. a. beginnende Demenz sind – neben dem MMST (s. o.) und dem „Uhrentest" – der DemTect (3 Gedächtnistests, Zahlenwandelaufgabe, Aufgabe zur verbalen Flüssigkeit), das Nürnberger Altersinventar (NAI), das strukturierte Interview für die Diagnose einer Demenz vom Alzheimertyp, einer vaskulären Demenz oder von Demenzen anderer Ätiologie nach DSM oder ICD (SIDAM) sowie der Kurztest zur Erfassung von Gedächtnis- und Aufmerksamkeitsstörungen (SKT). Aufmerksamkeits- und Konzentrationsstörungen im Rahmen einer Aufmerksamkeitsdefizit-/Hyperaktivitätsstörung (ADHS) sollten möglichst computergestützt (Continuous Performance Test – München [CPT-M], Wiener Testsystem [WTS], Testbatterie zur Aufmerksamkeitsprüfung [TAP]) untersucht werden. Die letzteren beiden Batterien bieten differenzierte Testmöglichkeiten hinsichtlich verschiedener kognitiver Unterfunktionen (z. B. bezüglich Vigilanz, Daueraufmerksamkeit, geteilter Aufmerksamkeit, Reaktionsschnelligkeit, Impulshemmung usw.; Heubrock u. Petermann 2001). Als Alternative zu computergestützten Systemen kommen bei V. a. ADHS Papier- und Bleistifttests in Betracht (z. B. Test „d2" oder Frankfurter Aufmerksamkeits-Inventar [FAIR]).

9.5 Therapie

Aufmerksamkeitsstörungen im Rahmen einer gravierenden Achse-I-Störung (z. B. schizophrene oder depressive Störungen) bedürfen einer medikamentösen Behandlung der Grunderkrankung in Kombination mit kognitivem Training. Dies gilt auch für Patienten mit beginnender Demenz. Personen mit leichter kognitiver Beeinträchtigung sollten zunächst psychologisch gestützt werden und ein Hirnleistungstraining, ggf. einen Cholinesterasehemmer erhalten. Bei Aufmerksamkeitsdefizit-/Hyperaktivitätsstörungen kommt auch im Erwachsenenalter bei hohem Leidensdruck, deutlichen psychosozialen Einschränkungen und guter Compliance eine Stimulanzienbehandlung, ggf. in Kombination mit Verhaltenstherapie, infrage. Diese Menschen empfinden sich häufig als lebhafter oder zerstreuter als andere, was von der Umgebung aber eher als Eigenheit und nicht als Störung gewertet wird. Steht bei einem Patienten mit ADHS eine depressive oder (generalisierte) Angststörung im Vordergrund, sollte zunächst ein aufmerksamkeitsverbesserndes Antidepressivum (z. B. Venlafaxin, Reboxetin, MAO-Hemmer oder Trizyklikum) verordnet werden (Krause u. Krause 2003).

Manche Erwachsene mit ADHS in der Kindheit berichten über einen derart deutlichen Rückgang ihrer klinischen Problematik, dass ein Versuch mit Medikamenten nicht zur Diskussion steht.

9.6 Zusammenfassung

Der Aufmerksamkeitsbegriff beinhaltet sowohl den quantitativen Gesichtspunkt der „Wachheit" oder „Vigilanz" (als Grundvoraussetzung für kognitive Vorgänge) als auch den qualitativen Aspekt der selektiven Aufmerksamkeit sowie Prozesse wie „Daueraufmerksamkeit" und „Konzentration". Aus der Reziprozität selektiver und geteilter Aufmerksamkeit können in gesellschaftlicher wie individueller Hinsicht Konflikte entstehen, einerseits so viel wie möglich wahrnehmen zu wollen, jedoch nur manches behalten zu können. Aufmerksamkeitsfunktionen sind Teil eines komplexen Bedingungsgefüges aus Wahrnehmungen, Erinnerungen, Bewertungen sowie inneren und äußeren Distraktoren oder Stressoren. Aufmerksamkeitsbeeinträchtigungen kommen daher sowohl als physiologische Phänomene bei „normalen" Belastungen als auch als pathologische Zustände (bei Störungen, Krankheiten, Behinderungen) vor. Bei mit Aufmerksamkeitsproblemen einhergehenden psychischen Störungen wird – entsprechend korrespondierender Neurotransmitterstörung – mit Modulatoren serotoninerger, noradrenerger, dopaminerger, cholinerger, GABAerger, glutamaterger und opioiderger Systeme behandelt. Prinzipiell kann jede psychische Störung mit Aufmerksamkeitsstörungen einhergehen; besonders deutlich ist dies jedoch bei Demenzen und der speziellen Aufmerksamkeitsdefizit-/Hyperaktivitätsstörung (ADHS) der Fall. Eine klare Abgrenzung pathologischer von noch normalen Aufmerksamkeitsfunktionen setzt neben eingehender Anamnese, psychiatrischer Befunderhebung (einschließlich Komorbiditätserfasssung), körperlicher, laborchemischer und apparativer Diagnostik meist auch die Anwendung von Persönlichkeitsinventaren, Aufmerksamkeitsbelastungstests und fokussierten psychologischen Interviews voraus.

Literatur

Aspinwall LG, Taylor SE. Modeling cognitive adaptation: a longitudinal investigation of the impact of individual differences and coping on college adjustment and performance. J Pers Soc Psychol. 1992; 63: 989–1003.

Erk S, Walter H. Denken mit Gefühl. Der Beitrag von funktioneller Bildgebung und Simulationsexperimenten zur Emotionspsychologie. Nervenheilkunde. 2000; 19: 3–13.

Heubrock D, Petermann F. Aufmerksamkeitsdiagnostik. Göttingen Bern Toronto Seattle: Hogrefe; 2001.

Hohage R. Arbeitsstörungen – Psychogene Leistungsschwäche oder neurotischer Konflikt? TW Neurol Psychiatrie. 1995; 9: 267–73.

Krause J, Krause KH. ADHS im Erwachsenenalter. Stuttgart New York: Schattauer; 2003.

Lockhart BP, Lestage PJ. Cognition enhancing or neuroprotective compounds for the treatment of cognitive disorders: Why? When? Which? Exp Gerontol. 2003, 38: 119–28.

Roth G. Das Gehirn und seine Wirklichkeit. Frankfurt: Suhrkamp; 1996.

Saykin AJ, Wishart HA. Mild cognitive impairment: Conceptual issues and structural and functional brain correlates. Semin Clin Neuropsychiatry. 2003; 8: 12–30.

Spitzer M. Geist im Netz. Heidelberg Berlin Oxford: Spektrum Akademischer Verlag; 1996.

Spitzer M. Lernen. Heidelberg Berlin Oxford: Spektrum Akademischer Verlag; 2002.

Stevens A, Foerster K. Diagnostik und Umgang mit neurotischen Arbeitsstörungen (vor dem Rentenantrag). Nervenarzt. 1995; 66: 811–9.

10 Psychische Störung oder Schlitzohrigkeit?
Zur Klassifikation des Ganser-Syndroms

Hans-Jörg Assion und Kai Schmidt

10.1 Einführende Fallvignette

Der Abhandlung des Themas sei eine kurze Fallschilderung vorangestellt, die die Problematik der Einordnung des Ganser-Syndroms skizzieren soll:

> Der 30-jährige, große und stämmige Herr D. türkischer Herkunft wurde zur Beurteilung der Haftfähigkeit in unsere psychiatrische Klinik eingewiesen. Er wimmerte, weinte und stöhnte, ohne sich aber verbal zu äußern. Vielmehr versuchte er zunächst mühsam eine Verständigung durch Handzeichen oder Kopfnicken. Etwas später sprach er mit knappen, wenigen Wörtern, was an einen zerebralen Abbauprozess erinnerte. Bemerkenswert waren dabei seine Antworten auf einfache, gezielt gestellte Fragen. So meinte er lediglich vage auf die Frage nach der Anzahl der Beine einer Katze, dass sie „drei oder vier oder fünf Beine" habe, und in der Antwort auf die Frage nach dem aktuellen Jahr verfehlte er dieses nur knapp, indem er das Vorjahr nannte.
> Die Vorgeschichte blieb zunächst völlig unklar. Erst durch die Polizei war schließlich in Erfahrung zu bringen, dass er mit seiner im Rotlichtmilieu tätigen, früheren Freundin in Streit geraten war. Während dieser Auseinandersetzung hatte er seine Pistole gezogen und auf die Ex-Freundin gezielt, wobei sich ein Schuss gelöst und die Freundin getroffen hatte. Sofort brachte er die verwundete Frau zum Krankenhaus, versteckte dort aber noch schnell seine Waffe und bat erst dann um Hilfe für die Verletzte. Letzteres wurde durch die von den Nachbarn augenblicklich verständigten Polizei beobachtet. Bei der anschließenden Festnahme durch die Beamten war Herr D. offensichtlich in dem Glauben, dass ihm nun wegen der lebensbedrohlichen Verletzung seiner Freundin eine längere Haftstrafe drohe und es entwickelten sich die beschriebenen Auffälligkeiten. Eine Besserung der psychischen Besonderheiten trat erst nach einem Gespräch mit seiner Rechtsanwältin ein. Sie übermittelte Herrn D. die Nachricht, dass seine ehemalige Freundin inzwischen wohlauf sei, von einer Strafanzeige absehe und ein Haftbefehl gegen ihn bereits wieder aufgehoben sei. Somit könne er nach seiner weiteren Genesung auch das Krankenhaus ohne Auflagen (freiwillig) verlassen. Nur kurze Zeit nach dieser Information klangen die psychischen Phänomene bzw. die an eine Demenz erinnernden Auffälligkeiten ohne weitere therapeutische Maßnahmen vollständig ab, sodass die gewünschte Entlassung erfolgen konnte. Differenzialdiagnostisch wurden ein „Ganser-Syndrom" neben einer „vorgetäuschten Störung" und einer „Simulation" diskutiert, wobei eine abschließende diagnostische Festlegung nicht mehr erfolgen konnte.

10.2 Dissoziation, Vortäuschung oder Simulation?

Das seltene Krankheitsbild „Ganser-Syndrom" wurde erstmals in der 10. Revision der Internationalen Klassifikation der Krankheiten (ICD-10, 1992) als eigenständige Erkrankung namentlich aufgenommen und der Kategorie der „sonstigen dissoziativen Störungen (Konversionsstörungen)", F 44.8, zugeordnet. Es wird hier als komplexe

Störung verstanden, die „durch „Vorbeiantworten" gekennzeichnet ist, gewöhnlich begleitet von mehreren anderen dissoziativen Symptomen. Gemäß diesen aktuellen Kriterien ist bei der Diagnose eines Ganser-Syndroms explizit das Vorliegen begleitender dissoziativer Symptome möglich. Eine klare Abgrenzung erfolgt hier hingegen von den „artifiziellen Störungen", dem absichtlichen Erzeugen oder Vortäuschen von körperlichen oder psychischen Symptomen oder Behinderungen (F 68.1), aber auch von einer „Simulation", die im Anhang der Leitlinien unter den „Faktoren, die den Gesundheitszustand beeinflussen und zur Inanspruchnahme von Gesundheitsdiensten führen" (sog. Z-Kapitel) aufgelistet ist. Eine andere Bewertung erfuhr das Ganser-Syndrom zunächst in dem Diagnose-Manual der amerikanischen Fachgesellschaft (DSM), in dem diese erstmals in der 3. Revision (DSM-III) aufgenommene Störung unter den „vorgetäuschten Störungen" (300.16) klassifiziert wurde. Entsprechend wurde auch im DSM-III-R von 1987 zunächst zwar noch das Vorbeireden unter den „vorgetäuschten Störungen mit psychischen Symptomen" (300.16) erwähnt. Zugleich erfolgte im DSM-III-R aber auch eine Auflistung unter den „nicht näher bezeichneten dissoziativen Störungen" (ungenaue Antworten auf Fragen, üblicherweise verbunden mit anderen Symptomen wie Amnesie, Desorientierung, Wahrnehmungsstörungen, Fugue und Konversionssymptomen; 300.15).

In der aktuellen Ausgabe des DSM-IV wird eine ähnliche diagnostische Einordnung vorgenommen, in dem das Ganser-Syndrom wieder als eine „nicht näher bezeichnete dissoziative Störung" (300.15) verstanden wird, was der ICD-Klassifikation entspricht. Als diagnostisches Leitsymptom wird ein „Vorbeireden" gefordert (z. B. 2+2 = 5), wobei aber in dieser jüngsten Revision das Vorliegen einer „dissoziativen Amnesie" oder einer „dissoziativen Fugue" ausgeschlossen sein muss („Ganser syndrome: the giving of approximate answers to questions [e. g., „2 plus 2 equals 5"] when not associated with Dissociative Amnesia or Dissociative Fugue."). Beim Zugrundelegen dieser Diagnosekriterien entsprechen einige Berichte in der Literatur nicht mehr der Diagnose eines Ganser-Syndroms (u.a. bei Goldin u. MacDonald 1955; Nyrio u. Irányi 1965; Tsoi 1973; Weiner u. Braiman 1955).

Prinzipiell ist aber eine „Dissoziation" von einer „vorgetäuschten Störung" und einer „Simulati

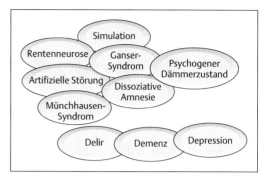

Abb. 10.1 Differentialdiagnostik dissoziativer Symptome.

on" abzugrenzen, wobei eine Differenzierung an den Schnittstellen durchaus schwierig ist (Abb. 10.1). Bei einer „Dissoziation" (F 44) kommt es definitionsgemäß zu einem (zumindest teilweisen) Verlust der normalen Integration von Erinnerungen, dem Identitätsbewusstsein, der Empfindungen und der Körperkontrolle. Diese Störungsbilder entziehen sich dadurch einer bewussten Kontrolle.

Bei einer „vorgetäuschten Störung" (F 68.1) hingegen werden Krankheitssymptome bewusst vorgespielt. Nicht näher benannte seelische Konflikte (Motive) veranlassen zu einem wiederholten oder beständigen (willentlichen) Vortäuschen als einem Ausdruck einer inneren Notwendigkeit. Die Gründe zur Übernahme der Krankenrolle oder des gestörten Umgangs mit Krankheit begründen sich dabei aber nicht durch direkte persönliche Vorteile oder durch offenkundige äußere Anreize. Das verhält sich jedoch bei einer Simulation (Z 76.5) anders. Typische Simulanten produzieren die Symptome zwar ebenfalls willentlich, begründet ist dies hingegen mit dem offensichtlichen vorhandenen Ziel, einen persönlichen Vorteil zu erlangen. Dieses klar zweckgebundene Verhalten wird durch die Kenntnis der äußeren Gegebenheiten diagnostizierbar. So geht es u. a. um die Durchsetzung von finanziellen Vorteilen, das Vermeiden von Obdachlosigkeit oder um das Abwenden von Strafverfolgung. Diese Verhaltens- und Vorgehensweisen werden durchaus auch mit Schlitzohrigkeit und Gerissenheit betrieben.

10.3 Klassifikation aus historischer Sicht

S. J. M. Ganser beschrieb 1897 in einem Vortrag in Halle anlässlich einer Versammlung der „Vereinigung mitteldeutscher Psychiater und Neurologen" bei vier Patienten einen „hysterischen Dämmerzustand". 1898 veröffentlichte er seinen Vortrag im „Archiv für Psychiatrie und Nervenkrankheiten" unter dem Titel „Über einen eigenartigen hysterischen Dämmerzustand" (Ganser 1898, 1904). Von den vier Patienten waren drei männliche Strafgefangene mit einer wenige Tage anhaltenden Bewusstseinsänderung und pseudodemenziellen Symptomen, für die nachfolgend eine Amnesie bestand. Kennzeichnend war, dass sie „Fragen allereinfachster Art" nicht richtig zu beantworten vermochten, obwohl sie durch die Art ihrer Antworten kundgaben, den Sinn der Frage „ziemlich" erfasst zu haben. Ganser führte weiter aus: „… dass sie in ihren Antworten eine geradezu verblüffende Unkenntnis und einen überraschenden Ausfall von Kenntnissen verrieten, die sie ganz bestimmt besessen hatten oder noch besaßen". Zunächst noch als „unsinnige Antworten" oder „unsinnige Rede" bezeichnet, setzte sich seit 1902 der Begriff „Vorbeireden" für dieses Phänomen durch. Das Vorbeireden wurde dann innerhalb weniger Jahre in den Mittelpunkt der damaligen Hysterie- und Katatonieforschung gerückt. Es regte eine lebhafte Diskussion an, wie an zahlreichen Berichten, Kontroversen und Kommentaren dieser Zeit deutlich wird. So führte u. a. Alexander Westphal (1863–1941) in seiner Arbeit „Über hysterische Dämmerzustände und das Symptom des Vorbeiredens" 1903 aus, dass „das Symptom des Vorbeiredens kein eindeutiges ist, dass es vielmehr in sehr ausgesprochener Weise bei verschiedenartigen psychischen Störungen, wie der Hysterie und der Dementia praecox vorkommt". Von den zahlreichen Beiträgen dieser Zeit sei der des Sanitätsrats Johannes Vorster, Direktor der „Irrenanstalt" Stephansfeld-Hordt, erwähnt (Voster 1904). Er erläuterte anhand von 5 Kasuistiken in seinem Vortrag „Über hysterische Dämmerzustände und das Vorbeireden", dass dem Symptom des Vorbeiredens „in differenzialdiagnostischer Beziehung nur eine beschränkte Bedeutung" zukomme.

Eine umfangreiche Darstellung von 13 Kasuistiken eines Ganser-Syndroms gab 1904 F. Henneberg, Privatdozent und Assistent der Psychiatrischen und Nervenklinik der Königlichen Charité. Fälschlicherweise wird ihm zugesprochen, den Begriff „Ganser-Syndrom" geprägt zu haben. Tatsächlich ist aber Henneberg eher um eine begriffliche Differenzierung bemüht, wie aus folgendem Zitat zu erkennen: „Zunächst ist natürlich streng zu unterscheiden zwischen *Ganserschem Symptom* und Ganserschem Symptomenkomplex oder *Ganserschem Dämmerzustand*. (…) Ob es überhaupt zweckmäßig ist, von *Ganserschen Dämmerzuständen* zu reden, erscheint mir zweifelhaft." Bereits ein Jahr zuvor brachte der Ganser-Schüler E. Lücke in der Arbeit „Über das Ganser'sche Symptom mit Berücksichtigung seiner forensischen Bedeutung" den Namen Gansers mit dem Vorbeireden in Verbindung und sprach von „Ganser'schem Symptom" sowie in Zusammenhang mit weiteren Symptomen vom „Ganser'schen Symptomenbild" oder vom „Ganser'schen Symptomenkomplex" (Lücke 1903). Die in diesen Jahren zahlreichen Arbeiten handelten über klinische und forensische Aspekte des Ganser-Syndroms und stellten überwiegend forensisch-psychiatrische Kasuistiken dar. Hervorzuheben sind insbesondere die Arbeiten von Julius Hey („Das Gansersche Symptom. Seine klinische und forense Bedeutung", 1904) und J. Raecke („Beitrag zur Kenntnis des hysterischen Dämmerzustandes", 1901). Wenige Arbeiten beschreiben das Ganser Syndrom unabhängig von einer vorausgegangenen forensischen Auffälligkeit, wie die des polnischen Nervenarztes H. Higier von 1899.

Nach der Jahrhundertwende verlor sich das Interesse an der von Ganser beschriebenen Symptomatik bereits im ersten Jahrzehnt. Entsprechend wurden deutlich weniger kasuistische Berichte veröffentlicht. Inzwischen war das Ganser-Syndrom aber so weit bekannt, dass es in den psychiatrischen Lehrbüchern mit unterschiedlicher Gewichtung Erwähnung fand. Die diagnostische Zuordnung reichte dabei von Simulation, über Hysterie bis zur Schizophrenie. So führte Emil Kraepelin 1909 in seinem Lehrbuch aus, dass die „absichtliche Verstellung und krankhafte Entstehung der Störungen ohne scharfe Grenze ineinander übergehen. Das gilt besonders für die von Ganser beschriebenen Dämmerzustände mit Vorbeireden, die so häufig bei Untersuchungsgefangenen zur Beobachtung kommen" (Kraepelin 1909). Auch in dem Lehrbuch von Eugen Bleuler wird das Ganser-Syndrom 1916 als eine Form von „Verkehrt"denken und -handeln erklärt. Bleuler sah die Nähe zum „Faxensyndrom", bei dem „sich das ganze Bild darin erschöpft, demonstrativ auffällige Faxen zu machen und verkehrte Antworten zu geben" und „als Reaktion auf eine Situation, der man sich (unbewusst) durch Geisteskrankheit entziehen möchte". Er bezeichnete die hysterischen Dämmerzustände als „Zweckpsychosen" (Bleuler 1916)].

In anderen Lehrbüchern dieser Zeit wird das Ganser-Syndrom ebenfalls erwähnt, wie in dem Lehrbuch des Berliner Th. Ziehen (1911), des Baselers Robert Bing (1921) oder des Münchners Oswald Bumke (1924), der zur Differenzialdiagnose erklärte: „Zugegeben ist aber, dass psychogene Zustände vom Charakter der Pseudodemenz gelegentlich auch bei der Schizophrenie ebenso wie im Anschluss an epileptische Anfälle und im Verlauf organischer Prozesse (Hirntumor, Paralyse, nach Hirnverletzungen) vorkommen, sowie dass umgekehrt Zustände von Pseudodemenz plus Puerilismus (Ganser) von schizophrenen Zustandsbildern nicht immer leicht unterschieden werden können".

Der in Heidelberg tätige Hans Walter Gruhle war im „Lehrbuch der Nerven- und Geisteskrankheiten" von Weygandt (1935) um einen Kompromiss der unterschiedlichen Positionen bemüht: „Man hat häufig solche Ausnahmezustände als Kunstprodukte erklärt, sowohl seitens der Umgebung als auch seitens des Häftlings. Beides ist richtig und falsch zugleich. Es gibt zweifellos Männer, die ohne alle Missgriffe und Ungeschicklichkeiten der Umgebung in einen Ganserschen Zustand geraten. Ist dieser aber einmal da, so kann man ihn natürlich ‚züchten'" (Gruhle 1935). Karl Leonhard erläuterte 1948 in den „Grundlagen der Psychiatrie" über die „Hysterische Psychopathie", dass „die Fähigkeit, autosuggestiv seelische und körperliche Erscheinungen zu erzeugen, veranlasst (...), Krankheit vorzutäuschen, die sie vor Unannehmlichkeiten des Lebens schützen sollen, vor anhaltender Arbeit, vor schlechter Behandlung durch den Ehemann, vor Bestrafung wegen eines Vergehens usw. Man spricht hier von einer Flucht in die Krankheit. (...) Bei allen Formen hysterischer Reaktion, bei denen eine Einengung des Bewusstseins ohne anfallsartige Begleiterscheinung vorliegt, spricht man von hysterischen Dämmerzuständen. Auch eine Pseudodemenz, bei der nicht systematisch falsch geantwortet wird, die vielmehr als eine ratlose Unfähigkeit, häufiger mit Puerilismen, in Erscheinung tritt, beruht meist auf einer Bewusstseinseinengung. Man spricht dann nach dem Autor, der es beschrieben hat, von einem Ganserschen Syndrom". Generell fällt in der 2. Jahrhunderthälfte auf, dass bei steigender Zahl der Veröffentlichungen die jeweilige Anzahl der beschriebenen Patienten bis auf wenige Ausnahmen klein ist. Die meisten Arbeiten und kasuistischen Beschreibungen sind aus dem angloamerikanischen Sprachraum, wie die umfangreiche Übersichtsarbeit der Amerikaner Weiner u. Braiman (1955). In dieser Arbeit sprachen die Autoren – wie zuvor auch schon Stern (1942) – vom „Ganser-Syndrom" und verbreiteten so den Begriff im dortigen Sprachraum und nicht erst Scott (1965), wie von einigen angenommen wird. Weiner u. Braiman interpretierten das Ganser-Syndrom als einen „psychotischen Zustand", der als Reaktion auf eine intolerable Stresssituation durch subjektiv empfundene Hilflosigkeit gegenüber den äußeren Stressoren auftrete. Sie nahmen damit erneut die Diskussion um die Problematik der ätiologischen Zuordnung dieses Syndroms auf.

Goldin u. McDonald schlugen 1955 vor, das Ganser-Syndrom als ein intermediäres Zustandsbild zwischen „malingering" einerseits und „hysterischem Zustand" andererseits aufzufassen. Dabei waren ihrer Ansicht nach die Symptome keineswegs einer Psychose zuzuordnen, sondern vielmehr Ausdruck von „sich entziehender Verantwortung". Die von ihnen beschriebenen zwei Kasuistiken wiesen eine dem Ganser-Syndrom vorausgegangene positive Anamnese hinsichtlich einer hysterischen Persönlichkeitsakzentuierung bzw. hysterischen Symptomen auf. Auch Enoch u. Irving (1967) ordneten das Ganser-Syndrom auf dem Spektrum zwischen Hysterie und Simulation ein. Einen besonderen Aspekt hinsichtlich der pathogenetischen Zuordnung hob die Arbeit von Nyirö und Irányi aus dem Jahre 1965 hervor, in der das Ganser-Syndrom als ein regressives Phänomen interpretiert und die jeweils assoziierten Symptome als Rückgriff auf Verhaltensmuster einer früheren kindlichen Entwicklungsstufe verstanden wurden. Whitlock (1967) fasste das isolierte Vorhandensein des „Vorbeiredens" als insuffizient hinsichtlich der Diagnose eines Ganser-Syndroms auf und favorisierte eher die psychotische Genese bei dieser Auffälligkeit. Zudem erweiterte er die Diskussion um die ätiologische Zuordnung, indem er auf die Häufigkeit eines mit dieser Symptomatik assoziierten Schädel-Hirn-Traumas hinwies sowie einen kausalen Zusammenhang für möglich hielt. Mit dem organischen

Psychosyndrom wurde neben der Simulation, Hysterie und Psychose eine weitere potenziell zu Grunde liegende Erkrankung in die Diskussion um die Ätiologie und Pathogenese dieser Auffälligkeit eingebracht.

10.4 Auswertung der Literaturberichte

Es wurde von uns die gesamte Literatur zum Ganser-Syndrom (mittels der Datenbanken Medline, Embase [Excerpta Medica Section] und Recherchen anhand der Literaturangaben) erfasst. Die Veröffentlichungen sind bis zum Jahr 1942 aus dem deutschsprachigen Raum. Von den insgesamt ca. 500 Literaturstellen wurden 48 Arbeiten für die hier vorliegende Auswertung ausgewählt, weil sie eine Kasuistik oder mehrere kasuistische Beiträge enthielten. Insgesamt wurden somit seit der Erstbeschreibung im Jahr 1888 insgesamt 140 Patienten in die Auswertung einbezogen. Diese rekrutieren sich aus 14 verschiedenen Ländern und über alle Kontinente verteilt, wobei die überwiegende Zahl europäischer oder nordamerikanischer Herkunft ist. Das durchschnittliche Alter beträgt beim Ganser-Syndrom 33,2 Jahre; der jüngste Patient war 8 Jahre, der älteste 76 Jahre. Mit zunehmendem Alter wird das Ganser-Syndrom zunehmend seltener. Von allen Patienten sind lediglich 3 % über 60 Jahre. Das männliche Geschlecht überwiegt deutlich im Verhältnis 3,1 : 1. Bei den meisten Patienten gab es keine Angaben zur sozialen Situation. Von über 17 Patienten wurde berichtet, dass sie aus der Unterschicht kamen, 8 Patienten entstammten der Mittel- und 1 Patient der Oberschicht. Lediglich 70 der insgesamt 140 Patienten mit einem Ganser-Syndrom waren forensisch auffällig geworden und weniger als 5 % auf Grund eines Tötungsdeliktes inhaftiert.

Die häufigsten kognitiven Beeinträchtigungen waren Störungen der Merkfähigkeit und amnestische Symptome. Es wurden aber auch wahnhafte Symptome, Verfolgungsideen bzw. Verfolgungswahn, Vergiftungs- sowie Größenwahn, religiöser Wahn und Liebeswahn beschrieben. 52 Patienten hatten dissoziative Symptome, darunter dissoziative Sensibilitäts- und Empfindungsstörungen, Konversionsstörungen, psychogene Kopfschmerzen und dissoziative Amnesien. Es ist angesichts der häufigen Angaben von mehr als einem Drittel der Patienten mit weiteren dissoziativen Symptomen erstaunlich, dass in den aktuellen Diagnosemanualen diese zum Ausschluss der Diagnose „Ganser-Syndrom" führen sollen. Als Differenzialdiagnose oder komorbide Störung sind auch körperliche Erkrankungen zu beachten. Bei einigen Patienten wurde über Auffälligkeiten des allgemein-körperlichen und neurologischen Befundes berichtet. Mehrfach wurden konzentrische Gesichtsfeldeinschränkungen erwähnt (5 Männer, 1 Frau). Bei einigen Patienten waren pathologische Reflexe auslösbar, 7 Patienten hatten einen abgeschwächten Kornealreflex, 5 Patienten einen abgeschwächten bzw. erloschenen Würgereflex. 2 männliche Patienten gaben Störungen der Geschmacks- bzw. Geruchsempfindung an.

Die Auswertung der somatischen Anamnese und Befunde bei den in der Literatur berichteten Kasuistiken ergab bei 33 Patienten Hinweise auf körperliche Auffälligkeiten. Am häufigsten wurde über Schädel-Hirn-Traumata vor Ausbruch des Ganser-Syndroms berichtet (10 Männer, 1 Frau). Weiterhin wurden bei 11 Patienten (8 Männer, 3 Frauen) Krampfanfälle meist unklarer Genese beschrieben, wobei die Abgrenzung zu dissoziativen oder psychogenen Anfällen erheblichen Schwierigkeiten unterliegen dürfte. Bei einem 28-jährigen Patienten ging dabei eine Asphyxie den Krampfanfällen voraus. Bei einem weiteren Patienten wurde eine Chorea (minor) in jugendlichem Alter und bei einem 43-jährigen Mann eine Sarkoidose festgestellt, die histologisch gesichert werden konnte. Ein Patient litt an einer Neurolues und ein weiterer Patient an einer Syringomyelie mit einer Hirnatrophie. Bei jeweils einem Patienten wurde sogar ein Hirntumor (Glioblastoma multiforme), eine Enzephalomalazie nach einer Hirnverletzung sowie eine vorzeitige Hirnatrophie beschrieben. Weitere Angaben über die somatischen Angaben bzw. Befunde sind einer tabellarischen Aufstellung (Tab. 10.1) zu entnehmen.

10.5 Zusammenfassung

Das Ganser-Syndrom ist eine seltene Diagnose mit dissoziativen (der bewussten Kontrolle des Patienten entzogenen) Merkmalen, die auf Grund zweckgerichteter Hinweise auch Elemente einer Simulation oder einer artifiziellen (motivational verborgenen) Störung in sich bergen kann. Besonders erschwert ist die diagnostische Festlegung, sofern organische Begleiterkrankungen den Ver-

Tabelle 10.1 Körperliche Auffälligkeiten bei der Diagnose Ganser-Syndrom (SHT = Schädelhirntrauma, PEG = Pneumenzephalographie)

Autor	Jahr	Alter	Geschlecht	Somatische Anamnese
Moeli	1888	28	m	Magenkatarrh
		24	m	Krampfanfälle
		28	m	Krampfanfall unklarer Genese
Henneberg	1904	57	m	Krampfanfälle unklarer Genese
		23	m	Krampfanfall unklarer Genese
		24	w	Chorea minor; Krampfanfälle unklarer Genese
		29	w	Krampfanfälle unklarer Genese (bis zum 18. Lebensjahr)
		29	m	Gelenkrheumatismus als Kind, später Geschlechtskrankheit
Hey	1904	13	m	Erblindung des rechten Auges, linkes Auge Lichtschimmer
		19	m	Krampfanfälle unklarer Genese
		28	m	Asphyxie bei der Geburt, Krampfanfälle, SHT
Baumann	1906	34	m	Artikulationsstörung mit Silbenstolpern und Lippenbeben
Goldin	1955	62	m	Arterielle Hypertonie
Nyirö	1965	66	m	Neurolues (seronegativ)
Flügel	1967	49	m	Syringomyelie mit Hirnsubstanzverlust. Schlaffe Paresen der Schulter und Arme bds. bei erloschenen Reflexen. Spastische Paraparese
Whitlock	1967	27/59	m/w	SHT (jeweils)
Tsoi	1973	19	m	SHT
Rieger	1978	43	m	Sarkoidose (histologisch gesichert)
Hoffmann	1982	48	m	Vorzeitige Hirnatrophie (Diagnostik mittels PEG)
Agnihotri	1984	22	w	Anfallsleiden unklarer Genese
Cocores	1984	39	m	Grand-mal- und funktionelle Anfälle nach Kraniotomie wegen Subarachnoidalblutung
Burd	1985	15	m	Katarakt des linken und rechten Auges, inoperabler Befund
Peszke	1987	17	m	SHT mit knöcherner Schädelfraktur und subduraler Blutung (nachfolgend epileptische Anfälle)
Schneider	1989	15	m	Aortenklappeninsuffizienz
Heron	1991	54	m	Enzephalomalazie n. Hirnverletzung (Babinski-Zeichen)
Sigal	1992	20–60	m (7)	7 v. 15 Patienten mit organischen Auffälligkeiten, darunter 6 mit SHT, 1 Patient mit zerebrovaskulärem Insult und der Hemiparese links

lauf komplizieren. Die Schwierigkeiten der Klassifikation werden auch aus unserem vorangestellten Fallbericht deutlich, bei dem das initiale „Vorbeireden" zwar als kennzeichnendes Symptom des Ganser-Syndroms auftrat, jedoch durch den weiteren Verlauf der intentionale Charakter der Beschwerden offenkundig wurde, sodass sogar der Eindruck von simulierten Krankheitszeichen entstand. Entsprechend ist das historisch beschriebene Ganser-Syndrom eine psychische Störung an der diagnostischen Grenze, dessen besondere Ausprägung eine klassifikatorische Eigenständigkeit nicht rechtfertigt.

Literatur

Adler R. Pseudodementia or Ganser syndrome in a ten year old boy. Aust N Z J Psychiatry. 1981; 15: 339–42.

Adler R, Touyz S. Ganser syndrome in a 10 year old boy – an 8 year follow up. Aust N Z J Psychiatry. 1989; 23: 124–6.

American Psychiatric Association. Diagnostic and Statistical Manual of Mental Disorders, 4th ed. (DSM-IV). Washington, DC: APA; 1994.

Assion HJ. 100 Jahre Ganser Syndrom – ein Rück- und Ausblick. In: Nissen G, Badura F, Hrsg. Schriftenreihe der Deutschen Gesellschaft für Geschichte der Nervenheilkunde. Bd 7. Würzburg: Königshausen & Neumann; 2001.

Bing R. Hysterische Anfälle. In: Bing R, Hrsg. Lehrbuch der Nervenkrankheiten für Studierende und praktische Ärzte in 30 Vorlesungen. 2. Auflage. Berlin Wien: Urban & Schwarzenberg; 1921.

Bleuler E. Die Hysterie (XIII). In: Bleuler E (ed.) Lehrbuch der Psychiatrie. Berlin: Springer; 1916.

Bumke O. Gansersches Syndrom. Pseudodemenz. In: Bumke O, Hrsg. Lehrbuch der Geisteskrankheiten. 2. Aufl. der Diagnose der Geisteskrankheiten. J.F. Bergmann, München; 1924: 430–4.

Burd L Kerbeshian J. Tourette syndrome, atypical pervasive developmental disorder and Ganser syndrome in a 15-year-old, visually impaired, mentally retarded boy. Can J Psychiat. 1985; 30: 74–6.

Cocores JA, Santa WG, Patel MD. The Ganser syndrome: evidence suggesting its classification as a dissociative disorder. Int J Psychiatry Med. 1984; 14: 47–56.

Cocores JA, Schlesinger LB, Gold MS. A review of the EEG literature on Ganser,s syndrome. Int J Psychiatry Med. 1986; 16: 59–65

Dilling H, Mombour W, Schmidt MH, Schulte-Markwort. Internationale Klassifikation psychischer Störungen. ICD-10 Kap. V (F). Forschungskriterien. Bern Göttingen Toronto: Huber; 1994.

Enoch MD, Irving G. The Ganser syndrome. In: Bristrol (ed.) Some uncommon psychiatric syndrome. New York: John Wright & Sons; 1967.

Flügel F. Rezidivierende hysteriforme Psychose (Ganser-Syndrom) bei Syringomyelie mit Hydrocephalus. Psychiat Neurol. 1967; 153: 319–27.

Ganser SJ. Über einen eigenartigen hysterischen Dämmerzustand. Arch Psychiatr Nervenkr. 1898; 30: 633–40.

Ganser SJ. Zur Lehre vom hysterischen Dämmerzustande. Arch Psychiat Nervenkr. 1904; 38: 34–46.

Goldin S, Mc Donald JE. The Ganser state. J Ment Sci. 1955; 10 : 567–72.

Gruhle HW. Abnorme Reaktionen, Hysterie, Neurosen, Unfallneurose. In: Weygandt W, Hrsg. Lehrbuch der Nerven- und Geisteskrankheiten. Halle a. S.: Carl Marhold; 1935.

Henneberg R. Über Gansersches Symptom. Allg Z Psychiat. 1904; 61: 621–59.

Hey J. Das Gansersche Symptom. Berlin: Springer; 1904.

Higier H. Über einen eigenartigen, im posthypnotischen Stadium zu beobachtenden Dämmerzustand. Neurol Zentralbl. 1899; 18: 831–6.

Hoffmann H, Siegel E. Über das Ganser Syndrom. Psychiatr Neurol Med Psychol (Leipz). 1982; 34: 276–81.

Kraepelin E. Verstellung und Verleugnung. In: Kraepelin E, Hrsg. Psychiatrie – Ein Lehrbuch für Studierende und Ärzte. 1. Bd. 8. Aufl. Leipzig: Johann Ambrosius Barth; 1909.

Lange E. Neurologie – Psychiatrie in Dresden. Von E. Kraepelin über S. Ganser bis J. Suckow. Psychiat Neurol Med Psychol (Leipzig). 1987; 39: 55–9.

Latcham R, White A, Sims A. Ganser syndrome: the aetiological argument. J Neurol Neurosurg Psychiatry. 1978; 41: 851–4.

Leonhard K. Hysterische Psychopathie. In: Leonhard K, Hrsg. Grundlagen der Psychiatrie. Stuttgart: Ferdinand Enke; 1948.

Lücke E. Über das Gansersche Symptom mit Berücksichtigung seiner forensischen Bedeutung. Allg Z Psychiat. 1903; 60: 1–35.

Margetts EL. Ganser syndrome in a native African criminal. E Afr Med J. 1960; 37: 32–6.

Marneros A. Das Vorbeireden. Fortschr Neurol Psychiat. 1979; 47: 479–89.

Moeli C. Über irre Verbrecher. Berlin: Springer; 1888.

Neisser C. Casuistische Mitteilungen. Zeitschr Psych. 1900; 55: 447.

Nissl F. Hysterische Symptome bei einfachen Seelenstörungen. Centralbl Nervenheilk Psych. 1902; 144: 2.

Nyirö J, Iranyi C. A contribution to the interpretation of Ganser symptoms. Psychiatr Neurol. 1965; 150: 65–73.

Peszke MA, Levin GA. The Ganser syndrome: a diagnostic and etiological engima. Connecticut Medicine. 1987; 51: 79–83.

Raecke J. Beitrag zur Kenntnis des hysterischen Dämmerzustandes. Allg Z Psychiat. 1901; 58: 115–63.

Raecke J. Einiges zur Hysteriefrage. Neurol Zentralbl. 1902; 7: 67–91.

Rieger W, Billings CK. Ganser's Syndrome Associated With Litigation. Compr Psychiatry. 1978; 19: 371–5.

Schneider R, Klosinski G. Wanderer zwischen fünf Welten: Ein Jugendlicher mit Ganser-Syndrom. Acta Paedopsychiatrica. 1989; 52: 150–5.

Scott PD. The Ganser syndrom. Br J Criminol. 1965; 127: 5.

Sigal M, Altmark D, Alfici S, Gelkopf M. Ganser syndrome: a review of 15 cases. Compr Psychiatry. 1992; 33: 134–8.

Stern ES, Whiles WH. Three Ganser states and Hamlet. J Mental Sci. 1942; 88: 370

Tsoi WF. The Ganser syndrome in Singapore: a report on ten cases. Br J Psychiatry. 1973; 123: 567–72.

Vorster J. Über hysterische Dämmerzustände und das Vorbeireden. Psychiatr Neurol. 1904; 15: 161–81.

Weiner H, Braiman A. The Ganser syndrome. Am J Psychiatry. 1955; 111: 767–73.

Westphal A. Über hysterische Dämmerzustände und das Symptom des „Vorbeiredens". Neurol Zbl. 1903; 22: 7–64.

Whitlock FA. The Ganser syndrome. Br J Psychiatry. 1967; 113: 19–29.

Ziehen T. Hysterische Dämmerzustände. In: Ziehen T, Hrsg. Psychiatrie für Ärzte und Studierende. 4. Aufl. Leipzig: S Hirzel; 1911.

11 Lässt sich suboptimales Leistungsverhalten messen?
Diagnostik bei Simulationsverdacht

Thomas Merten

*Effort testing is essential because effort has a greater effect on test scores than severe brain injury."
(Titel eines Workshops von Paul Green et al., National Academy of Neuropsychology, Oktober 2002)*

11.1 Simulationsdiagnostik: Ein Hauptforschungsgebiet der aktuellen klinischen Neuropsychologie

Die Simulationsforschung ist wohl inzwischen zurecht als ein Hauptforschungsgebiet der praktisch orientierten klinischen Neuropsychologie in Nordamerika anzusehen, auch wenn dies bislang wenig Resonanz im deutschen Sprachraum gefunden hat[1] und für diesen auch nur eingeschränkt praktikable Instrumente zur Verfügung stehen. Der vorliegende Beitrag will einige Trends aufzeigen und mit testdiagnostischen Ansätzen vertraut machen, mit deren Hilfe eine deutlich bessere Entscheidung erreicht werden kann, ob es sich bei geschilderten kognitiven Leistungsausfällen um authentische, d.h. zerebral bedingte neuropsychologische Störungen handelt oder um solche, die primär im Rahmen einer psychiatrischen Störung zu erklären sind bzw. ganz bewusst und zielgerichtet durch den Patienten oder Begutachteten vorgetäuscht werden.

Wie bereits in einem anderen ausführlichen Beitrag zu diesem Thema dargestellt wurde (Merten 2002a), ist dabei zunächst zu betonen, dass auch mit den Methoden der „Simulationsdiagnostik" nicht differenziell zu klären ist, ob es sich wirklich um eine Simulation von Leistungsbeschwerden handelt. Eine solche Entscheidung ist nur bei geklärter bewusster Motivation und nachgewiesenem externen Krankheitsgewinn auf Seiten des Untersuchten möglich (vgl. Merten 2001a). Mit den Methoden der Simulationsdiagnostik werden Antwortverzerrungen im Sinne einer suboptimalen Leistungshaltung erfasst. Von suboptimalem Leistungsverhalten oder negativen Antwortverzerrungen (Negative Response Bias) wird dann gesprochen, wenn eine Person in der Testuntersuchung eine Leistung erbringt, die unterhalb ihrer tatsächlich möglichen Leistungsvoraussetzungen liegt, und zwar unabhängig vom Grad der reflektierten und extern motivierten Kontrolle durch den Untersuchten.

Ein Beispiel soll dies illustrieren: In einem bekannten verbalen Gedächtnistest werden 15 Wörter vorgelesen und der Untersuchte soll sofort alle von ihm behaltenen nennen. Nehmen wir an, ein Begutachteter nennt fünf Wörter, verschweigt aber drei weitere, die er ebenfalls behalten hat. Auf entsprechende Nachfrage des Untersuchers beschließt er, sich noch eines sechsten Wortes zu entsinnen, aber mehr falle ihm wirklich nicht ein. Damit realisiert er suboptimales Leistungsverhalten. Die im Test gezeigte Leistung liegt unterhalb der von ihm tatsächlich möglichen.

Die Motivation des Untersuchten mag einfach nachzuvollziehen sein: Vor Gericht streitet er um die Anerkennung einer Unfallbeschädigung. Unter anderem macht er geltend, sich seit dem Unfall nicht mehr richtig konzentrieren zu können und Gedächtnisstörungen zu haben. Werden diesem Begutachteten am Ende der Untersuchung Gedächtnis- und Aufmerksamstörungen gutachterlich attestiert, so kann man, einem Ansatz von Vanderploeg u. Curtiss (2001) folgend, feststellen, dass das Ziel einer neuropsychologischen Untersu-

---
[1] Unter dem Suchbegriff „Malingering" (= Simulation) werden durch das Informationssystem PSYNDEXplus im September 2002 ganze 17 Arbeiten von Autoren aus den deutschsprachigen Ländern für den Zeitraum 1986 bis 2002 ausgewiesen.

chung in einem doppelten Sinne verfehlt wurde: Nicht nur konnte keine valide, gültige Diagnostik der individuellen Leistungsvoraussetzungen erfolgen, sondern ein invalides, ungültiges diagnostisches Ergebnis wurde fälschlicherweise als valide gewertet.

Wie lässt sich eine solche Fehlentscheidung vermeiden? Gibt es Methoden, die speziell dafür entwickelt wurden, suboptimales Antwortverhalten zuverlässiger zu erfassen, als dies mit sonst üblichen Simulations- und Aggravationsmarkern (Tab. 11.1) möglich ist? In diesem Beitrag sollen spezifische neuropsychologische Methoden dargestellt werden, die genau dies leisten wollen. Mit dem Wissen um deren Existenz kann man die mit dem Titel dieses Beitrags gestellte Frage: „Lässt sich suboptimales Leistungsverhalten messen" zunächst bejahen. Nach einer Darstellung der Methoden wird jedoch unbedingt zu diskutieren sein, welche Einschränkungen diese vorläufige Antwort erfahren muss.

Tabelle 11.1 Simulations- bzw. Aggravationsmarker (in Anlehnung an Spreen u. Strauss 1998). Verhaltenscharakteristika und Untersuchungsergebnisse, die an die Möglichkeit einer Simulation oder Aggravation denken lassen

- Grobe Diskrepanzen zwischen Schwere der Krankheit oder Verletzung und angegebenem Ausmaß der Behinderung
- Neuropsychologisch nicht plausible Störungsprofile, Symptome oder Beschwerden
- Anamnestisch gelieferte Angaben widersprechen den aktenkundlichen Informationen
- Widersprüche zwischen Beschwerden und beobachtbarem Verhalten im Rahmen und außerhalb der Untersuchung
- Schilderung von Störungen des Altgedächtnisses
- Fehlen bestimmter Positionseffekte beim Wortlistenlernen
- Ungewöhnlich niedrige Wiedererkennungsleistungen
- Ungewöhnlich hohe Antwortverzögerungen
- Lösung schwieriger, Versagen bei einfachen Aufgaben
- Lösung subtiler, Versagen bei offenkundigen Aufgaben
- Ungewöhnlich niedrige Zahlenspanne
- Bizarre oder grob unlogische Antworten
- Gehäufte Lösungen „knapp daneben"
- Grobe Diskrepanzen zwischen verschiedenen Testmaßen, die gleiche oder ähnliche Funktionen messen
- Ungewöhnliche oder widersprüchliche Symptomkonstellationen

Doch zuvor soll die Bedeutung der Fragestellung noch etwas ausführlicher beleuchtet werden. In den vergangenen Jahren wurde ein Tatbestand immer klarer herausgearbeitet, der in sehr problematischer Weise mit der Begutachtung von Folgen erlittener oder vermeintlicher Schädel-Hirn-Verletzungen (SHT) verknüpft ist, nämlich eine inverse Beziehung zwischen der Schwere des erlittenen Traumas und der Anzahl oder Schwere der später, etwa zum Begutachtungszeitpunkt, berichteten Symptome (Green u. Allen 2000). Es ist auch bekannt, dass Simulanten mehr Probleme als Patienten nach mittelschweren und schweren Schädel-Hirn-Verletzungen schildern (Sbordone et al. 2000).

Häufig wird nach zweifelhaftem, minimalem oder leichtem SHT wie auch bei anderen gutachterlichen und klinischen Fragestellungen (sog. Schleudertrauma der Halswirbelsäule, multiple chemische Sensitivitäten, Lösungsmittelexposition, Fibromyalgie) eine Palette von Symptomen angegeben, die als unspezifische Beschwerden ebenso bei einer Reihe psychischer Störungen geschildert werden, etwa im Rahmen von Angst-, depressiven oder somatoformen Störungen. Dies und eine ohnehin hohe Auftretenswahrscheinlichkeit dieser Beschwerden in einer unausgelesenen Bevölkerungsstichprobe erschweren eine einfache und direkte kausale Attribuierung etwa auf das Unfallereignis. Solche häufig geschilderten unspezifischen Beschwerden sind in Tab. 11.2 zusammengestellt. Völlig unzureichend in der Diagnostik und Begutachtung von Hirnschadensfolgen ist es, eine einfache Beschwerdeschilderung zur Grundlage der Symptomfeststellung und Kausalitätsklärung zu nehmen.

Mindestanforderung an die Feststellung, ob relevante kognitive Defizite vorliegen, muss deshalb eine qualifizierte neuropsychologische Untersuchung sein. Eine solche wird als integralen Bestandteil testdiagnostische, psychometrische Verfahren einschließen, also Instrumente, die Aufmerksamkeitsleistungen, Gedächtnis, visuell-räumliche und exekutive Funktionen messen. Als Vorteile der Testdiagnostik gegenüber anderen diagnostischen Methoden sind dabei ihre Objektivität (Untersucherunabhängigkeit), Reliabilität (Messgenauigkeit) und Validität (inhaltliche Gültigkeit) zu nennen; im Zusammenhang mit zur Verfügung stehenden Normen ist zudem eine bessere Vergleichbarkeit und Kommunizierbarkeit der Ergebnisse gewährleistet.

Tabelle 11.2 Häufig geschilderte unspezifische kognitive Beschwerden und Beschwerden, die eng mit kognitiven Störungen assoziiert sind (vgl. z. B. die Symptomlisten bei Jenzer 1995, Bornschein et al. 2000 oder Gasquoine 1997)

1. Konzentrations-, Belastbarkeits-, Gedächtnisstörungen:
   - Kopfschmerzen
   - Müdigkeit
   - Konzentrationsstörungen
   - Gedächtnisstörungen
   - Erschöpfbarkeit
   - Abgeschlagenheit
   - Verstärkte Geräuschempfindlichkeit
   - Reizbarkeit
   - Sehstörungen
   - Augenbrennen
   - Belastbarkeitsminderung
   - Irritierbarkeit

2. Andere Symptome, die als Hirnschadensfolge bekannt sind:
   - Schwindel
   - Schlafstörungen
   - Sensibilitätsstörungen
   - Hörminderung
   - Tinnitus
   - Schmerzen (div. Lokalisation)
   - Antriebsmangel
   - Doppelbilder

3. Psychoemotionale Symptome, die ebenfalls als Hirnschadensfolge auftreten:
   - Depressive Stimmung
   - Angst, Ängstlichkeit
   - Phobische Symptome
   - Übelkeit
   - Weitere depressive Symptome

Der Test ist ein wichtiges diagnostisches Instrument innerhalb der neuropsychologischen Diagnostik, das dieser einen *potenziell* objektiveren Charakter verleiht, die Ergebnisse quantifizierbar, untersucherunabhängig, replizierbar, vergleichbar und kommunizierbar macht. Losgelöst aber vom Kontext einer umfassenderen neuropsychologischen Untersuchung und ohne Beachtung der Qualifikation des jeweiligen Untersuchers ist ein Testergebnis in einem nicht zu kalkulierenden Maß wertgemindert, im Zweifelsfall sogar wertlos.

Insbesondere für Begutachtungssituationen, aber auch im Rahmen einiger klinischer Fragestellungen kann weder stillschweigend von einer hinreichenden Korrespondenz von Testergebnissen und Leistungsvoraussetzungen ausgegangen werden, noch bietet die Urteilsfähigkeit eines Klinikers im Regelfall eine hinreichende Basis zur Abschätzung, inwieweit Verfälschungstendenzen vorliegen mögen (z. B. Heaton et al. 1978; vgl. Merten 1991a). Einem Simulanten könnte man als Strategie empfehlen, in Gedächtnis- und Aufmerksamkeitstests einfach etwas schlechter abzuschneiden, als dies seinen tatsächlichen Fähigkeiten entspricht. Unter der Voraussetzung, dass dabei das rechte Maß getroffen wird und Verhaltenskontrolle, soziale und kommunikative Fähigkeiten gut genug ausgebildet sind, den Untersucher über diese Manipulation und ihre Motive im Unklaren zu lassen, besteht eine gute Chance, das Ziel einer (fälschlich) bescheinigten Leistungsminderung zu erreichen. Genau an dieser Stelle setzen die Verfahren an, die im Folgenden darzustellen sein werden.

11.2 Symptomvalidierungstestung: Einzelfalldiagnostik und Tests zur Feststellung von suboptimalem Leistungsverhalten

Spezielle Tests zur Simulationserkennung sind keine zeitgenössische Erfindung. Bekannt sind insbesondere zwei Verfahren des bedeutenden frankoschweizer Neuropsychologen Rey (1958), die sich weiterhin einer gewissen Beliebtheit erfreuen. Reys Gedächtnistest, auch 15-Item-Test genannt, verwirklicht ein Prinzip, das auch heute noch genutzt wird: eine in Wahrheit leichte Aufgabe (das Einprägen einer Anordnung von Zeichen und Symbolen, Abb. 11.1) wird als schwierig präsentiert. Viele Patienten mit tatsächlichen kogniti-

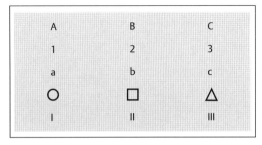

Abb. 11.1 Der 15-Item-Test von Rey. Eine in Wahrheit einfache Aufgabe wird als schwierige präsentiert. Der Einsatz dieses Tests ist nicht mehr zu empfehlen.

ven Symptomen lösen die Aufgabe häufig perfekt oder nahezu perfekt, ein Simulant aber mag, um den Untersucher vom Vorhandensein von Gedächtnisstörungen zu überzeugen, eine unplausibel hohe Fehler- oder Auslassungszahl präsentieren.

Hauptproblem dieses Verfahrens ist seine zu leichte Durchschaubarkeit und seine unzureichende Sensitivität und Spezifität (vgl. Spreen u. Strauss 1998). Auch wenn es nicht an Versuchen zu seiner Verbesserung bis in die Gegenwart hinein fehlt (z. B. Boone et al. 2002), ist sein Einsatz – zumindest in der ursprünglichen Fassung – als obsolet zu beurteilen. Dort, wo der Test positiv ist, lässt sich suboptimales Leistungsverhalten auch in anderen, sensibleren Verfahren nachweisen, wo er negativ ist, ist es nicht hinreichend sicher ausgeschlossen.

Einen Aufschwung vollzog die Simulationsforschung mit der Entwicklung der Symptomvalidierungsverfahren (Pankratz 1988). Diese basierten zunächst auf für den Einzelfall zufallskritisch abgesicherte Testanordnungen, bei denen dichotome Entscheidungen zu treffen sind.

Nach dem Muster der Symptomvalidierung sind neurologische Symptome (Seh-, Hör-, Sensibilitätsstörungen), aber auch kognitive Störungen (Gedächtnis, einschließlich Altgedächtnis, Wissen, Problemlösefähigkeit) auf suboptimales Antwortverhalten oder negative Antwortverzerrungen überprüfbar, und zwar in einer für den Einzelfall zufallskritisch abgesicherten Weise (für eine genaue Beschreibung vgl. Merten 2001b). Interessant ist insbesondere der Einsatz dieser Techniken in der Forensik, wenn es um die Fragestellung eines vorgeblichen Erinnerungsverlustes für ein Tatereignis geht (Denney 1996). Dazu müssen ganz individuelle Testfragen auf der Grundlage der polizeilichen Ermittlungen konstruiert werden.

Die Symptomvalidierungstestung wird in solchen Fällen quasi zu einer einzelfallexperimentellen Versuchsanordnung, die weitaus besser einem Anspruch an Wissenschaftlichkeit und logischer Stringenz genügt, als dies für viele andere Methoden der Fall ist, auf denen weit reichende klinische oder juristische Urteile basieren.

Die durch Zwangswahlverfahren ermittelten Antwortmuster unterhalb der konventionellen Wahrscheinlichkeitsgrenze von 5% gelten gegenwärtig als der sicherste Nachweis für das Vorhandensein negativer Antwortverzerrungen (Slick et al. 1999). Die Begrenzung dieser Methode liegt allerdings in ihrer eingeschränkten Sensitivität; es ist durchaus nicht selten, dass eine Person eine suboptimale Leistungsmotivation zeigt und dennoch nicht das strenge Kriterium der 5%-Wahrscheinlichkeitsgrenze verfehlt.

Dies hat zur Entwicklung einer Reihe von Testverfahren geführt, die heute ebenfalls unter dem Begriff der Symptomvalidierung subsumiert sind und die inzwischen zumindest in Nordamerika routinemäßig eingesetzt werden, wenn es um die Frage einer eingeschränkten Leistungsmotivation bei der Begutachtung von Unfallfolgen geht. Zusätzlich zu einer Betrachtung zufälliger oder gar unterhalb der Zufallsschwelle liegender Antwortmuster wurden Trennwerte ermittelt, unterhalb derer Bona-fide-Patienten mit tatsächlichen kognitiven Störungen im Regelfall nicht abschneiden. Vier dieser Verfahren sollen hier genannt sein:

1. Der von Tombaugh (1996) entwickelte Test of Memory Malingering (TOMM) verwirklicht strikt das Prinzip des Alternativwahlverfahrens. Es werden 50 Strichzeichnungen von Objekten (wie zum Beispiel Spinnrad, Pinsel, Geburtstagstorte) dargeboten, die anschließend wieder zu erkennen sind. Der Proband muss also in jedem Falle, selbst wenn er sich nicht erinnert, welche der jeweils zwei Antwortmöglichkeiten zuvor dargeboten wurde, eine Wahl treffen, und sei sie auf bloßem Raten begründet. Ein dritter Wiedererkennungsdurchgang ohne erneute Lernphase schließt sich optional 15 Minuten später an.

2. Das Prinzip der Wiedererkennungstechnik anhand von Zahlen verwirklicht eine Reihe von Tests (z. B. Binder 1993; Hiscock u. Hiscock 1989), die zum Teil computergestützt sind und von denen hier das Computerized Assessment of Response Bias (CARB) hervorgehoben werden soll. Bei Begutachtungen im Rahmen einer Schadenersatzforderung sind in diesem Test Personen nach trivialem oder leichtem SHT deutlich auffälliger als Patienten nach mittelschweren und schweren zerebralen Verletzungen. Zudem fallen Personen nach leichtem SHT durch signifikant verlängerte Entscheidungszeiten auf (Green u. Iverson 2001).

3. Die Besonderheit des Word Memory Test (WMT: Green et al. 1999) liegt darin, dass er eine gleichzeitige Diagnostik von Gedächtnisfunktionen und Leistungsmotivation gestattet. Während sich die zuvor genannten Verfahren

problemlos in andere Sprachgebiete übertragen lassen, ist für sprachbezogene Tests eine kompliziertere Adaptation notwendig, was durch eine einfache, lineare Übersetzung des Testmaterials nicht zu leisten ist. Wenngleich noch nicht veröffentlicht, liegt aber bereits eine deutsche Version dieses Verfahrens vor (Brockhaus 2001; Brockhaus u. Merten, im Druck).
4. Schließlich ist ein Verfahren zu erwähnen, das durch eine geschickte Konstruktion eine tatsächlich geringe Schwierigkeit verdeckt und auf diese Weise eine gute Sensitivität für die Diagnostik von suboptimalem Leistungsverhalten erzielt. Auch vom Amsterdam Short-Term Memory Test (ASTM: Schagen et al. 1997; Schmand et al. 1998) liegt eine – ebenfalls noch nicht veröffentliche – deutsche Version vor (Schmand et al., in Vorbereitung).

Neben den erwähnten gibt es eine Vielzahl weiterer Verfahren und Untersuchungsmethoden. Einige Autoren nutzen bewährte Testverfahren (wie z. B. den Wisconsin Card Sorting Test; Suhr u. Boyer 1999) und versuchen, spezifische Indikatoren für negative Antwortverzerrungen zu entwickeln, sodass diese Instrumente eine doppelte Funktion erhalten: Sie messen Leistungen oder psychische Funktionen und gestatten gleichzeitig eine Abschätzung von Antworttendenzen. Mit der Entwicklung der in diesem Abschnitt dargestellten Verfahren wurde erreicht, dass suboptimales Leistungsverhalten psychometrisch erfassbar und damit messbar gemacht wurde.

An dieser Stelle soll ein Beispiel veranschaulichen, inwieweit simulationssensible Verfahren in der Tat nicht das messen, was sie zu messen vorgeben. Nehmen wir an, in einem Gedächtnistest werden einem Probanden 50 Bilder dargeboten, die er sich einprägen soll. Eine schwierige Aufgabe, könnte man denken. Die Anforderung wird jedoch sehr einfach, wenn der Abruf mittels Wiedererkennung erfolgt.

> So wies beispielsweise ein 50-jähriger gelernter Möbeltischler, der nach einem Myokardinfarkt reanimiert wurde und einen hypoxischen Hirnschaden erlitten hatte, ein ausgeprägtes amnestisches Syndrom auf, das sich sowohl klinisch wie auch in üblichen Gedächtnistests zweifelsfrei zeigte. Er hatte massive Schwierigkeiten, eine 10-Wort-Liste zu lernen, nach einer Verzögerung von 15 Minuten war kein einziges Wort der Lernliste mehr erinnerlich. Ähnlich schwere Defizite waren für bildhaftes und für figurales Material nachweisbar. Bei der unmittelbaren Reproduktion von 10 Figuren (Benton-Test) wurden 23 Fehler begangen. Dennoch war der Patient in der Lage, die beiden vorgelegten Tests zur Messung der Leistungsmotivation ohne jede Schwierigkeit zu bearbeiten: von den 50 gezeigten Bildern des TOMM erkannte er im ersten Durchgang 48, im zweiten Durchgang alle 50 korrekt wieder, und im Amsterdam Short-Term Memory Test war seine Leistung mit 88 von 90 Punkten ebenfalls nahezu perfekt. Beide Tests haben also in der Tat keine Messungen der Gedächtnisleistung, sondern der hohen Leistungsmotivation oder Anstrengungsbereitschaft des Patienten geliefert.

11.3 Probleme und Einschränkungen bei der Anwendung von Symptomvalidierungstechniken

Das Problem der Erfassung suboptimalen Leistungsverhaltens ist jedoch damit nicht gelöst. Einige der Fragen, die weiterhin zu klären sind, sollen hier dargestellt werden.

1. Zunächst ein messtheoretisches Problem: Ein wesentliches Gütekriterium für einen Test ist dessen Reliabilität oder Zuverlässigkeit. Reliabilität meint dabei den Grad der Messgenauigkeit, mit dem ein Merkmal erfasst werden kann. Ein üblicher Ansatz zur Schätzung der Testzuverlässigkeit ist die Beurteilung der Stabilität über die Zeit, also eine Schätzung der Retestreliabilität. Für Symptomvalidierungsverfahren sind wir mit einem Dilemma konfrontiert. Dieses soll hier kurz dargestellt werden.
Die Testwerte von Personen, die eine optimale Leistungsmotivation zeigen, variieren in vielen dieser Maße nur sehr gering, da sie im Regelfall nahe der Testdecke liegen. Mangels ausreichender Variation fallen damit die Korrelationen zwischen Werten verschiedener Messzeitpunkte zu niedrig aus. Die Leistung von Personen, die suboptimales Leistungsverhalten realisieren, kann jedoch sowohl innerhalb eines einzelnen Tests wie auch innerhalb einer Testsitzung und zwischen verschiedenen Testsit-

zungen variieren (s. unten). Damit fallen auch Korrelationen zwischen Werten verschiedener Messzeitpunkte für diese Personengruppe zu niedrig aus.

Ein allgemein akzeptierter Ansatz zur Lösung dieses Dilemmas ist bislang nicht entwickelt worden. Merten (2002b) hat für die deutsche Version des Amsterdam Short-Term Memory Tests folgenden Ansatz gewählt: Neben einer Gruppe von Bona-fide-Patienten mit leichten kognitiven Störungen wurde eine Gruppe von klinisch offenkundig schwer beeinträchtigen Patienten (mit einer Demenz, einem amnestischen Syndrom, ausgeprägter Aphasie u. Ä.) untersucht. Für eine solche Patientengruppe sind Tests wie der ASTM nicht geeignet, da die schweren kognitiven Störungen mit der Testleistung interferieren können. Hier wurden solche Patienten eigens für den Zweck untersucht, für eine Gruppe von Personen mit uneingeschränkter Leistungsmotivation eine ausreichende Variation der Testwerte zu erreichen. Mit einem solchen Ansatz gelingt in der Tat der Nachweis einer Retestreliabilität in ausreichender Höhe.

2. Simulationssensible Verfahren unterstellen häufig implizit, dass einheitliche Antwortmuster auf Seiten von Simulanten vorliegen. Dies ist jedoch nicht der Fall. Suboptimales Leistungsverhalten variiert stark: Es fluktuiert intraindividuell innerhalb einer Untersuchung bzw. zwischen mehreren Untersuchungen. So gibt es Belege dafür, dass ein und dasselbe Verfahren an unterschiedlicher Stelle in einer Untersuchung unterschiedlich sensibel Antwortverzerrungen erfassen kann (Guilmette et al. 1996). Außerdem werden, was sachlogisch durchaus nahe liegend ist, unterschiedliche Strategien von verschiedenen Personen genutzt, die sich u. U. verschieden in ein und demselben Instrument niederschlagen mögen (vgl. Greve et al. 2002).
3. Einzelne Verfahren sind nicht nur verschieden sensitiv für den Nachweis suboptimalen Leistungsverhaltens (mit dem bereits diskutieren 15-Item-Test von Rey am unteren Ende des Spektrums), sondern schlagen auch in unterschiedlicher Weise auf Verfälschungstendenzen an und sind nicht einfach wechselseitig ersetzbar. Die derzeit gängige Praxis in Nordamerika scheint der Einsatz zweier Verfahren zu sein (etwa CARB und WMT oder CARB und ASTM).
4. Das Problem eines gezielten Trainings von zu Begutachtenden durch ihre Anwälte erfordert die Entwicklung trainingsresistenter Instrumente oder eines ausreichend breiten Inventars einsatzbereiter Verfahren, das eine gezielte Vorbereitung auf Begutachtungssituationen erschwert. Dass dieses Problem in Deutschland für die neuropsychologische Diagnostik noch keine besondere Rolle spielt, liegt wohl primär in einer etwas anderen Verbreitung und Bedeutung neuropsychologischer Gutachter und Experten begründet, aber auch in einer geringen Bekanntheit und einem zurückhaltendem Einsatz von simulationssensiblen Verfahren durch Gutachter. In anderen Kulturkreisen ist dieses Problem ein erstrangiges, sodass die Auswirkung derartiger Trainingseffekte auch zunehmend wissenschaftlich untersucht wird (z. B. DiCarlo et al. 2000; Suhr u. Gunstad 2000).

Eine neuere Untersuchung zu diesem Problemkreis soll hier kurz dargestellt werden (Gervais et al. 2001): 18 chronische Schmerzpatienten wurden einer neuropsychologischen Untersuchung im Rahmen eines Verfahrens zur Feststellung eines Körperschadens unterzogen. Für die beiden eingesetzten Symptomvalidierungsverfahren, CARB und WMT, ergab sich jeweils eine Testversagerquote von über 40 Prozent. Danach wurde eine weitere Gruppe von Patienten darüber aufgeklärt, dass die Leistung im CARB durch Schmerzen oder psychoemotionale Probleme nicht in Mitleidenschaft gezogen wird. Prompt sank die Quote der Testversager auf 6 %. Ein ähnlicher Abfall ließ sich allerdings nicht für den WMT nachweisen, der sich also als resistenter gegenüber Coaching erwies.

Neben einer gezielten professionellen Schulung nutzen Personen natürlich in unterschiedlichem Ausmaß Möglichkeiten der eigenen Vorbereitung auf eine Begutachtung. Dabei spielen Vorerfahrungen aus anderen Untersuchungen und eventuell bereits vorliegende Befunde und Gutachten eine wichtige Rolle. Auch Informationen über die Diagnostik suboptimalen Leistungsverhaltens sind davon prinzipiell nicht ausgenommen. Hier sind wir mit einem weiteren Dilemma konfrontiert, denn wissenschaftliche Interessen und kommerzielle Gesichtspunkte der Testentwickler und -vertreiber, die auf eine möglichst gute Informationsverbreitung zielen, erleichtern solche Vorbereitungen. So kann man beispielsweise über die Internet-Seite des Vertreibers von CARB und WMT eine zielgerichtete Vorbereitung auf eine Untersuchung von negativen Antwortverzerrungen erhalten.

Schließlich liefert aber auch das hier vorgelegte Kapitel die Möglichkeit, für die Vorbereitung einer eigenen Untersuchung oder für die eines Anwaltsklienten ge- oder missbraucht zu werden. In diesem Interessenkonflikt zwischen wissenschaftlicher Kommunikation und unerwünschter Propagierung von Untersuchungsprinzipien bewegt sich die gesamte Forschung zur Diagnostik von negativ verzerrtem Leistungsverhalten.

Literatur

Binder LM. Assessment of malingering after mild head trauma with the Portland Digit Recognition Test. J Clin Exp Neuropsychol. 1993; 15: 170–82.

Boone KB, Salazar X, Lu P, Warner-Chacon K, Razani J. The Rey 15-item recognition trial: A technique to enhance sensitivity of the Rey 15-item memorization test. J Clin Exp Neuropsychol. 2002; 24: 561–73.

Bornschein S, Hausteiner C, Zilker T, Bickel H, Förstl H. Psychiatrische und somatische Morbidität bei Patienten mit vermuteter Multiple Chemical Sensitivity (MCS). Nervenarzt. 2000; 71: 737–44.

Brockhaus R. Objektivierung von Effort: der Wort-Gedächtnis-Test. Poster auf der Tagung der Gesellschaft für Neuropsychologie, Marburg, Oktober 2001.

Brockhaus R, Merten T. Neuropsychologische Diagnostik suboptimalen Leistungsverhaltens mit dem Word Memory Test. Nervenarzt. Im Druck.

Denney RL. Symptom Validity Testing of remote memory in a criminal forensic setting. Arch Clin Neuropsychol. 1996;11:589–603.

DiCarlo MA, Gfeller JD, Oliveri MV. Effects of coaching on detecting feigned cognitive impairment with the Category Test. Arch Clin Neuropsychol. 2000; 15: 399–413.

Gasquoine PG. Postconcussion symptoms. Neuropsychol Rev. 1997; 7: 77–85.

Gervais RO, Green P, Allen LM, Iverson GL. Effects of coaching on Symptom Validity Testing in chronic pain patients presenting for disability assessment. J Forensic Neuropsychol. 2001; 2: 1–20.

Green P, Allen L. Pattern of memory complaints in 577 consecutive patients passing or failing symptom validity tests. Poster, Tagung der International Neuropsychological Society (INS), Brüssel, Juli 2000.

Green P, Iverson GL. Validation of the computerized assessment of response bias in litigating patients with head injuries. Clin Neuropsychologist. 2001; 15: 492–7.

Green P, Iverson GL, Allen L. Detecting malingering in head injury litigation with the Word Memory Test. Brain Injury. 1999; 13: 813–9.

Guilmette TJ, Whelihan WM, Hart KJ, Sparadeo FR, Buongiorno G. Order effects in the administration of a forced-choice procedure for detection of malingering in disability claimants' evaluations. Percept Mot Skills. 1996; 83: 1007–16.

Greve KW, Bianchini KJ, Mathias CW, Houston RJ, Crouch JA. Detecting malingered performance with the Wisconsin Card Sorting Test: A preliminary investigation in traumatic brain injury. Clin Neuropsychologist. 2002; 16: 179–91.

Heaton RK, Smith HH, Lehman RAW, Vogt AT. Prospects for faking believable deficits on neuropsychological testing. J Consult Clin Psychol. 1978 ;46:892–900.

Hiscock M, Hiscock D. Refining the forced-choice method for the detection of malingering. J Clin Exp Neuropsychol. 1989; 11: 967–74.

Jenzer G. Klinische Aspekte und neurologische Begutachtung beim Zustand nach Beschleunigungsmechanismus an der Halswirbelsäule. Nervenarzt. 1995; 66: 730–5.

Merten T. Über Simulation, artifizielle und somatoforme Störungen – eine konzeptionelle Verwirrung. Z Klin Psychol Psychiatr Psychother. 2001a; 49: 417–34.

Merten T. Die Symptomvalidierungstestung: eine einzelfallexperimentelle Methode zur Diagnostik von nicht-organisch begründeten Symptomen. Z Klin Psychol Psychiatr Psychother. 2001b; 49: 125–39.

Merten T. Fragen der neuropsychologischen Diagnostik bei Simulationsverdacht. Fortschr Neurol Psychiatrie. 2002a; 70: 126–38.

Merten T. Data collected with the German version of the Amsterdam Short-Term Memory test ASTM (Amsterdamer Kurzzeitgedächtnistest AKGT). Unpublished manuscript, 2002b.

Pankratz L. Malingering on intellectual and neuropsychological measures. In: Rogers R, ed. Clinical assessment of malingering and deception. New York: Guilford; 1988: 169–192.

Rey A. L'examen clinique en psychologie. Paris: Presses Universitaires de France, 1958.

Sbordone RJ, Seyranian GD, Ruff RM. The use of significant others to enhance the detection of malingerers from traumatically brain injured patients. Arch Clin Neuropsychol. 2000; 15: 465–77.

Schagen S, Schmand B, de Sterke S, Lindeboom J. Amsterdam Short-Term Memory Test: A new procedure for the detection of feigned memory deficits. J Clin Exp Neuropsychol. 1997; 19: 43–51.

Schmand B, Lindeboom J, Schagen S, Heijt R, Koene T, Hamburger HL. Cognitive complaints in patients after whiplash injury: the impact of malingering. J Neurol Neurosurg Psychiatry. 1998 64 (1998) 339–343.

Schmand B, de Sterke S, Lindeboom J, Merten T. Amsterdamer Kurzzeitgedächtnistest (AKGT). Handbuch der deutschen Version, in Vorbereitung.

Slick DJ, Sherman EM, Iverson GL. Diagnostic criteria for malingered neurocognitive dysfunction: proposed standards for clinical practice and research. Clin Neuropsychol. 1999; 13: 545–61.

Spreen O, Strauss E. A compendium of neuropsychological tests. Administration, norms, and commentary. 2nd ed. New York: Oxford University Press; 1998.

Suhr JA, Boyer D. Use of the Wisconsin Card Sorting Test in the detection of malingering in student simulator and patient samples. J Clin Exp Neuropsychol. 1999; 21: 701–8.

Suhr JA, Gunstad J. The effects of coaching on the sensitivity and specificity of malingering measures. Arch Clin Neuropsychol. 2000; 15: 415–24.

Tombaugh TN. Test of Memory Malingering (TOMM). North Tonawanda: Multi-Health Systems; 1996.

Vanderploeg RD, Curtiss G. Malingering assessment: Evaluation of validity of performance. Neuro Rehabil. 2001; 16: 245–51.

12 Wie werden psychosomatische Störungen begutachtet?
Leitlinien für Grenzbereiche

Peter Henningsen

12.1 Die Leitlinien „Ärztliche Begutachtung in der Psychosomatik"

Vor dem Hintergrund eines allgemeinen Bemühens um Qualitätssicherung und wissenschaftliche Begründbarkeit klinisch-therapeutischen Handelns werden derzeit auch von der Deutschen Gesellschaft für Psychotherapeutische Medizin (DGPM) in Abstimmung mit anderen psychosomatisch-psychotherapeutischen Fachgesellschaften verschiedene Leitlinien entwickelt und unter dem Dach der Arbeitsgemeinschaft wissenschaftlich-medizinischer Fachgesellschaften (AWMF) im Internet zugänglich gemacht. In diesem Rahmen wurde vor kurzem eine Leitlinie zur ärztlichen Begutachtung in der Psychosomatik und psychotherapeutischen Medizin fertig gestellt, die wegen ihrer Bindung an den länderspezifischen sozialen und juristischen Kontext und wegen der hohen Bedeutung normativer Fragen stärker als Leitlinien zu klinisch-therapeutischen Themen auch auf den Konsens von Experten als Form der Evidenzbasierung angewiesen ist. Die Leitlinie zur Begutachtung wurde unter der Moderation von Schneider (Rostock) in einem mehrstufigen Prozess erstellt, in den sowohl eine Übersicht über die wissenschaftliche Literatur zum Thema in einem sog. Quellentext als auch verschiedene Konsensbildungselemente integriert wurden. An diesem Prozess war neben einem Redaktionsgremium eine Expertenrunde beteiligt, an der auch Begutachtungsexperten aus der Psychiatrie, der Sozialgerichtsbarkeit, den Landesversicherungsanstalten und der Rechtswissenschaft teilnahmen; dazu kam ein erweiterter Kreis, dem Leiter der Hochschulvertreter der Psychosomatik und Chefärzte ausgewählter psychosomatischer Kliniken angehörten. Leitlinie und Quellentext wurde im Jahr 2001 im Internet und als Buch veröffentlicht (Schneider et al. 2001).

Eine zentrale Indikationsstellung zur psychosomatisch-psychotherapeutischen Begutachtung ergibt sich in den häufig anzutreffenden Fällen, in denen die objektivierbaren organischen Befunde Art, Ausmaß und Dauer der vom Probanden geklagten körperlichen Beschwerden nicht ausreichend erklären. Eine sachlich adäquate Abklärung dieser Konstellation, die u. a. die Abgrenzung gegebenenfalls anspruchsbegründender somatoformer und anderer psychischer Störungen von Simulation und Aggravation erfordert, wird in der Begutachtungspraxis bislang durch mangelnde Klarheit der Konzepte, Unkenntnis über die Natur psychischer Störungen und über Kausalitätsfragen sowie durch einen starken Einfluss von Wertfragen auf die Entscheidungsfindung behindert. Wechselseitige Vorurteile über Gutachter aus somatischen Fachgebieten (die angeblich nach dem Stereotyp urteilen: „Wer nichts Organisches hat, der hat nichts") bzw. über solche psychosomatisch-psychotherapeutischer Provenienz (die angeblich nach dem Prinzip vorgingen: „Wer ausreichend laut klagt, bekommt Rente") erschweren zudem die Kommunikation.

Vor diesem Hintergrund konzentriert sich die Leitlinie vor allem darauf, vereinheitlichende Anhaltspunkte für die generellen Beurteilungsebenen in der psychosomatisch-psychotherapeutischen Begutachtung zu liefern, von der Störungs- und Persönlichkeitsdiagnostik über die Beurteilung von Aggravation, Simulation und sog. „Rentenneurose" bis hin zur kriteriengeleiteten

Einschätzung des Leistungsvermögens und der Kausalität. Dabei geht es naturgemäß vor allem um eine kohärente Darstellung der Terminologie und der zugrunde gelegten Konzepte, nur zu wenigen Punkten lässt sich auf empirische Ergebnisse im engeren Sinne zurückgreifen.

Im Folgenden sollen zur Veranschaulichung am zentralen Beispiel der somatoformen Störungen drei Problemkreise abgehandelt werden: Das als „legitimes Leiden" aufgefasste Krankheitskonzept der somatoformen Störungen, die Konzepte und Abgrenzungen zum „illegitimen Leiden", d. h. zur Simulation, sog. Rentenneurose usw. sowie zum Abschluss das praktische Vorgehen bei der Begutachtung selbst.

12.2 Somatoforme Störungen im weiteren Sinn

Somatoforme Störungen sind als Untergruppe der sog. neurotischen Störungen mit der ICD-10 als offizielle Krankheitsgruppe in Deutschland eingeführt worden, Vorläufer waren die körperlichen Funktionsstörungen psychischen Ursprungs aus der ICD-9 (Hoffmann 1998). Zentrales diagnostisches Kriterium der somatoformen Störungen sind anhaltende Körperbeschwerden, für die sich nach angemessener Untersuchung kein ausreichend erklärender organischer Befund erheben lässt. Dies ist im Sinne eines Nachweises struktureller Pathologie an denjenigen Körperorganen gemeint, die durch die entsprechenden Beschwerden impliziert werden (z. B. Koronarstenose bei Herzbeschwerden, Wirbelsäulenpathologie bei Rückenschmerzen etc.). Darüber hinaus hält die Definition somatoformer Störung nach ICD-10 F 45 ein charakteristisches Verhaltensmerkmal dieser Patienten fest: Zu den organisch nicht ausreichend erklärten Beschwerden kommt eine organische Ursachenüberzeugung hinzu sowie die Weigerung, mögliche psychische Ursachen zu diskutieren, woraus häufig ein enttäuschender Verlauf der Arzt-Patienten-Beziehung resultiert. Die Patienten seien typischerweise bemüht, ihr Gegenüber vom Vorhandensein ihrer Beschwerden zu überzeugen.

Die Validität der einzelnen Kategorien somatoformer Störungen ist bis heute umstritten, insbesondere die interne Abgrenzung der einzelnen Unterformen, das Fehlen einer mittelschweren Kategorie somatoformer Störungen sowie die un- klare Abgrenzung zu depressiven und Angststörungen wird kritisiert (Henningsen et al. 2002). Unbestritten ist dagegen die Häufigkeit dieser Störungen in der Primärversorgung (nach einer WHO-Studie zu somatoformen Störungen in der Primärversorgung 24 % aller Patienten der Primärversorgung weltweit, vgl. Janca et al. 1999). Auch wenn im Einzelfall das Kriterium der organischen Erklärbarkeit umstritten und schwer zu entscheiden sein mag, ist klar, dass das Risiko, signifikante organische Befunde zu übersehen, zwar vorhanden, aber deutlich geringer ist als das umgekehrte Risiko, eine relevante somatoforme Störung nicht rechtzeitig zu erkennen. Außerdem ist klar, dass bei steigender Zahl organisch nicht klar erklärbarer Körperbeschwerden die Wahrscheinlichkeit organischer Pathologie sinkt und nicht steigt (Kroenke et al. 1994; O'Malley et al. 2000).

Das Kapitel ICD-10 F 45 deckt allerdings nicht alle Syndrome ab, die sinnvollerweise zu den somatoformen Störungen gerechnet werden sollten. Hinzuzuzählen sind aus anderen Stellen des Kapitels F (Psychische Störungen) der ICD-10 die Konversionsstörung und die Neurasthenie, da beide auch zentral durch organisch nicht ausreichend erklärbare Körperbeschwerden charakterisiert sind. Kompliziert wird die Lage allerdings dadurch, dass auch die einzelsymptombezogenen funktionellen Syndrome, wie sie in vielen Bereichen der somatischen Medizin diagnostiziert und auch im ICD-10 verschlüsselt werden, den somatoformen Störungen im weiteren Sinne zuzurechnen sind. Beispiele sind das Colon irritabile in der Gastroenterologie, die Fibromyalgie in der Rheumatologie, das temporomandibuläre Schmerz-Dysfunktions-Syndrom in der Mund-Zahn-Kieferheilkunde oder der chronische Unterleibsschmerz in der Gynäkologie. Diese Parallelklassifikation innerhalb der somatischen Medizin wird von vielen Patienten bevorzugt, da sie kein „Psychostigma" enthält, sie hat aber den Nachteil, dass die weit reichende Überlappung zwischen den einzelnen funktionellen Syndromen durch die Orientierung an einem einzigen Leitsymptom leicht übersehen wird und dass die charakteristischen Verhaltensmerkmale der Patienten, die etwas mit der Ursachenzuschreibung und dem Bemühen und Legitimität der Beschwerden zu tun haben, aus dem Blick geraten.

Zu den somatoformen Störungen im weiteren Sinne hinzuzurechnen sind auch Syndrome, die bei umstrittenem wissenschaftlichen Status bislang keinen Eingang in die offiziellen Klassifikationssysteme gefunden haben. Hier ist das sog. multiple Chemikalienüberempfindlichkeit(MCS)-Syndrom) ebenso zu nennen wie das Sick-Building-Syndrom, amalgambezogene Körperbeschwerden oder, bei uns bislang nicht relevant, das sog. Golfkriegssyndrom. Auch wenn bei diesen überwiegend umweltbezogenen Körperbeschwerden die Debatte um die organische Erklärbarkeit besonders intensiv, z. T. auch unter Wissenschaftlern, geführt wird, sprechen die meisten Daten doch dafür, hier von einer weitgehenden Identität mit somatoformen Störungen auszugehen (vgl. z. B. Eis 2002).

Im Umgang mit Patienten mit somatoformen Störungen geschieht es regelmäßig, dass die entsprechende Verdachtsdiagnose nicht oder sehr spät gestellt wird; oft wird allzu lange in einer „unheilvollen Koalition" mit dem darauf auch drängenden Patienten weitere, z. T. invasive somatische Diagnostik und Therapie betrieben. Analog gilt für die Gutachtensituation, dass die Indikation zur psychosomatischen oder ggf. psychiatrischen Begutachtung bei Patienten mit anhaltenden Körperbeschwerden ohne ausreichende organische Erklärung ebenfalls zu spät gesehen wird. Therapeutisch sind somatoforme Störungen mit einem störungsorientierten Ansatz sehr viel besser behandelbar, als das früher geglaubt wurde – entscheidend ist, den Patienten „dort abzuholen, wo er steht", d. h. sich auf sein anfänglich möglicherweise sehr organisches Erklärungsmodell einzustellen, dann eher beiläufig und schrittweise dieses in Richtung psychosoziale Faktoren zu erweitern und entsprechende Belastungsfaktoren aus dem psychosozialen Bereich erst später direkt zu bearbeiten (Rudolf u. Henningsen 2003).

Im Hinblick auf Begutachtungsaspekte ist darauf hinzuweisen, dass somatoforme Störungen grundsätzlich mit ausgeprägten Beeinträchtigungen der Leistungsfähigkeit einhergehen. Bei den somatoformen Störungen nach ICD-10 F 45 ist dies auch ein durchgängiges diagnostisches Kriterium. Wegen der ausgeprägten Komponente des „Nichtmehr-könnens" sprechen einige Autoren auch explizit von „Behinderungssyndromen" (Disability Syndromes), wenn sie von somatoformen Störungen im weiteren Sinne sprechen (Ferrari et al. 2001; vgl. auch Henningsen u. Priebe 1999).

Ein weiterer Aspekt somatoformer Störungen, der unter gutachterlichen Gesichtspunkten von besonderer Bedeutung ist, ist die ausgeprägte Kontextabhängigkeit in der Entstehung, Aufrechterhaltung und im Schweregrad somatoformer Störungen. Zu diesem Kontext zählen alle Fassetten des sekundären Krankheitsgewinns von der Zuwendung und Schonung bis zur „Tatsache des Versichertseins" – in den letzten Jahren ist zweifelsfrei empirisch nachgewiesen worden, dass diese Tatsache zu einem chronischeren und schwereren Verlauf somatoformer Störungen im weiteren Sinne beiträgt. Am bekanntesten ist hierzu die Studie geworden, in der nachgewiesen wurde, dass Autofahrer, die in Litauen, wo es keine entsprechende Haftpflichtversicherung gab, einen Auffahrunfall erlitten, jenseits akuter halswirbelsäulenbezogener Beschwerden keine chronifizierten HWS-Schleudertraumata entwickelten; in Ländern mit entsprechenden Versicherungen sind diese chronifizierten HWS-Syndrome dagegen häufig, z. T. auch schwer verlaufend. So wie bei einem Kind, das durch vermehrte Klage die Zuwendung der Mutter erreichen will, dieses Verhalten nicht primär bewusst willentlich gesteuert abläuft, ist auch bei der Verschlimmerung somatoformer Störungen durch sekundären Krankheitsgewinn nicht davon auszugehen, dass der entsprechende Zusammenhang überwiegend und in den meisten Fällen ein bewusst willentlich gesteuerter ist (Kwan et al. 2001).

Ein weiterer Aspekt der Kontextabhängigkeit besteht in dem Einfluss, den das Behandlerverhalten auf den Verlauf somatoformer Störungen nimmt: Je eher Behandler durch fortgesetzte organische Diagnostik und Therapie eine entsprechende Ursachenüberzeugung des Patienten fixieren, desto eher chronifiziert auch die entsprechende Störung – auch für die Bedeutung dieser Zusammenhänge gibt es klare empirische Evidenz.

Abschließend lässt sich sagen, dass eine Begutachtung von Patienten mit somatoformen Störungen eine gute Kenntnis der hier nur angerissenen klinischen Zusammenhänge notwendig macht. Wer – z. B. als reiner „Gutachtenprofi" – keinen regelmäßigen Umgang mit Patienten mit somatoformen Störungen außerhalb gutachterlicher Kontexte hat, wird Gefahr laufen, keine validen Einschätzungen hinsichtlich des Schweregrads und insbesondere hinsichtlich der jetzt noch näher zu diskutierenden Abgrenzung zum sog. „illegitimen Leiden" vornehmen zu können.

12.3 Konzepte zur Abgrenzung „illegitimen Leidens"

12.3.1 Simulation und Aggravation

Simulation bedeutet das bewusste Vortäuschen von Beschwerden entweder verbal oder im Verhalten oder beides zum Erreichen eines unmittelbaren Motivs; der Betreffende weiß, dass er die Beschwerden nicht hat und vortäuscht – „er kann auch anders". Aggravation ist das entsprechende Phänomen bei vorhandenen, aber deutlich geringeren Beschwerden, wenn diese bewusst täuschend verstärkt vorgetragen werden zum Erlangen eines unmittelbaren Motivs. Simulation und Aggravation werden in der sozialrechtlichen Begutachtung häufig vermutet, aber selten begründet nachgewiesen. Relativ häufiger sind sie dagegen in anderen Kontexten, wie z. B. bei der Vermeidung von Haftstrafen oder dem Wehrdienst oder beim Versuch, illegale Drogen zu erlangen. In der Abgrenzung zu somatoformen Störungen ist also das Unterscheidungskriterium nicht die mangelnde organische Erklärbarkeit von Beschwerden per se, insofern kann durch sog. „Überlistung" im körperlichen Untersuchungsbefund (z. B. Patient gibt im Liegen beim Lasègue-Test bei wenigen Grad heftige Schmerzen an, setzt sich aber später ohne Schmerzangabe rechtwinkelig auf die Liege etc.) nicht auf Simulation oder Aggravation kurzgeschlossen werden, wie das in der Praxis häufiger geschieht. Auch verdeutlichendes Verhalten i. S. von deutlichem Klagen und Demonstrieren von Beschwerden ist per se kein Merkmal, das Simulation oder Aggravation beweist, da, wie oben ausgeführt, Verdeutlichung, die nicht bewusst gesteuert ist, sogar zu den Charakteristika somatoformer Störungen gehört. Verdeutlichendes Verhalten findet sich bei somatoformen Störungen dann allerdings allen Ärzten und auch Angehörigen etc. gegenüber, nicht speziell in Gutachtensituationen. Der entscheidende Unterschied zwischen Simulation/Aggravation einerseits und somatoformen Störungen andererseits liegt in der eigenen Bewusstheit und Steuerbarkeit des Klageverhaltens, also darin, inwiefern dem nach außen vorgegebenen Klagen über Beschwerden ein subjektives Beschwerdeerleben vergleichbaren Ausmaßes entspricht.

Als nützlich erwiesen hat sich zur besseren Übersicht eine Einteilung von Wiley (1998) für alle von ihr sog. klinischen Täuschungsphänomene. Sie differenziert diese nach der Bewusstheit der zugrunde liegenden Motivation und der Absichtlichkeit der Symptombildung, dabei kommt sie zu folgender Einteilung:

- Motivation unbewusst, Symptombildung unabsichtlich → somatoforme Störungen im weiteren Sinne,
- Motivation bewusst, Symptombildung absichtlich → Simulation/Aggravation,
- Motivation unbewusst, Symptombildung absichtlich → Vortäuschung im Rahmen einer artifiziellen Störung (Verdeutlichung im Rahmen einer somatoformen Störung).

Zur Veranschaulichung der Tatsache, dass dem subjektiven Unterschied, der zentrales Abgrenzungskriterium von Simulation und somatoformer Störung ist, auch ein objektivierbarer, neurophysiologischer Unterschied entspricht, kann eine Studie von Spence et al. (2000) dienen: Er wies nach, dass es bei Patienten mit einer Konversionslähmung des Armes zu einer Hypofunktion im dorsolateralen präfrontalen Kortex links kommt (gemessen mit PET), während bei Probanden, die die gleichartige Lähmung simulieren sollten, eine rechtsfrontale Hypofunktion nachgewiesen wurde.

12.3.2 Die so genannte „Rentenneurose"

Dem Begriff der Rentenneurose kommt in der Abgrenzung legitimem von illegitimem Leiden vor allem historische Bedeutung zu. Die sog. „Rentenneurose" ist dabei so etwas wie ein konzeptioneller Zwitter. Zum einen wird sie simulationsnah als illegitimes Leiden verstanden; dieses Verständnis des Konzepts kommt deutlich in dem folgenden Zitat zum Ausdruck: „Die Rentenneurose (Compensation Neurosis) ist ein Geisteszustand, der aus Angst geboren, durch Habgier lebendig erhalten, von Rechtsanwälten stimuliert und durch ein Urteil geheilt wird" (Foster Kennedy 1946). Zum anderen wird mit dem Begriff aber auch eine neurotische Entwicklung bezeichnet, die als krankheitswertige auch legitimes Leiden bedeuten kann. Eine solche kann dann vorliegen, wenn vor dem Hintergrund einer spezifischen biografischen Vulnerabilität für Themen der Anerkennung, Gerechtigkeit und/oder Wiedergutmachung der Kampf um Rente i. S. eines neurotischen Wiederholungszwangs verselbstständigt erscheint. Im Extrem lassen sich hier Kohlhaas-artige querulatorische Entwicklungen beobachten, die am ehesten analog einer Persönlichkeitsänderung nach Extremtraumatisierung (ICD-10 F62) gesehen werden kann.

Da der Begriff der Rentenneurose also zwiespältig ist, sollte er möglichst vermieden oder, falls unumgänglich, zumindest im jeweiligen Verständnis genau definiert werden.

12.3.3 Komplikationen im Übergangsbereich legitimes-illegitimes Leiden

Die bisherigen Ausführungen gingen von einer klaren Trennbarkeit der Phänomene aus, die legitimem bzw. illegitimem Leiden zugeordnet werden. Die Schwierigkeiten, die sich regelmäßig im Einzelfall bei dieser Unterscheidung ergeben, gehen nicht nur auf Messprobleme zurück – sie verweisen auch darauf, dass diese konzeptuelle Abgrenzung allzu schematisch ist. Eine genauere Untersuchung der neuropsychologischen Grundlagen macht deutlich, dass es z. B. fließende Übergänge zwischen erhaltener und (partiell) aufgehobener Steuerungsfähigkeit von Verhalten im quer- und vor allem im zeitlichen Längsschnitt gibt. Es gibt sicherlich auch Momente der Bewusstheit i. S. der Einsicht in bestimmte Motive oder Konflikte, selbst wenn sie in der Zuschreibung des Außenstehenden primär als unbewusst erscheinen. Die Unbewusstheit eines Motivzusammenhangs macht sich – pragmatisch gesehen – am ehesten in der mangelnden Flexibilität, den fehlenden Freiheitsgraden im beobachtbaren Umgang mit diesem Motiv (z. B. „Anspruch auf Gerechtigkeit") fest, nicht so sehr an der ohnehin kaum prüfbaren momentanen Einsicht des Betreffenden (vgl. dazu auch Ferrari et al. 2001 sowie Spence 2001).

Des Weiteren ist zu berücksichtigen, dass der Grad an (Un-)Bewusstheit zwangsläufig kontextabhängig ist: In Kontexten, die vom Betreffenden, ob mit Recht oder Unrecht, als Infragestellung der Legitimität seines Leidens erlebt werden – und der gutachterliche Kontext ist ein Paradebeispiel dafür – wird der Freiheitsgrad im Umgang mit einem Motiv wie z. B. „Anspruch auf Gerechtigkeit" niedriger sein – auch das bewussteste Motiv kann kontextabhängig „vergessen" oder dissoziativ abgespalten werden. Dies erlaubt wiederum ein größeres Maß an „Selbstgerechtigkeit" und auch an Aktivität in der Verfolgung des Anerkennungsziels – eine Aktivität, die vor dem Hintergrund der sonstigen Leistungseinbuße oftmals paradox wirkt. Im Hinblick auf diese Kontextabhängigkeit sollte auch immer eine weitere Perspektive im Blick behalten werden, insofern die Abgrenzung selbst immer auch vom weiteren sozialen Kontext abhängig ist. Insbesondere beeinflusst die Ausprägung des sekundären Krankheitsgewinns, z. B. in Form der Tatsache des Versichertseins, in bestimmten Kontexten auch die Ausprägung und den Schweregrad einer möglichen somatoformen Störung – diese sozialen Determinanten erhöhten sekundären Krankheitsgewinns (wenn HWS-Schleudertraumata versichert sind oder Frühberentungen über Rückenschmerz an die Stelle von Arbeitslosigkeit treten) dürfen nicht zu sehr individualisiert werden, sonst entsteht die Gefahr, „ungerechte" Zuschreibungen individueller Illegitimität vorzunehmen.

12.4 Das praktische Vorgehen in der Abgrenzung somatoformer Störungen zur Aggravation/Simulation

Aus dem bisher schon Gesagten ergibt sich, dass folgende Merkmale nicht spezifisch hinweisend sind auf Simulation oder Aggravation:
- Diskrepanz zwischen organischen Befunden und berichteten Beschwerden,
- sog. nichtorganische Symptome,
- Bericht über schweren, therapieresistenten Schmerz,
- ärgerlicher „schwieriger" Proband.

Folgende Merkmale sind dagegen nach übereinstimmender Meinung verschiedener Autoren hinweisend auf Simulation oder Aggravation:
- Bericht über schwere Schmerzen ohne jede begleitende psychologische Auswirkung,
- starke Inkonsistenzen in der Auswirkung auf allgemeine Aktivitäten,
- starke Diskrepanz zwischen Beschwerdeausmaß und Intensität der Therapieinanspruchnahme,
- starke Diskrepanz zwischen klinischem Eindruck und Angaben in Selbstauskunftfragebögen,

- außergewöhnliches materielles Motiv (nicht: übliche Rente).

Die folgenden Merkmale sind dagegen hinweisend auf erhebliche somatoforme Störungen:
- Beschwerden klinisch plausibel ableitbar (Vulnerabilität: Kindheitsbelastung, Auslösung, Aufrechterhaltung),
- objektive Hinweise auf intensive Therapieinanspruchnahme deutlich vor Rentenantrag,
- psychische Komorbidität,
- konsistentes Muster der Beschwerdeauswirkungen.

Die Fähigkeit kompetenter Abgrenzung ist natürlich auch von der Haltung und dem Verhalten des Gutachters abhängig. Grundsätzlich muss dieser wissen, dass die Abgrenzung eher ein Prozess der Mustererkennung ist als der Entdeckung eines „überführenden" Einzelfaktums. Er muss zu einer wissensbasierten Balance von Verstehen und Misstrauen in der Lage sein. Dies ist eine Frage sowohl an die Kompetenz wie auch an die Persönlichkeit des Gutachters: Es gibt Gutachter, die, meist aus mangelnder klinischer Erfahrung heraus, das gesamte Konzept somatoformer Störungen meinen ablehnen zu können oder die nur von der Alternative organisch erklärter Körperbeschwerden oder Simulation ausgehen. Es gibt auch Gutachter, die nach dem Motto vorgehen „alles verstehen, ist alles berenten" und sich nicht in der Lage sehen, Patienten mit somatoformen Störungen geringeren Schweregrades keine wesentliche Einschränkung der Leistungsfähigkeit zuzuschreiben. Gesprächstechnisch entspricht der haltungsmäßigen Balance von Verstehen und Misstrauen die Fähigkeit zu einem Wechsel zwischen empathischem und eher konfrontativem Gesprächsstil. Auch geht es darum, die Misstrauensbereitschaft an das Motiv des Probanden anzupassen: Je klarer und höher der mögliche Gewinn, desto rationaler ist Täuschung einerseits und Misstrauen andererseits. Dabei ist es sinnvoll, die Bedeutung subjektiver Evidenzgefühle möglichst gering zu halten und stattdessen Aufwand in die Beschaffung objektiver Evidenz, z.B. durch zusätzliche Akten oder Fremdanamnese, zu investieren.

12.5 Fazit

Mit diesen an den psychosomatischen Leitlinien zur ärztlichen Begutachtung orientierten Anmerkungen sollte versucht werden, einen Eindruck von konzeptionellen Hintergründen und praktischem Vorgehen bei der im Alltag so wichtigen Abgrenzung somatoformer Störungen als zentraler Kategorie „legitimen Leidens" von verschiedenen Formen der Aggravation und Simulation, den Inkarnationen „illegitimen Leidens", zu demonstrieren. Die Schwierigkeiten, im Einzelfall zu einer Entscheidung zu kommen, können durch derartige konsensorientierte Leitlinien natürlich nicht beseitigt werden – vielleicht ist aber deutlich geworden, dass eine Verständigung über unklare Konzepte und die Beiziehung empirischer Evidenz, soweit vorhanden, im Prozess der Begutachung hilfreich und unterstützend ist.

Wenn sich diese Kenntnisse mit fundierten klinischen Erfahrungen im Umgang mit Patienten mit somatoformen Störungen verbinden, steht qualitativ hochwertigen Gutachten in diesem Bereich nichts mehr im Wege.

Literatur

Eis D. Multiple Chemikalien-Sensitivität (MCS) und ähnliche Symptom-Komplexe. In: Beyer A, Eis D, Hrsg. Praktische Umweltmedizin. Berlin Heidelberg New York Tokyo; Springer; 2002: 1–38.

Ferrari R, Kwan O, Friel J. Cognitive theory and illness behavior in disability syndromes. Medical Hypotheses. 2001: 57: 68–75.

Henningsen P, Priebe S. Modern disorders of vitality: the struggle for legitimate incapacity. J Psychosom Res. 1999; 46: 209–14.

Henningsen P, Hartkamp N, Loew T, Sack M, Scheidt CE, Rudolf G. Somatoforme Störungen. Leitlinien und Quellentexte. Stuttgart: Schattauer; 2002.

Hoffmann SO. Somatisierungsstörung und somatoforme Störungen – Herkunft der Konzepte und ihre Abbildung in den neuen diagnostischen Glossaren. In: Rudolf G, Henningsen P, Hrsg. Somatoforme Störungen. Theoretisches Verständnis und therapeutische Praxis. Stuttgart: Schattauer; 1998: 1–12.

Janca A, Tacchini G, Isaac M. WHO international study of somatoform disorders: An overview of methods and preliminary results. In: Ono Y, Janca A, Asai M, Sartorius N, Hrsg. Somatoform disorders. A worldwide perspective. Berlin Heidelberg New York Tokyo: Springer; 1999: 125–31.

Kroenke K, Spitzer RL, Williams JB, Linzer M, Hahn SR, deGruy FV 3rd, Brody D. Physical symptoms in primary care. Predictors of psychiatric disorders and functional impairment. Arch Fam Med. 1994; 3: 774–9.

Kwan O, Ferrari R, Friel J. Tertiary gain and disability syndromes. Med Hypotheses. 2001; 57: 459–64.

O'Malley PG, Jones DL, Feuerstein IM, Taylor AJ. Lack of correlation between psychological factors and subclinical coronary artery disease. N Engl J Med. 2000; 343: 1298–304.

Rudolf G, Henningsen P. Die psychotherapeutische Behandlung somatoformer Störungen. Z Psychosom Med Psychother. 2003; 49: 3–19.

Schneider W, Henningsen P, Rüger U. Sozialmedizinische Begutachtung in Psychosomatik und Psychotherapie. Autorisierte Leitlinie und Quellentext. Bern: Huber; 2001.

Spence SA, Crimlisk HL, Cope H, Ron MA, Grasby PM. Discrete neurophysiological correlates in prefrontal cortex during hysterical and feigned disorder of movement. Lancet. 2000; 355: 1243–4.

Spence SA. Between will and action. J Neurol Neurosurg Psychiatry. 2000, 69: 702.

Wiley SD. Deception and detection in psychiatric diagnosis. Psychiatr Clin North Am. 1998; 21: 869–93.

13 Was versteht man unter …?
Ausgewählte Termini mit Erläuterungen

Wolfgang Vollmoeller

Im Folgenden sind verschiedene Fachbegriffe zur speziellen Thematik des Buches aufgelistet und – wenn möglich unter Hinweis auf die WHO-Kategorien der ICD-10-Klassifikation psychischer Störungen – kurz erläutert. Weiterführend sind ggf. die jeweiligen Buchbeiträge (Kapitelnummern in Klammern) mit den dortigen Literaturhinweisen.

Aggravation (engl.: aggravation): Verstärkung bzw. Übertreibung tatsächlich vorhandener, aber in der Regel nicht schwerwiegender Krankheitssymptome. Im Gegensatz zur Simulation liegen hier wirkliche Beschwerden (Befunde) zu Grunde (Kap. 1, 6, 9, 11, 12).

Artifizielle Störungen (engl.: artifical disorders): Willentliches, aber inhaltlich nicht plausibles, d. h. ursächlich zunächst nicht nachvollziehbares Erzeugen oder „Vortäuschen" von körperlichen Beschwerden oder Beeinträchtigungen; oft sind es sich selbst zugefügte Verletzungen mit der Notwendigkeit medizinischer Eingriffe; nach ICD-10 unter F68.1 zu verschlüsseln. Von der (zweckgerichteten) Simulation (s. dort) unterscheidet sich dieses Verhalten durch die unbewusste, nicht ausreichend kontrollierte Zielsetzung, was auch bei den sog. dissoziativen Störungen (F44), die ebenfalls psychogen sind, der Fall ist und zu diagnostischen Überschneidungen führen kann (Kap. 1, 6, 7, 10).

Autosuggestion (engl.: autosuggestion): Bewusste oder teilweise unbewusste Selbstbeeinflussung (Eigensuggestion), die therapeutisch genutzt werden kann, z. B. im autogenen Training (Kap. 5).

Beeinträchtigung (engl.: impairment, injury): Bezeichnung für ein offenkundiges körperliches oder psychisches Unvermögen, das durch strukturellen Verlust oder funktionale Abweichung bedingt ist, wobei viele Formen psychischer Beeinträchtigung schon als psychiatrische Symptome gesehen und damit als bereits zu einer psychischen Störung unmittelbar zugehörig verstanden werden (Kap. 1).

Behinderung (engl.: disability): Bezeichnung für eine Benachteiligung, insbesondere im körperlichen Bereich, aber auch im Erleben und Verhalten, die zu einer verminderten Bewältigung von Alltagsaktivitäten führt (Waschen, Ankleiden, Essen etc.). Eine Behinderung kann als direkte Folge (hinterlassene Spur) einer Beeinträchtigung (s. dort) verstanden werden. In Deutschland ist der Behindertenbegriff im Schwerbehindertengesetz (SchwbG) von 1986 geregelt (Kap. 3, 7, 12).

Biomedizinisches Modell (engl.: biomedical model): Vorstellung von psychischen und körperlichen Störungen bzw. Krankheiten als organisch (anatomisch, biochemisch, pathophysiologisch, genetisch etc.) bedingt oder wesentlich mitbedingt, was eine reine Psychogenese zwangsläufig ausschließt. Sollen psychische und soziale Faktoren gleichberechtigt berücksichtigt werden, wäre von einem „biopsychosozialen Modell" zu sprechen.

Chronische Müdigkeit (engl.: chronic fatigue syndrome, CFS): Die Diskussion dieses „neuen" Syndroms chronischer Erschöpfung schließt begriffsgeschichtlich an das bekanntere Krankheitsbild der Neurasthenie (ICD-10: F48.0) an. Charakteristisch sind in beiden Fällen vermehrte Müdigkeit nach geistiger Betätigung und/oder schnelle körperliche Erschöpfung nach nur geringer Anstrengung (Kap. 3, 8).

Dissimulation (engl.: dissimulation): Verbergen oder Herunterspielen tatsächlich vorhandener Krankheitssymptome bzw. Vortäuschen nicht vorhandener Gesundheit (Kap. 1).

Dissoziative Störungen (engl.: dissociative disorders): Kennzeichen dieser rein psychogenen Störungsform sind im zeitlichen Verlauf wechselnde Diskrepanzen im zusammenhängenden, üblicherweise aufeinander bezogenen Erleben und Verhalten (Bewusstsein, Gedächtnis, Wahrnehmen etc.), die von dem Betroffenen nicht mehr kontrolliert werden können. Dadurch sind einzelne psychische Funktionen teilweise oder überhaupt nicht mehr in die Gesamtpersönlichkeit integriert. Im ICD-10 unter F44 zu klassifizieren (Kap. 1, 6, 10).

Einstellungen (engl.: attitudes): Subjektive Einstellungen beeinflussen das menschliche Verhalten und zeigen sich nach außen in affektiven, kognitiven oder motorischen Reaktionen, d. h. in Meinungen und Überzeugungen ebenso wie in Handlungen (Kap. 1, 2).

Elektrosensibilität (engl.: electronic sensitivity): Missempfindungen oder Symptome durch elektromagnetische Wellen, wie sie z. B. von Handys, Hochspannungsleitungen oder Bildschirmen ausgehen sollen („Elektrosmog"). Die Betroffenen klagen u. a. über Schlafstörungen, Herzbeschwerden oder Erschöpfung. Das Phänomen erklärt sich überwiegend durch eine bestimmte Erwartungshaltung; der naturwissenschaftliche Nachweis einer Beeinträchtigung ist bisher nicht erbracht. Es gehört zu den umweltbezogenen Befürchtungen (vgl. multiple chemische Sensitivität).

Emotional instabile Persönlichkeit (engl.: affective unstable personality disorder): Persönlichkeitsstörung mit Stimmungslabilität und Tendenz zu impulsivem Handeln. Nach ICD-10 werden zwei klinische Erscheinungsformen unterschieden, der überwiegend impulsive Typus (F60.30) mit Ausbrüchen von gewalttätigem und bedrohlichem Verhalten, d. h. aggressives oder sehr leicht reizbares Auftreten, und der sog. Borderline Typus (F60.31). Den letztgenannten kennzeichnen u. a. unbeständige, aber relativ intensive zwischenmenschliche Beziehungen und körperlich wie seelisch selbstschädigende Handlungen (Kap. 6, 7).

False-memory-Syndrom (engl.: false memory syndrome, FMS): Gedächtnistäuschung, bei der man vergangene Geschehnisse zu erinnern glaubt, die so aber nicht stattgefunden haben. Bei dieser Form einer retrospektiven Verzerrung können Faszination, Suggestion (induzierte Erinnerung), Zensurvorgänge oder Fehlinformationen eine Rolle spielen, nicht selten besteht bei den Betroffenen ein sog. Krankheitsgewinn (Kap. 5).

Fibromyalgie (engl.: fibromyalgia, FM): Dieses ätiologisch unklare Beschwerdebild besteht aus einem diffus im gesamten Bewegungsapparat verteilten chronischen Schmerzsyndrom, bei dem es im Prinzip überall wehtun kann. Andere ähnlich unscharfe Begriffsbildungen sind „Fibrositis", „Weichteilrheumatismus", „Tendomyopathie" und „Myalgie". Abgesehen von den typischen Muskelschmerzen hat diese Störung klinische Ähnlichkeit mit dem Syndrom chronischer Müdigkeit (s. dort) (Kap. 4, 8).

Freizeitkrankheit (engl.: leisure sickness): Erst im Urlaub bzw. bei ausgiebiger Freizeit setzen hier unterschiedlichste Beschwerden ein, wie z. B. Kopfschmerzen, Übelkeit, Gliederschmerzen. Als Krankheit bzw. klinische Diagnose nicht anerkannt oder klassifiziert.

Ganser-Syndrom (engl.: Ganser syndrome): Komplexe Wunsch- und Zweckreaktion mit auffälligem Danebenreden und/oder Vorbeihandeln; gehört nach ICD-10 zu den sonstigen dissoziativen Störungen und ist dort unter F44.80 zu verschlüsseln (Kap. 1, 10).

Gesundheit (engl.: health, sanity): Gesundheit ist weder gesellschaftlich noch wissenschaftlich ein einheitlicher Begriff. Sie kann sowohl negativ als das Fehlen von Krankheiten definiert werden (wie es das biomedizinische Modell nahe legt) als auch positiv durch die Benennung von einzelnen Gesundheitsfaktoren (wie im Konzept der Salutogenese oder durch die WHO-Definition) (Kap. 2).

Handikap (engl.: handicap): Bezeichnung für eine Belastung, z. B. durch zu Grunde liegende Beeinträchtigungen oder Behinderungen (s. dort), in einem relativ weiten Sinne, insbesondere in der

Wahrnehmung der sozialen und gesellschaftlichen Rolle und der damit verbundenen Verpflichtungen.

Halo-Effekt (engl.: halo effect): Auch Hof-Effekt genanntes Phänomen, bei dem die Beurteilung einzelner Eigenschaften von Menschen durch die Kenntnis anderer ihrer Eigenschaften oder durch den Gesamteindruck stark beeinflusst wird; als Fehlerquelle bei Fremdeinschätzungen und Diagnosenstellungen beschrieben (Kap. 1).

Haus- oder Gebäudeangst (engl.: sick building syndrome, SBS): Relativ unspezifische mit Umweltnoxen verbundene Ängste, die sich ohne eigentliche toxische Pathogenese auf bestimmte Gebäude oder Gebäudeteile beziehen und beim Verlassen dieser „Umwelt" nachlassen oder ganz verschwinden. Liegt allerdings eine tatsächliche Belastung durch entsprechende Schadstoffe vor, wird in den USA von „building related illness" (BRI) gesprochen. (Kap. 12).

Kausalattribution (engl.: causal attribution): Prozess der Schlussfolgerung auf bestimmte, ggf. falsch eingeschätzte Ursachen eines Geschehens; enthält Annahmen über die Entstehungsgeschichte von Ereignissen oder Fähigkeiten (Kap. 1).

Krankenhauswandern (engl.: hospital hopper syndrome, perigrinating patient): Phänomen der durch medizinische Institutionen oder von Krankenhaus zu Krankenhaus „wandernden" Personen, die dabei jeweils völlig unnütze Untersuchungen oder überflüssige Operationen anstreben. Kommt beim Münchhausen-Syndrom vor (s. dort) (Kap. 6, 7).

Krankheit (engl.: illness, sickness, malady, disease): Kein einheitlich definierter Begriff in den Aspekte des subjektiven Leidens (illness), die Summe der objektiv aufzeigbaren Befunde (disease) und die soziokulturellen Besonderheiten der Krankenrolle (sickness) eingehen. Wegen seiner Vieldeutigkeit wird der Begriff Krankheit heute in diagnostischen Leitlinien weitgehend vermieden (Kap. 2, 3, 4).

Krankheitseinheit (engl.: disease entity): Vorstellung von Krankheiten als jeweils in sich geschlossener klinischer Einheiten aus nachweisbarer körperlicher Ursache, typischer Symptomatik, charakteristischem Verlauf und im Prinzip feststehender Prognose. Nach dem biomedizinischen Modell sind diese Einheiten real existierend und vom Arzt einzeln zu entdecken, nicht etwa völlig neu zu definieren, zu konstruieren oder gar erst zu erfinden.

Krankheitswertigkeit (engl.: valence of disease): Nicht eindeutig definierter Hilfsbegriff, der überwiegend in rechtlichen bzw. forensischen Fragestellungen benutzt wird, um Gesundheitsstörungen in gradueller Hinsicht mit „echten" Krankheiten vergleichbar zu machen und ggf. die jeweiligen Konsequenzen daraus zu ziehen (Kap. 1).

Kriegsfolgesyndrom (engl.: syndrome of war consequences): Im Anschluss an Kriege bei den Soldaten auftretendes diffuses Leiden (z. B. als „Golfkriegssyndrom") mit Kopf-, Gelenk- und Muskelschmerzen, Erinnerungslücken, Schlafstörungen, Schwindelanfällen oder partieller Verwirrtheit, das offensichtlich nicht auf spezifische chemische Kampfstoffe etc. oder andere definierbare Ursachen zurückgeführt werden kann.

MCI-Syndrom (engl.: mild cognitive impairment syndrome): Isolierter Zustand leichter kognitiver Minderung (in der Regel werden Gedächtnisschwächen geklagt); gehört zur Gruppe der Syndrome beeinträchtigter Leistungsfähigkeit (engl.: disability syndromes). Im Gegensatz zu den definierten Demenzerkrankungen oder posttraumatischen Zuständen existieren beim weniger schwerwiegenden MCI-Syndrom keine verbindlichen diagnostischen Richtlinien. Im Falle organischer Verursachung und ausgeschlossener sonstiger psychischer Störung kann die Diagnose „leichte kognitive Störung" (F 06.7) gestellt werden (Kap. 9, 11).

Münchhausen-Syndrom (engl.: Munchausen syndrome): Nach dem gleichnamigen Lügenbaron benanntes Beschwerdebild mit besonders herausgestellten, vom „Patienten" erfundenen Symptomen; oft bei dramatisch geschilderter Vorgeschichte (vgl. Pseudologia fantastica); gehört zur umfassenderen Gruppe der artifiziellen Störungen und ist dort unter F 68.1 zu verschlüsseln. Häufig ist hierbei Krankenhauswandern (s. dort) (Kap. 1, 6, 7).

Multiple chemische Sensitivität (engl.: multiple chemical sensitivity, MCS): Diese moderne, nur deskriptiv fassbare „Umweltkrankheit" beruht auf einer von den Betroffenen meist angstvoll geklagten Stoff- oder Chemikalienunverträglichkeit, wobei verschiedene, chemisch meist nicht verwandte Substanzen als Ursache angeschuldigt werden. Für eine reine Psychogenese der jeweils geklagten, sehr uneinheitlichen klinischen Beschwerden sprechen auch die oft gemessenen, aber unter jeder Wirkschwelle liegenden Substanzkonzentrationen. Eine neuere Bezeichnung für dieses Phänomen ist „idiopathisch umweltbezogene Unverträglichkeit" (engl.: idiopathic enviromental intolerance, IEI) (Kap. 8, 12).

Multiple Persönlichkeit (engl.: multiple personality disorder): Identitätsstörung oder dissoziative Störung mit nicht nachvollziehbarem Wechsel eines Menschen von einer „Persönlichkeit" (Person) in eine andere, und zwar bei dann jeweils völlig voneinander getrennten, aber immer zur aktuellen Rolle passenden Eigenschaften, Erinnerungen, Verhaltensweisen oder Vorlieben; im ICD-10 unter F44.81 zu verschlüsseln (Kap. 4, 5).

Mythomanie (engl.: mythomania): Krankhafte Neigung, erfundene Geschichten zu erzählen, wobei durchaus noch ein wahrer Kern vorhanden sein kann. In jedem Fall ist der Erzähler aber vom tatsächlichen Wahrheitsgehalt seiner Gesamtdarstellung überzeugt (Kap. 5).

Negative Antwortverzerrung (engl.: negative response bias): Bezeichnung für ein suboptimales Antwort- oder Leistungsverhalten, bei dem eine Person Ergebnisse liefert, die unterhalb ihrer eigenen Voraussetzungen bzw. tatsächlichen Möglichkeiten liegen. Die Ursache kann in bewusster Vortäuschung, psychotrop wirkenden Medikamenten, psychiatrischen Störungen oder sonstigen Begleitumständen wie Müdigkeit, Schmerzen etc. liegen. Auch eine gesteuerte Antwortverzerrung kann vorkommen (Kap. 11).

Paradox des subjektiven Wohlbefindens (SWB) (engl.: paradox of subjective well-being): Es besteht darin, dass sich viele Menschen trotz widriger Lebensumstände immer noch wohlfühlen. Operational drückt sich dies z. B. darin aus, dass auf einer vorgegebenen Skala des subjektiven Wohlbefindens (SWB-Skala) der empirische Mittelwert jeweils noch im moderat positiven Bereich liegt (Kap. 2).

Primacy-Effekt (engl.: primacy effect): Bezeichnung dafür, dass dem ersten Eindruck bzw. ersten Informationen über einen Menschen jeweils Vorrang gegenüber späteren (ggf. korrigierenden) Mitteilungen eingeräumt wird. Zum Teil wird dieser Effekt mit dem Absinken der anfänglichen Aufmerksamkeit bzw. des weiteren Interesses erklärt (Kap. 1).

Pseudodemenz (engl.: pseudodementia): Klinisches Beschwerdebild mit auffälligen Falschantworten oder stereotypen „Ich-weiß-nicht"-Antworten. Überschneidet sich inhaltlich mit dem Ganser-Syndrom (s. dort), kommt aber auch bei anderen Krankheitsbildern vor (Kap. 10).

Pseudoerinnerung (engl.: pseudomemory): Im Gegensatz zur Erinnerung an tatsächlich stattgefunden Ereignisse (Realerinnerungen) werden hier retrospektiv bestimmte Gegebenheiten völlig neu konstruiert bzw. individuell ausfantasiert, wobei eine Induktion von außen stattgefunden haben kann. Pseudoerinnerungen sind Teil des False-memory-Syndroms (s. dort) (Kap. 5).

Pseudologia fantastica (engl.: pseudologia fantastica): Fantasievolles Lügen bzw. zwanghafte Geschwätzigkeit („Lügensucht"). Überschneidet sich begrifflich mit der Mythomanie; kommt auch beim sog. Münchhausen-Syndrom vor (s. dort), wobei es verschiedene Erklärungsmodelle für pseudologische Phänomene gibt (Kap. 5, 7).

Psychasthenie (engl.: psychastenia): Im ICD-10 zu den „anderen neurotischen Störungen" (F48.8) gehörendes Syndrom, das beträchtliche kulturelle Unterschiede aufweist und Störungen des Verhaltens, der Überzeugung und der Emotionen einschließt (Kap. 3, 8).

Psychosomatische Störungen (engl.: psychosomatic disorders): Die Bezeichnung „psychosomatisch" wird heute wegen ihrer unterschiedlichen klinischen Bedeutung in verschiedenen Kontexten immer seltener gebraucht. Analoge Störungen werden nach ICD-10 in einer weiten Begriffsfassung als „Verhaltensauffälligkeiten mit körperlichen Störungen und Faktoren" (F50–59) bezeichnet, wobei hierzu auch die begrifflich enger ge fasste psychosomatische Störungen unter der Bezeichnung „Psychologische Faktoren oder Verhaltensfaktoren bei andernorts klassifizierten Erkrankungen" (F 54) gehören. Unter den weitgefassten Störungsbegriff fallen auch die „somatoformen Störungen" (F 45) (Kap. 12).

Rentenneurose (engl.: compensation neurosis): Andere Bezeichnung für Begehrens- oder Unfallneurose mit einem intensiven, nicht mehr angemessenen Entschädigungsbegehren, typischerweise in Form eines Rentenwunsches, wobei in der Regel bereits gesicherte Beeinträchtigungen verstärkt oder zeitlich in die Länge gezogen werden; als Entwicklung körperlicher Symptome aus psychischen Gründen unter F 68.0 zu verschlüsseln (Kap. 12).

Rosenthal-Effekt (engl.: effect of Rosenthal, experimenter effect): Wird in Analogie zu einer entsprechend ausgestalteten griechischen Sage auch „Pygmalion-Effekt" genannt. Bezeichnung dafür, dass die hypothesengeleitete Grundhaltung oder Einstellung eines Beobachters, Versuchsleiters oder Diagnostikers schon unbewusst das Ergebnis, z. B. das zu klärende Verhalten eines Patienten, in genau die Richtung lenkt, die auch der Hypothese entspricht. Ein Sonderfall ist die „sich selbst erfüllende Prophezeiung" (engl.: self-fulfilling prophecy), bei der eine kommunizierte Erwartungshaltung auf der Basis ursprünglich falscher Annahmen dann doch zum prognostizierten Ergebnis führt (Kap. 1).

Salutogenese (engl.: salutogenesis): Begriff für ein psychosomatisches Gesundheitskonzept, das auf der Wirksamkeit sog. genereller Widerstandsquellen (engl.: generalized resistance resources) aufbaut, die wesentlich zur Bewahrung von Beschwerdefreiheit beitragen.

Seelisches Trauma (engl.: mental trauma): Länger anhaltende psychische Schädigung durch äußere Gewalteinwirkung, körperliche Verletzung, Katastrophen oder sonstige Extremeinflüsse. Traumata überfordern jeweils deutlich die aktuellen Verarbeitungsmöglichkeiten des Betroffenen, u. a. durch zu starke Reizüberflutung. Die psychopathologischen Folgen können unterschiedlich und zeitlich variabel sein (Weglaufen, Amnesie, Depressionen, Angst etc.). Im ICD-10 werden hier verschiedene Reaktionen auf schwere Belastungen und Anpassungsstörungen unterschieden (F 43) (Kap. 5, 6).

Seltene Krankheiten (engl.: orphan diseases): „Verwaiste", weitgehend (auch unter Ärzten) unbekannte Krankheiten, an denen nur sehr wenige Patienten leiden. In der Regel handelt es sich um seltene, genetisch bedingte Stoffwechselstörungen, die relativ früh Beschwerden machen, aber sehr schwer (in der Regel nur in Spezialeinrichtungen) zu diagnostizieren sind.

Sensitivität (engl.: sensitivity): Bezeichnet in Untersuchungsverfahren (Vorgehensweisen, Tests etc.) die Empfindlichkeit der Feststellung eines (erwarteten) Ergebnisses (z. B. einer bestimmten Diagnose). Hohe Sensitivität führt in Untersuchungsreihen zur Fallzahlsteigerung, indem viele auch nur diskrete Fälle bereits erfasst werden (Kap. 3, 4, 11).

Simulation (engl.: malingering, feigning, simulation): Bewusste, zweckgerichtete Vortäuschung von Sachverhalten bzw. gezielte Nachahmung von Beschwerden, um sicher als krank zu gelten. Dabei steht immer eine bestimmte Absicht im Vordergrund, z. B. geplanter Versicherungsbetrug; nach ICD-10 als offenkundige, aber nicht erforderliche Inanspruchnahme von Gesundheitsdiensten unter Z 76.5 zu verschlüsseln (Kap. 1, 4, 6, 9, 10, 11, 12).

Simulationspsychose (engl.: simulation psychosis): Psychogene Form einer Haftpsychose, die vom starken Wunsch nach daraus resultierender Haftentlassung oder Exkulpierung geprägt ist; ist als sog. Pseudopsychose von echten, in der Haft aufgetretenen schizophrenen oder affektiven Psychosen zu unterscheiden.

Somatoforme Störungen (engl.: somatoform disorders): Das Charakteristikum sind körperliche Symptome mit vielfältigen Untersuchungswünschen der Betroffenen trotz wiederholt negativer Ergebnisse. Im ICD-10 unter F 45 zu klassifizieren (Kap. 12).

Soziale Erwünschtheit (engl.: social desirability): Sie stellt eine besondere, individuell variierende Antworttendenz dar, bei der Personen jeweils zu derjenigen Antwort neigen, die ihnen am ehesten akzeptabel erscheint (Kap. 1, 2, 11).

Spezifität (engl.: specificy): Bezeichnet in Untersuchungsverfahren (Vorgehensweisen, Tests etc.) die Eindeutigkeit oder Genauigkeit der Feststellung eines (erwarteten) Ergebnisses (z. B. einer bestimmten Diagnose). Hohe Spezifität führt in Untersuchungsreihen zur verschärften Fallzahlauslese, indem viele evtl. noch fragliche Fälle nicht weiter berücksichtigt werden (Kap. 3, 4, 11).

Störung (engl.: disorder): Dieser Begriff wurde in die modernen psychiatrischen Klassifikationen eingeführt, um den bisherigen, vielseitig vorbelasteten Begriff Krankheit (s. dort) zu vermeiden. Er gilt selbst aber auch nicht als exakt definiert (Kap. 3).

Systematische Fehler (engl.: bias): Einflüsse in Untersuchungen, die sämtliche Messwerte verfälschen, sodass alle Ergebnisse über oder unter dem eigentlichen Ergebnis liegen, z. B. durch fehlende Beobachtungsgleichheit (Kap. 1).

Unterschwellige psychische Störung (engl.: subthreshold psychic disorder): Hierbei handelt es sich um nur leicht ausgeprägte, symptomatisch atypische und damit oft vieldeutige oder relativ kurz andauernde psychische Auffälligkeiten, die immer unter der Schwelle bereits operationalisierter psychiatrischer Diagnosen („subdiagnostisch") bleiben. Als körperliche oder psychische Missbefindlichkeiten ohne klare diagnostische Zuordnungsmöglichkeit tauchen sie überwiegend in der allgemeinärztlichen bzw. psychologischen Versorgungspraxis auf. Inwiefern auch „unterschwellige Krankheiten" postuliert werden dürfen, hängt vom gewählten Krankheitsbegriff ab (Kap. 3).

Stichwortverzeichnis

A

Achse-I-Störung 81
Acne excoriée 49
Adaptation 21
Adaptationsprozess 13
Aggravation 47, 81, 101, 104, 109
– Simulation, somatoforme Störung, Abgrenzung 105 f
Aggravationsmarker 94
Aggravationsverhalten 5
Akzentuierer 3
Algorithmen 1
Alternativmedizin 73
Alzheimer-Demenz 79, 82
Amalgam-Phobie 71
Amsterdam Short-Term Memory Test 97
Anspruchsniveau 14
Antworttendenz 5, 113
Antwortverzerrung 93, 96
– negative 112
Arbeitsstörung 80
– neurotische 80
Artefakt, methodisches 13 f
Arthritis, rheumatoide 68 f
Arzt-Patient-Beziehung 48, 50
Ätiologie 8
Attributionsformen 3
Aufmerksamkeit
– geteilte 78, 83
– selektive 83
Aufmerksamkeitsbewusstsein 77
Aufmerksamkeitsdefizitstörung 79
Aufmerksamkeitsstörung 77, 93
Ausdrucksmerkmale 8
Autosuggestion 109
AWMF-Leitlinien 49

B

Beeinträchtigung 2, 109
Behaviorismus 6
Behindertenbegriff 109
Behinderung 23, 57, 109
Behinderungssyndrom 103
Belastungsfaktoren, allgemeine 48
Benton-Test 97
Berufsunfähigkeit 27
Beschwerdebild 1
Beschwerdebildschilderung 27 ff
Bewältigung 15
Bewusstseinsstörung 48
Bias 3, 14
Biomedizinisches Modell 109 f
Biopsychosoziales Modell 109
Borderline-Persönlichkeitsstörung 59, 61
Borderline-Typ 49
Bottom-up-Wahrnehmung 2
Building related illness 111

C

CFS s. Chronique Fatigue Syndrom
Chemikalienüberempfindlichkeit, multiple 103
Chemophobie 71
Chronifizierung 23
Chronique Fatigue Syndrom 19, 63, 66, 109
Chronische Müdigkeit 109
Computer 2, 8, 38
Computerized Assessment of Response Bias 96
Cut-off-Werte 23

D

Dämmerzustand 7
– hysterischer 87
Daneben-Handeln 7
Daneben-Reden 110
Dementia praecox 87
DemTect 82
Dermatitis factitia 49
Diagnosesysteme 1
Diagnostik, neuropsychologische 95
Diagnostisches und Statistisches Manual Psychischer Störungen 1
Disorder 1, 22
Dissimulation 7, 110

Dissoziation 7, 51
Disturbance 1
Doppelblindstudie 4
Dramatisierung 5
DSM-IV 1, 19, 22, 29, 60, 81, 86

E

Eigensuggestion 33
Einstellung 110
Einzeltherapie, psychodynamische 51
Elektrosensibilität 110
Elektrosmog 110
Emotional instabile Persönlichkeit 110
– Borderline-Typus 110
– impulsiver Typus 110
Entzugserscheinungen 79
Ergebnis
– falsch negatives 7
– falsch positives 7
Erschöpfungsdepression 64
Extraversion 16

F

Fallzahlauslegung 113
Fallzahlsteigerung 113
False-Memory-Syndrome 33, 110, 112
Faxensyndrom 87
Fehldeutung 2
Fehldiagnose 7
Fehler, systematischer 7
Fehlwahrnehmung 2
Fibromyalgie 30, 63, 67 f, 110
Fibrositis 110
Freizeitkrankheit 110
Fremdsuggestion 33

G

GAF s. Global Assessment of Functioning Scale
Ganser-Syndrom 7, 85 f, 110, 112
Gebäudeangst 111
Gedächtnistest, verbaler 93
Gefühlszustände 12 f
Gegenübertragung 52
Gesamtbeurteilung 2
Gestaltpsychologe 8
Gestaltwahrnehmung 8
Gesundheit 11, 21, 110
Glättungsverhalten 3
Global Assessment of Functioning Scale 23
Good clinical Practice 8

H

Haftpsychose 113
Halluzination 2
Halo-Effekt 4, 111

Handikap 7, 110
Hof-Effekt 4, 111
Holocaust 36
Homosexualität 28
Hyperaktivitätsstörung 79

I

ICD-10 1, 19, 22, 29, 57, 60, 67, 81, 85, 102, 109
Idiopathic environmental intolerance 71 f, 112
Indexpatient 52
Internationale Klassifikation Psychischer Störungen 1
Interviewleitfaden 8
15-Item-Test 95

K

Karl May 41
Kausalattribution 3, 111
Kippfiguren 2
Klassifikationsmöglichkeiten 1
Konversionsstörung 6, 85
Konzentrationsstörung 77 ff
Krankenhauswandern 60 f, 111
Krankenrolle 58
Krankenversicherung 28
Krankheit 11, 14, 27, 31, 111
– seltene 113
– unterschwellige psychische 25
Krankheitsbegriff 14, 21
– allgemeiner 21
– spezieller 21
Krankheitseinheit 111
Krankheitsgewinn 110
Krankheitsnachweis 27 ff
Krankheitswert 6
Krankheitswertigkeit 111
Kriegsfolgesyndrom 111

L

Lebensereignis 17
– kritisches 13
Lebenszufriedenheit 12
Leiden
– illegitimes 104 ff
- legitimes 105 f
Leidensdruck 5
Leistungsverhalten, suboptimales 93 ff
Leitsymptom 1
Lernstörung 80
Limbisches System 78
Lügner, psychopathischer 40

M

MCI-Syndrom 82, 111
MCS s. Sensitivität, multiple chemische
Mini Mental Status Test 80

Missbefindlichkeit 22
Modekrankheiten 63 ff, 73
Morbidität 23
Müdigkeitssyndrom, chronisches s. Chronique Fatigue Syndrom
Multi-Item-Fragebögen 13
Multiple chemische Sensitivität s. Sensitivität, multiple chemische
Münchhausen-Stellvertreter-Syndrom 47, 57
Münchhausen-Syndrom 6, 47, 55 ff, 111
Myalgie 110
Mythomanie 39, 112

N

Neurasthenie 19, 66 f
– DSM-IV 67
Neuromyasthenie, epidemische 65
Neurose 22
Neurotizismus 16
Neurotransmitter 79
Nicht-Können 21
Nivellierer 3
Norm, statistische 28
Nürnberger Alterinventar 82

P

Paradox des subjektiven Wohlbefindens 11 ff, 112
Perionychophagie 49
Persönlichkeit
– dissoziale 55 ff
– emotional stabile 55
– hysterische 6
– infantile 6
– multiple 29, 112
– psychopathische 40
Persönlichkeitsakzentuierung 5
Persönlichkeitsdiagnostik 82
Persönlichkeitseigenschaften 16
Persönlichkeitsstörung 48, 59
– antisoziale 61
– histrionische 61
– multiple 39
Perzeptionsformen 2
Plazebo 24
Plazebopräparat 4
Primacy-Effekt 4, 112
Pseudodemenz 88, 112
Pseudoerinnerung 33 ff, 38, 112
Pseudoidentität 39
Pseudologia fantastica 39, 57, 111 f
Pseudologie 33 f, 39, 41
Pseudo-Neurasthenie 20
Pseudopsychose 113
Psychasthenie 112
Psychoanalyse 41
Psychopharmakotherapie 51
Psychosomatische Störung s. Störung, psychosomatische
Psychotherapie
– ambulante 50
– stationäre 50
Pygmalion-Effekt 113

R

Regelwidrigkeit 28
Reizüberflutung 113
Rentenneurose 101, 104 f, 113
Restmorbidität 19
Rosenthal-Effekt 4, 113

S

Salutogenese 110, 113
Schädel-Hirn-Trauma 89
Scheinkranker 6
Schizophrenia simplex 19
Schizophrenie, latente 19
Schmerzzustände 31
Selbstbeschädigung 47
Selbstbeurteilungsskala 30
Selbstkonzeption 15 f
Selbstregulation 14
Self-fulfilling prophecy 113
Sensitivität 20, 30, 96, 113
– multiple chemische 63, 70, 103, 111
Sick building syndrome 103, 111
Simulant 95
Simulation 6, 30, 47, 55, 81, 86, 93, 101, 104, 109, 113
Simulationsdiagnostik 93
Simulationsmarker 94
Simulationspsychose 113
Somatisierungssyndrome 73
Soziale Erwünschtheit 113
Sozialrecht 28
Spezifität 20, 96, 113
Stereotype 3
Stigmatisierung 7, 23
Störung 1, 14, 29
– antisoziale 59
– artifizielle 6, 47 ff, 57, 61, 86, 109
– dissoziative 85, 110
– histrionische 59, 61
– neurotische 102
– psychosomatische 112
– - Begutachtung 101 ff
– somatoforme 29, 70, 73, 102 ff, 112 f
– unterschwellige psychische 14, 23
Störungsformen, somatoforme 5
Strafmaßnahmen 51
Stresserkrankung, posttraumatische 44
Symptomarmut 19 ff
Symptome ersten Ranges 1
Symptomvieldeutigkeit 19
Syndrom 8
– atypisches 20
– leicht ausgeprägtes 20
– maskiertes 20
– symptomarmes 20
System, aufsteigendes retikuläres aktivierendes 78
Systematische Fehler 14

T

Tagträume 42
Täuschung 5
– optische 2
Tendomyopathie 27, 30 f, 110
Test of Memory Malingering 96
Top-down-Wahrnehmung 2
Trauma, seelisches 113
Traumaopfer-Dasein 43 f
Traumaopfer-Kult 44
Traumatisierung 48
Trichotillomanie 49
Trugwahrnehmung 2
Trunksucht 28
Typus 21

U

überschwellig 20
Übertragung 52
Uhrentest 82
Umweltangst 69
Umweltgifte 69
Umweltkrankheiten 69
Umweltphobie 71
Umweltsyndrom 69
Unfallneurose 113
Unterschwellig psychisch krank 19 ff
Ursachenzuschreibung, verzerrte 3 f
Urteil, stereotypes 3

V

Variante, abnorme 28
Verfälschungstendenz 95
Verkennung, illusionäre 2
Versuchsleitereffekt 4
Vigilanz 77
Vorbeiantworten 86
Vorbeihandeln 110
Vorbeireden 7, 86, 88
Vortäuschen 109, 113
Vorurteil 19

W

Wahrnehmungsunterschiede 2
Weichteilrheumatismus 110
Wertigkeit, diagnostische 1
WHO 11, 21
Wisconsin Card Sorting Test 97
Word Memory Test 96

Z

Zielsystem 15
Zwangsbehandlung 7
Zwangswahlverfahren 96
Zweckpsychose 88
Zweckreaktion 110